高等职业教育财经类"十三五"系列规划教材·市场营销专业

销售管理
（第 4 版）

张启杰　主　编

杨　波　洪本芸　副主编

田玉来　吴湘频　参　编

电子工业出版社
Publishing House of Electronics Industry
北京·BEIJING

内 容 简 介

将军需要的是称手的兵器,教师需要的是满意的教材,这就是一本让教师满意的教材。校企合作、工学结合、任务驱动等高职教育教学理念在《销售管理(第4版)》一书中得到了充分体现。本书按销售经理的角色定位和岗位职责设置教学项目,即职业目标、绩效管理、团队管理和客户管理;在教学项目下以销售经理的具体工作任务为教学任务,通过17个教学任务全面介绍销售经理的岗位职责和管理工作。

为了方便教学,在每个教学项目中设置了项目描述、项目分析、项目目标、项目结构、项目实施、项目拓展和项目练习7个模块;在每个教学任务中设置了任务导入、任务学习和任务小结3个环节。为了方便学生的学习,拓展学生的视野,在每个教学任务中,插入了拓展阅读、典型案例等读者喜闻乐见的内容。

校企合作、工学对接、体例新颖、图文并茂,是本教材的4大特色。本教材可作为高等职业院校市场营销专业销售管理课程的教学用书,也可作为财经类其他专业相关课程的教学用书和企业销售管理人员的培训用书。

未经许可,不得以任何方式复制或抄袭本书之部分或全部内容。
版权所有,侵权必究。

图书在版编目(CIP)数据

销售管理/张启杰主编. —4版. —北京:电子工业出版社,2018.1
ISBN 978-7-121-23804-8

Ⅰ.①销… Ⅱ.①张… Ⅲ.①销售管理—高等学校—教材 Ⅳ.①F713.3

中国版本图书馆CIP数据核字(2018)第030428号

策划编辑:张云怡
责任编辑:张云怡　文字编辑:刘元婷
印　　刷:北京七彩京通数码快印有限公司
装　　订:北京七彩京通数码快印有限公司
出版发行:电子工业出版社
　　　　　北京市海淀区万寿路173信箱　邮编　100036
开　　本:787×1 092　1/16　印张:18　字数:460.8千字
版　　次:2005年7月第1版
　　　　　2018年1月第4版
印　　次:2023年6月第10次印刷
定　　价:43.00元

凡所购买电子工业出版社图书有缺损问题,请向购买书店调换。若书店售缺,请与本社发行部联系,联系及邮购电话:(010)88254888,88258888。
质量投诉请发邮件至zlts@phei.com.cn,盗版侵权举报请发邮件至dbqq@phei.com.cn。
本书咨询联系方式:(010)88254573,zyy@phei.com.cn。

前 言

实现销售,是每位销售管理者的追求,《销售管理(第4版)》,助你"破茧成蝶"!《销售管理(第4版)》的主要编写思路与特点如下。

1. 校企合作

在本教材的策划和编写过程中,邀请国海证券公司市场部经理杨波参与教材策划与编写工作。在编写过程中,杨波经理除了亲自编写相关内容外,还对各个教学项目和教学任务进行了逐一审阅,提出了许多有价值的意见,保证了教材编写的质量。

2. 工学对接

在对相关企业进行调研的基础上,教材编写团队总结出了销售经理的典型工作任务,并按销售经理的典型工作任务,设计了教材的4个教学项目:职业目标——销售经理;绩效管理——业绩为王;团队管理——打造狼性团队;客户管理——客户制胜,并将其细分为17个教学任务。在任务教学中,突出绩效管理和团队管理,重在提升学生的销售管理能力,对接企业的销售管理实际。

3. 体例新颖

在教材的编写体例上,选择了"项目引领、任务驱动"模式,对每个教学项目设计了项目描述、项目分析、项目目标、项目结构、项目实施、项目拓展和项目练习7个模块,对每个教学任务设计了任务导入、任务学习和任务小结3个环节。这样,我们就明确地告诉了学生应该做什么、怎么做,从而顺利实现教学目标。

4. 图文并茂

为了便于读者理解教材内容,教材中插入了大量的图片和表格,视觉化的文字信息有利于学生的学习。同时,为了提高学生的学习兴趣,拓宽学生的学习视野,在每个教学任务中,设计了拓展阅读和典型案例等栏目,提高了教材的可读性。

教材的4个教学项目,全面介绍了销售经理的岗位职责和管理工作。项目1是对销售经理职责的综合描述;项目2以绩效为核心,介绍了做好销售计划、分配销售定额、管控发货、送货与收款业务、进行销售分析和控制销售成本的方法;项目3介绍打造狼性团队的必要性,优秀团队是优秀绩效的保证,没有一个好的团队不可能有好的绩效,如果把销售人员比做狼,那么销售经理就是头狼;项目4介绍客户是企业的重要资源,企业应致力于把有价值的客户留在自己身边,培养客户忠诚度。

全书由唐山职业技术学院张启杰担任主编，负责全书的体系设计和总纂定稿；国海证券公司杨波、江西交通职业技术学院洪本芸担任副主编，并从企业角度审阅了全书。参加本书编写的人员及具体分工如下：唐山职业技术学院张启杰编写任务1、任务2、任务3、任务4、任务5、任务8、任务14、任务15、任务16，张启杰和洪本芸编写任务17，齐齐哈尔大学应用技术学院田玉来编写任务9和任务10，国海证券公司市场部杨波编写任务11、任务12和任务13，广州科技贸易技术学院吴湘频编写任务6和任务7。

在全书的编写过程中，唐山职业技术学院钟立群，浙江丽水职业技术学院胡德华，齐齐哈尔大学应用技术学院于翠华，安徽工商职业学院张智清，温州职业技术学院薛辛光，青岛大学高等职业技术学院冯丽华和阮红伟，广州科技贸易技术学院符莎莉等提出了很多宝贵的意见和建议，在此一并表示感谢。同时，书中参考和引用了大量的文献，在此向其作译者致以诚挚的谢意。由于编者水平所限，书中不当之处敬请读者批评指正。

编　者

2017年7月

目 录

项目1 销售职业目标与定位——销售经理 …(1)
 任务1 从销售做起…………………(2)
  1.1 认识销售………………………(2)
  1.2 销售人员的职业道路…………(5)
  1.3 专业销售………………………(6)
  1.4 成就自我………………………(9)
 任务2 做一名合格的销售经理……(15)
  2.1 认识销售管理…………………(15)
  2.2 销售管理职能…………………(16)
  2.3 销售管理技能…………………(21)
  2.4 学会经理人思维………………(23)
  2.5 定位销售经理角色……………(24)
  2.6 成功销售经理的品格…………(25)
 项目实施……………………………(29)
 项目拓展……………………………(30)
  销售管理的发展趋势………………(30)
 项目练习……………………………(34)

项目2 绩效管理——业绩为王………(36)
 任务3 制订销售计划………………(37)
  3.1 销售管理的基石………………(37)
  3.2 制订销售计划的标准…………(39)
  3.3 制订销售计划的SMART
    原则…………………………(40)
  3.4 确定销售目标…………………(41)
  3.5 制订销售计划的程序…………(44)
  3.6 编制销售计划…………………(45)
  3.7 编制销售计划应注意的
    问题…………………………(51)
 任务4 分配销售定额………………(52)

  4.1 认识销售定额…………………(53)
  4.2 销售定额标准…………………(54)
  4.3 销售定额内容…………………(54)
  4.4 销售定额分配方法……………(57)
  4.5 销售定额分配程序……………(61)
  4.6 分配销售定额时应注意的
    问题…………………………(63)
 任务5 发货、送货与收款…………(65)
  5.1 处理订单………………………(65)
  5.2 发货……………………………(71)
  5.3 送货……………………………(74)
  5.4 退货……………………………(75)
  5.5 收款……………………………(78)
  5.6 严控窜货………………………(83)
 任务6 分析销售状况………………(87)
  6.1 认识销售分析…………………(88)
  6.2 销售分析的价值………………(89)
  6.3 销售分析内容…………………(93)
  6.4 销售分析模型…………………(96)
 任务7 控制销售成本………………(98)
  7.1 认识销售成本…………………(99)
  7.2 分析销售成本的目的…………(99)
  7.3 销售成本控制标准……………(101)
  7.4 分析销售成本…………………(102)
  7.5 控制销售成本的方法…………(107)
  7.6 控制销售人员费用的
    方法…………………………(111)
 项目实施……………………………(112)
 项目拓展……………………………(114)

销售费用十大"黑洞"……………(114)
　　项目练习……………………………(117)
项目3　团队管理——打造狼性团队……(122)
　　任务8　构建销售团队………………(123)
　　　8.1　认识销售团队………………(123)
　　　8.2　构建销售团队应遵循的
　　　　　原则………………………(124)
　　　8.3　构建销售团队的工作
　　　　　程序………………………(126)
　　　8.4　选择销售团队的类型………(129)
　　　8.5　确定销售团队的规模………(133)
　　任务9　招聘并培训销售人员………(135)
　　　9.1　招聘销售人员………………(136)
　　　9.2　销售培训……………………(143)
　　任务10　设计销售薪酬………………(149)
　　　10.1　认识销售薪酬………………(150)
　　　10.2　销售薪酬设计原则…………(151)
　　　10.3　影响销售薪酬设计的
　　　　　　因素………………………(152)
　　　10.4　销售薪酬设计的程序………(155)
　　　10.5　销售薪酬设计常出现的
　　　　　　问题………………………(160)
　　任务11　激励销售人员………………(161)
　　　11.1　对销售人员期望的认知……(162)
　　　11.2　分析销售人员的期望………(163)
　　　11.3　销售人员激励常出现的
　　　　　　问题………………………(165)
　　　11.4　销售人员的激励方式………(166)
　　　11.5　销售人员的激励原则………(167)
　　　11.6　对不同销售人员的激励……(169)
　　任务12　考核销售绩效………………(172)
　　　12.1　认知销售人员绩效考核……(173)
　　　12.2　销售人员绩效考核的
　　　　　　原则………………………(174)
　　　12.3　销售人员绩效考核的工作
　　　　　　程序………………………(176)
　　　12.4　考核销售人员绩效应注

　　　　　　意的问题…………………(186)
　　项目实施………………………………(189)
　　项目拓展………………………………(190)
　　　一个优秀的销售团队……………(190)
　　项目练习………………………………(192)
项目4　客户管理——客户制胜………(199)
　　任务13　客户关系管理………………(200)
　　　13.1　认识客户关系管理…………(200)
　　　13.2　客户关系管理的提出………(202)
　　　13.3　客户关系管理的原则………(204)
　　　13.4　实施客户关系管理…………(205)
　　　13.5　建立客户关系管理系统……(220)
　　任务14　加强客户服务………………(222)
　　　14.1　认识客户服务………………(223)
　　　14.2　客户服务的内容……………(224)
　　　14.3　认识服务质量………………(227)
　　　14.4　影响服务质量的因素………(228)
　　　14.5　评价服务质量的标准………(230)
　　　14.6　服务质量差距分析…………(230)
　　　14.7　提高服务质量的方法………(232)
　　任务15　处理客户投诉………………(234)
　　　15.1　认识客户投诉………………(234)
　　　15.2　处理客户投诉的目的………(236)
　　　15.3　分析客户投诉的内容………(237)
　　　15.4　处理客户投诉的原则………(237)
　　　15.5　处理客户投诉的流程………(238)
　　　15.6　处理客户投诉的策略………(241)
　　　15.7　处理客户投诉应注意的
　　　　　　问题………………………(242)
　　任务16　提高客户满意度……………(244)
　　　16.1　认识客户满意………………(245)
　　　16.2　客户满意是企业的追求……(246)
　　　16.3　影响客户满意度的因素……(247)
　　　16.4　分析客户满意度……………(248)
　　　16.5　测量客户满意度的指标……(251)
　　　16.6　建立客户满意度测评指
　　　　　　标体系……………………(252)

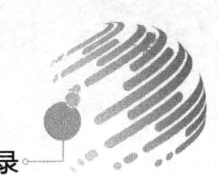

  16.7　提高客户满意度……………（257）
任务 17　培养客户忠诚度……………（259）
  17.1　认识客户忠诚……………（259）
  17.2　客户忠诚的价值……………（260）
  17.3　影响客户忠诚的因素……（262）
  17.4　客户忠诚的标准……………（265）
  17.5　培养忠诚客户………………（267）
项目实施……………………………………（269）

项目拓展……………………………………（271）
  客户流失管理…………………………（271）
    一、客户流失现状………………（271）
    二、客户流失的原因……………（271）
    三、应对措施……………………（272）
项目练习……………………………………（274）
参考文献…………………………………（279）

项目 1 销售职业目标与定位
——销售经理

📑 项目描述

"销售管理"课程的培养目标是打造一支强有力的销售经理队伍。然而,没有哪位销售经理是从刚出校门的毕业生中选拔的,销售经理只能从众多的销售人员中脱颖而出,所以要成为一名销售经理,必须首先成为一名优秀的销售人员。

📑 项目分析

一名销售人员从众多的同行中脱颖而出并非易事。销售经理需要具备经理人的思维和品质,需要具备相应的管理技能,在看到销售经理优厚的待遇的同时,要看到一名销售经理所承担的职能和职责。清楚了这一点,并有意识地进行自我培养,一名销售经理才可能诞生。

📑 项目目标

知识目标:了解销售人员的职业道路,掌握销售人员的角色定位,树立正确的职业心态,逐渐成长为一名销售经理。

技能目标:有意识地培养自己的经理人品质,并善于运用销售管理的基本技能,做好销售管理工作。

情感目标:"不想当将军的士兵不是好士兵",销售人员要以销售经理为自己的职业目标,努力完善、发展自己,成就灿烂人生。

📑 项目结构

项目1 销售职业目标与定位 　任务1 从销售做起
　　——销售经理　　　　　　任务2 做一名合格的销售经理

任务 1 从销售做起

【任务导入】

爱迪生：爱发明，懂销售

爱迪生是一个伟大的人，他用自己的创造发明，赢得了整个美国，甚至整个世界的爱戴。在爱迪生的葬礼上，美国人民为了祭奠他，将电灯关闭一分钟。那一刻丹佛一片漆黑，芝加哥一片漆黑，纽约一片漆黑，连自由女神像头顶的火炬也失去了光彩。

爱迪生是一位发明家，但他更是一名优秀的销售员。

他和伙伴们竖起电线杆，将灯泡悬挂在街道上空。夜幕降临，一只只灯泡发出明亮的光，吸引着四周的人前来观看这一奇景。圣诞节到了，爱迪生宣布实验室对公众开放，欢迎公众参观，很多人从外地赶来参观爱迪生的实验室。另外，爱迪生还在银行家摩根的寓所安装了白炽灯系统，银行家使用这一系统的行为对爱迪生是一个很好的宣传。

美国，以至世界人民爱戴他，是因为他让全世界都能享受到他的发明成果。

"这个世界因为有了你而变得更加精彩！"这句话用在一个销售员身上一点也不过分。当你对自己是否应该选择这一职业而感到怀疑时，当你遇到重重困难准备退缩时，想想你肩负的使命——让人们过上丰富多彩的生活，使企业得以生存，为千千万万的人创造就业机会。你就没有理由再对这一职业怀疑和退缩，你应该坚持不懈地奋斗下去！

【任务学习】

1.1 认识销售

许多人将"销售"（selling）和"市场营销"（marketing）视为同义语。实际上，销售只是市场营销的组成部分之一。什么是销售呢？销售就是销售人员通过与潜在顾客之间的信息沟通，说服顾客购买某种产品或服务的过程。

可见，销售是一个人帮助另一个人的伟大职业。销售人员通常要与可能的或已在身边的顾客打交道，发现他们的需要，为之提供信息，建议他们购买能满足其需要的产品并为顾客提供售后服务，以确保顾客对其产品保持长期的满意。

当你对销售感兴趣并喜欢做销售时，你选择了销售这一职业，你应该相信自己做出了正确的选择。销售是一个充满魅力的职业，会给你带来无穷的收益。

项目 1 销售职业目标与定位——销售经理

1. 低风险、高支持的创业机会

年轻人渴望成功，渴望拥有自己的财富，那么销售可为你提供一个低风险、高支持的创业机会！如果你做得成功，收益就会比小老板大！

做销售不仅不需要投入资金，还会得到一份基本的生活保障——底薪，使你在获得生意前，能够维持生活。此外，你不需要建立庞大的运营体系，就能得到来自技术、生产和市场等多方面的支持；你只需要去寻找市场和客户，发现生意机会，然后做生意赚钱！如果你希望自己做老板，在做销售员期间积累的资金和市场经验，将会支持你创办公司。到那时，你不再是一个一穷二白的创业者，而是既有资金又有经验。如此创业，成功的概率会大大提高。

2. 丰厚的收入

由于销售员的工资直接和业绩挂钩，而且常常上不封顶。所以，如果你是一名优秀的销售员，你的收入将比公司其他员工的收入高得多，有时甚至超过你的经理。因此，只要你努力，销售这一职业将给你带来丰厚的收入。

3. 更好的职业发展

如果你并不是一个有创业野心的人，只想靠打工为生。那么，销售工作也会给你提供很多帮助。

首先，职业稳定。职业稳定的前提是你要成为一名好的销售员。记住，销售是一个赢家的职业。如果你是一名好的销售员，当公司面临危机时，你才最后被涉及，因为只要还有一线希望，公司就不愿削弱销售力量，销售部是公司利润的源泉。

其次，销售职业可全方位地促进你能力的增长。通过做销售，你的心态变得积极而坚强，能坦然面对压力和挫折；通过做销售，你建立了很好的市场感觉，能很好地帮助公司创造利润；通过做销售，你培养了良好的沟通能力和维护人际关系的能力，能够与各种人相处，并说服和影响他们。不论你今后从事何种职业，这些能力都将帮助你获得成功。

最后，每一家公司的老总都非常关注销售部、关注销售员。因为，企业的价值要靠销售员来实现，销售员的业绩最容易受到关注，每家公司的老总都知道谁是公司的销售明星，但不一定知道谁是公司最勤奋的行政秘书。另外，销售员在长期的艰苦奋斗中，培养了卓越的能力，这些能力可以支持你承担更重要的责任。所以，销售职业为你带来的个人能力提升，使你能在今后的工作中获得更多的晋升机会。

典型案例

李里应该辞职吗

李里是某公司的一名销售人员，有一天他给超市送货，赶上下雨，全身又湿又冷。他给公司销售办公室打了个电话，助理接通了电话，李里问她："如果天气还是像现在这样下雨的话，我能回去吗？"李里通过电话能够听见助理正在把这个问题重复说给此时恰好在场的销售经理。李里听见销售经理对助理说："告诉他，让他自己去买一件雨衣。"当助理向李里重复了销售经理的答复之后,李里用略带窘迫的语调对助理说:"好吧!"他挂断了电话,但心里想:"为了谋生,我过的是连牲畜都不如的生活啊!"

  作为一个新手,李里明白他有很多东西需要学习。他只在这个工作岗位上工作了一个月而已,但他已经可以为这份工作下个结论:它绝对不是一件非常容易的事情。在为期两周的上岗培训时间内,李里看到销售经理给客户打电话的情况,当时事情显得很简单,但现在轮到自己亲自打电话,却是截然不同的两种情况,竟会如此困难。更为有趣的是,在现代推销技术课上,老师讲了许多从事销售工作的道理,但却从来没有提及这项工作的缺点。李里现在才真正了解销售是怎样一件事情了。

  李里从9月1日开始工作,工作的第1周主要是学习培训材料。在随后的两周内,他和销售经理一起进行销售工作。在这段时间里,李里需要进行周密观察,学习如何进行销售拜访。在这一阶段快要结束时,李里开始在销售经理的监督下进行销售陈述。在他们每次做完工作返回货车时,他们就讨论李里所做的每个销售陈述。从第4周开始,李里开始独立工作。那一周他过得非常艰难,因为有许多东西他还不知道。今天是星期五,天又下雨了,真是没有办法。在下午两点的时候,他给公司的销售办公室打电话询问该怎么办,却被告知自己去买一件雨衣。

  当李里坐在车里,等待雨停的时候,他开始考虑自己现在的处境。他感觉极其郁闷,下雨并非造成他情绪低落的唯一原因。他想起了他的女朋友,想起了她是如何告诉她的朋友关于自己所做的工作的。她告诉她的朋友说,李里是做公共关系工作的,而不是在做销售工作。尽管他们从来没有谈论过这些内容,但李里承认他尤其不喜欢"推销员"这个称呼。在李里的记忆深处总有这样的一个念头:销售人员的社会地位极低,具体原因他也说不出来。这份工作令人厌烦的另外一个方面就是,一些零售商对待所有销售人员的那种不礼貌的态度;另一些人则是尽量躲避,并极力避免和销售员走在一起。李里暗暗地想:这份工作确实不能让人建立起自尊心。销售工作还有许多其他的消极方面,其中一个就是它需要你有非常好的体力。你需要背着推销包进行所有的销售拜访。李里的推销包重达19千克,其中装有广告资料、新产品、样货、一个订书机以及销售用的纸夹。每天工作结束后,李里的衣服总是被汗弄得又湿又皱。

  每天结束工作时,李里必须起草当天的工作报告,并把它们寄回公司的销售办公室。此外,还有很多的必做工作,比如说,为了明天的工作重新整理货车和备货等;有时还必须打一些电话。等所有这些零碎的工作完成之后,基本上也就到了该睡觉的时间了。

  雨仍然在不停地下着,李里感到十分孤独,销售经理也没有再提供任何的帮助和答复。对于李里来说,体力上和情感上的障碍似乎达到了难以克服的地步。唯一能够解脱的办法似乎只能是辞去这份工作,尝试去找另一份并没有这么郁闷的工作。李里心里想着:可能我应该在银行找一份工作,那里对顾客的态度很和蔼,而且工作简单。李里想着想着就发动了货车朝公司方向开去,此时他有了一种无比轻松的感觉。

  请考虑:李里应该辞职吗?如果李里辞职,销售经理可能会怎样处理,他又会向李里说些什么?

1.2 销售人员的职业道路

销售职业化已成为一种发展趋势，销售人员有着广阔的发展前景，他可以从普通的销售人员晋升为销售经理，或者市场营销总裁，甚至总裁。

销售人员的销售职业生涯，一般从销售培训生开始。在经过一段时间的培训之后，销售人员可以负责某一地区的销售工作，这样就走上了通往销售经理的道路。经过若干年的磨炼之后，销售人员开始进入更高层次的管理职位——大客户销售员，此时可以获得比较高的社会地位和经济收入。这时，销售人员有两种选择，有的销售员选择满足现状，把销售作为自己的职业生涯；有的选择进入管理层，从地区销售经理到区域销售经理，再到全国销售经理，以至市场营销总裁。

今天，更多的企业不仅希望雇用具有销售才能的销售人员，更希望发现具有销售管理潜能的销售人员。销售人员的职业发展道路如图1.1所示。

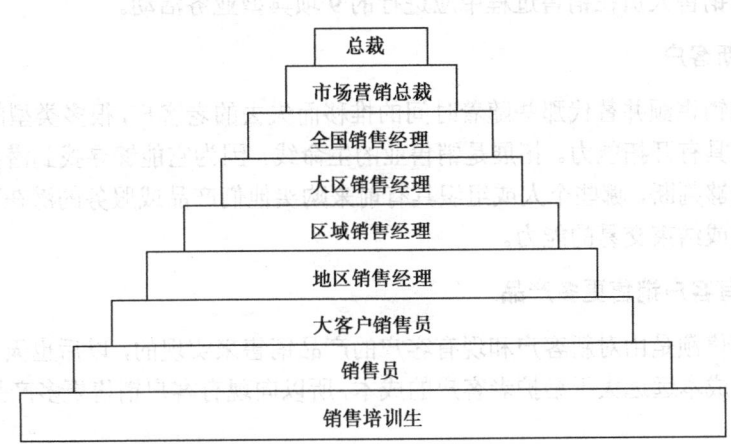

图1.1　销售人员的职业发展道路

地区销售经理，一般负责管理某一地区3～10名销售人员；区域销售经理，一般负责3～5个地区的销售管理；大区销售经理，一般负责3～5个区域的销售管理。

尽管没有销售经验的人也有可能担任销售管理职务，但这种情况一般很少见。对于高层管理人员来说，他们一般会认为有销售经验的人员担任更高层次的管理职位会更具有说服力。从一名普通的销售人员起步，进入销售管理这一领域，一个人可能会得到更多的利益和更多的信息，如公司销售人员对销售所持有的态度，顾客对公司、产品及销售人员所持有的态度，公司竞争对手的情况等。

与大公司的销售人员相比，小公司销售员的晋升速度可能更快，因为小公司发展的速度比大公司快；与老公司相比，处于成长期的公司销售员晋升的机会可能会更多，因为随着公司的发展和市场的扩张，销售人员也会有更多的晋升机会。

以前，人们认为应该尽量在一个公司就职，大家彼此比较熟悉和了解，相互信任，会得到更多的晋升机会。但是，现在不一样了，许多人发现通过改变工作可以获得更多的晋升机会。一方面，销售人员面对新的人际关系和公司环境，他会努力进取，积极表现自我，不断向自己挑战，争取自身价值的提升；另一方面，公司领导及员工对新引进的人员也分外关注，因为表现积极、业绩突出得到晋升也理所应当，这对老员工也是一种有效的激励。但是，很多公司在进行人力资源管理时，越来越看重员工的信誉和对企业的忠诚，尤其对于销售人员更是如此，这又增加了一些想通过跳槽得到职位晋升者的选择难度。

1.3 专业销售

销售人员的工作方式因公司而异，因为公司的性质、公司的市场特征以及顾客群的分布等都会导致销售人员的工作方式产生很大差别。例如，一位销售雅芳（AVON）公司产品的销售人员与一位通用电气公司做销售拜访的销售人员所做的工作，会有很大的不同。但有没有一些相似的地方呢，回答是肯定的。

下面介绍销售人员在销售过程中应进行的9项典型业务活动。

1. 开发新客户

为了增加销售额并替代那些随着时间的推移而失去的老客户，很多类型的销售工作都需要销售人员具有开拓能力。拓展是销售业的生命线，因为它能够寻找到潜在的客户。销售人员应该能够判断，哪些个人或组织具有前来购买他们产品或服务的潜在可能性。他们需要具备开展或结束交易的能力。

2. 向现有客户销售更多产品

明天的销售额是由对新客户和现有客户的产品销售来实现的，以后也天天如此。由于开发新客户的成本远远大于维护老客户的成本，所以向现有客户销售更多产品就显得尤为重要。

3. 同客户建立长期的关系

如果赢得了向现有客户销售更多产品的机会，表明销售人员已经同客户建立了一种积极的、专业的商业关系；同时也表明客户对销售人员和他们所购买的产品的一种信任。

4. 向客户提供问题的解决方案

客户通过购买产品或服务，使他们的需要得到满足，事先所产生的问题得到解决。在销售过程中，销售人员应尝试发现客户潜在的或已有的需要和问题，并向客户展示利用他们的产品或者服务可以满足顾客的需要，或者解决顾客的问题。

5. 向客户提供服务

销售人员应该向客户提供范围广泛的服务，其中包括处理客户投诉，处理客户退货要求，提供样品和商业建议，以及如何从销售人员那里设法购得产品的建议等。如果需要的话，销售人员还应该偶尔到客户的公司里工作。例如，销售渔具的人员在一家出售渔具的商店工作时，可以展示制造商的产品，并给顾客提供鱼竿线轴的维修服务。进而言之，制造商也可将其销售代表租借给分销商或者批发商。这样,制造商的销售代表和分销商的销售代表可以协同工作,以帮助分销商向其客户销售产品或者提供服务。

6. 帮助客户将产品转售给其他的客户

对于销售人员来说,很多时候,销售工作的一个非常重要的组成部分就是帮助分销商或零售商转售他们从公司购得的产品,即销售人员帮助分销商将产品销售给零售商,或者帮助零售商将产品转销给消费者。例如,辉格燕麦片公司的销售人员,他们不仅需要对分销商,还需对零售商进行销售拜访;交易达成之后,将订单填好并分发给分销商;然后,分销商再从公司购买订单中所订数量的产品,并将产品投递到零售商那里。辉格燕麦片公司的销售人员同时也向分销商或零售商提供推销计划,以便帮助他们销售公司的产品。这些计划包括向他们提供广告资料,指导店内产品的展示,以及进行产品展销等活动。

7. 售后帮助顾客使用产品

在产品售出之后,销售人员的工作并没有结束,通常客户希望能够获得产品全部的有用特性。例如,一位客户在买到了一台计算机之后,计算机公司的技术专家应该帮助他学会如何操作计算机。

8. 同客户建立友好关系

销售工作是一项以人为本的职业,需要销售人员同客户进行面对面的沟通。从某种意义上说,许多销售工作都是在相互友好和信任的基础上进行的。销售人员需要同每一位可能影响购物决定的人员发展一种个人的、友好的商业关系。这一关系应在销售工作中不断得到发展和加强,而要做到这一点需要销售人员具有高度诚实的职业道德,并在满足客户需要方面保持浓厚的兴趣。

9. 为公司提供市场信息

销售人员需要为其公司提供以下信息:竞争对手的商业举动,客户对新产品的反应,客户对产品的投诉;此外还包括市场政策、市场机遇以及销售人员自己的工作情况。这些信息对公司非常重要,以至于公司要求自己的销售人员每周或每月都要向公司递交一份他们所负责区域的相关报告。销售人员是其公司获取信息的重要来源之一。

如果销售人员能将这些功能全面地结合在一起并正确执行,将会为公司开拓更多的销售额,并为自己带来更加丰厚的回报。

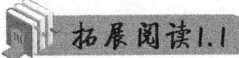

拓展阅读1.1

销售人员的一天

1. 上班前的准备工作

(1)每天要按时起床,告诫自己,一天的工作就要开始了,要充满活力。

(2)整理好仪容,检查一下是否带齐了销售的必备用品,如名片、笔、笔记本和产品资料等。

（3）上班途中，热情地和认识的人打招呼；如果可能，可以看一下当天的报纸或者近期的新闻等。

（4）尽量提前10～20分钟到公司，主动参加公司上班前的扫除活动。

简单地说，上班之前要有一个积极的心态，要有一个快乐的心情！

2. 到公司签到之后

向主管或有关负责人简单汇报自己的工作计划，明确当天的销售目标和重点，并详细拟定拜访路线及补救措施，计划越详细越好。出门之前，先和预定的拜访对象电话联络、确认，并检查所带的销售工具是否齐全，主要包括：

（1）产品目录、订货单、送货单；

（2）与客户洽谈的相关资料，如名片、客户资料、客户记录、价格表、电话本、记录本、计算器、商品说明书、样品、产品照片、产品的广告以及其他宣传资料等。

3. 拜访前的准备事项

（1）了解被拜访对象的姓名、年龄、住址、电话、经历、兴趣、性格、家庭情况、社会关系和最近的业务情况等。

（2）随时掌握竞争对手的销售情况及一般客户对竞争对手的评价，了解同行及相关产品的最新动态及产品信息。

（3）做好严密的拜访计划，并配合客户的时间去拜访，设法发现有决定权的购买者，并想办法接近。

（4）准备好交谈的话题，要做好心理准备，对于对方的询问和杀价要有对策，做到心中有数。

4. 见到客户之后

（1）礼貌、清楚地进行自我介绍，态度要温和，不卑不亢。

（2）认真听取对方的讲话，并表示关心；询问对方时，口气要平稳。

（3）要懂得抓住客户的心，首先自己要做到以下几点：

- 要有信心；
- 态度要真诚，争取对方的好感；
- 在谈话中，要面带微笑，表情愉快；
- 用语简洁、不啰唆，问话清楚，要有针对性；
- 注意对方的优点，适当给予赞美；
- 在商谈的过程中，不可与客户激烈争论；
- 诱导客户能够用肯定的话语回答询问；
- 能够为对方着想，分析带给对方的利益已经最大化。

（4）与客户商谈必须按部就班：

- 见到客户，首先要问候，接着聊天，赠送礼品；
- 进一步接近客户，激发其对产品的兴趣；

- 告诉客户产品能带给他的利益；
- 提出成交，促使客户订购或当即送货；
- 收货款；
- 一笔业务做成后，不要急于离去，要和客户继续交谈，以期建立一种长期的合作关系，并告诉他，随时能够为他提供服务。

5. 下班后，检查每天的工作，总结得失

（1）详细填写每天的业务日报表。

（2）检查是否按计划开展业务，是否按计划完成任务。

（3）写出每天的销售日记，总结工作方法；对客户提出的抱怨要及时处理，并做好备忘录，及时向上级主管汇报。

（4）销售日记的内容包括：

- 工作情况描述；
- 对工作得失的总结、意见及建议；
- 改进的方法；
- 客户的意见及建议；
- 处理意见；
- 工作感悟及感受。

6. 列出第二天的工作计划

（1）对于需要紧急处理或特别重要的事情，将其列入第 2 天优先办理的事项中。

（2）确定工作重点，拟定拜访路线，排除不重要的事情。

（3）需要预先约定时间的客户，约好见面时间。

1.4 成就自我

要想成就一番事业，就必须先成就自己。一个优秀的销售人员应该具备什么样的素质呢？研究表明，在优秀的销售人员身上普遍具有以下 26 项品质。

1. 勇气

勇气是任何一位成功人士都不可或缺的品质，在竞争激烈的情况下进行销售时，这一点表现得尤为突出。

2. 想象力

销售人员必须时刻想象和潜在客户见面时的情景以及来自客户的不同意见，并且能运用自己的想象力把自己置于客户的位置上，以便更好地理解客户的需求和目的。

3. 令人愉快的语音语调

销售人员说话的方式和语音语调要令人愉快。怯懦或不自信的声音会让人觉得你很软弱；反之，坚定而又清楚的声音带着自信，会让人觉得你充满激情，具有进取精神。

4. 健康的体魄

健康的身体最为重要，因为没有健康的身体，无论大脑机能还是身体机能都无法正常运转。销售人员必须坚持良好的饮食习惯和经常的身体健康训练。

5. 努力工作

努力工作是将销售训练和自己的能力转化为财富的唯一途径。如果不付诸行动，健康的身体、勇气或想象力不会给你带来一分钱的财富。实际上，你所获得的财富数额与你在工作中所付出的勤劳和智慧是成正比的。

（以上 5 项是一位优秀销售人员应具有的基本品质。如果谁具有了这样的品质，谁距离自己的梦想就不远了。）

6. 熟悉并信任自己的产品

优秀的销售员会认真分析自己销售的产品或服务，彻底了解产品或服务的每一项优势。因为他们知道，如果你不了解、不相信自己的产品或服务，你是无法成功将其销售出去的。优秀的销售员从不销售连自己都不信任的产品。他们知道无论自己如何向客户介绍这些问题产品，他们的大脑都会不自觉地将这种不信任传递给客户。

7. 向顾客提供适宜的产品

优秀的销售员会分析潜在的顾客以及他们的需求，而后向其提供其最需要的产品或服务。他们永远不会向一位应该购买福特汽车的顾客推销劳斯莱斯豪华汽车。从某种意义上讲，对顾客的一笔糟糕交易，其结果对经销商会更糟糕。

8. 为顾客提供价值

优秀的销售员从不试图获取超过商品价值的利润，他们知道信誉远比任何一笔生意的利润更宝贵。

9. 为潜在客户打分

优秀的销售员在为潜在客户合理打分前是不会推销自己的产品的，他们会在以下几个方面为顾客打分：购买力、购买需求、购买动机。在没有为潜在客户打分的前提下就进行推销，这种错误行为在造成推销失败的原因中排在首位。

10. 为客户"洗脑"的能力

优秀的销售员知道只有潜在客户接受了或愿意接受自己的观点时，才能做成生意。他们会为客户介绍自己的产品，使其充分了解产品的优点并对产品产生认同感，直到此时，他们才会试图让客户购买自己的产品。

11. 成功完成交易的能力

优秀的销售员能很艺术地从推销阶段走向成交阶段，他们会通过训练使自己能够敏锐地捕捉这一心理时刻。他们几乎从不询问潜在客户是否准备购买自己的商品。他们会一开始就认为顾客已经准备购买了。在这里,他们将暗示力量发挥得淋漓尽致。只有在认为自己已经成功后他们才会结束推销,他们会引导整个过程,使得潜在客户认为自己已经做出了购买决定。

(6~11项品质与销售的产品或服务以及销售计划、销售策略密切相关。如果你具有了这些品质,距离成功就更近了一步。)

12. 受人欢迎的个性

优秀的销售员都掌握了如何使自己受欢迎的艺术。这是因为潜在客户购买产品时,不仅产品要得到他们的认可,销售员也要得到他们的认可,否则就不会有成功的销售。

13. 出色的表演才能

优秀的销售员同时也是优秀的演员,他们通过对产品形象生动的介绍,给潜在客户留下了深刻的印象,以便激发客户的想象力。

14. 自控能力

优秀的销售员随时都在控制着自己的思想和行为举止。如果你连自己都控制不了,那么又何谈控制和影响潜在客户呢?

15. 积极主动的心态

优秀的销售员深知积极主动的重要性,并且在实践中一以贯之。他们通过想象制订计划,通过积极主动将计划付诸行动,他们几乎从不需要别人告诉自己应该做什么和如何去做。

16. 宽容的态度

优秀的销售员思想开放,对一切都持有宽容的态度,他们知道开放的思想对于成长至关重要。

17. 精确的思考

优秀的销售员需要经常思考。如果要成为一名优秀的销售员,你必须不厌其烦地去了解实际情况,并将之作为思考的基础。不要无端臆测,你所有的想法和观点都应该建立在有据可依的基础上。

18. 坚持

优秀的销售员从不会因被人拒绝而受到影响,他们的字典里找不到"不可能"这个词。他们知道所有的顾客都很容易对推销员说"不","不"这个字对优秀的销售员而言只不过是一个信号,暗示他们应该更真诚地向顾客推销自己的产品。

19. 信念

优秀的销售员总是相信自己能够胜任推销工作,他们有着充分的自信:相信自己,相信自己销售的产品,相信自己的公司,相信潜在的顾客。优秀的销售员从不在对自己都没有信心的情况下去推销一种产品。他们相信这种信心是具有感染力的,能被潜在顾客接受并影响他们的思维,使得这一信念就好像是顾客自己的想法。没有自信就不会成为一名优秀的销售员。

20. 观察的习惯

优秀的销售员一定是一位细致的观察者。他们对潜在顾客的每句话、每个面部表情的变化以及每个动作都观察入微、仔细权衡。他们不仅对顾客的这些表象仔细观察和分析,同时也在观察和分析顾客没有说出的话或没做出的动作,任何细节都逃不过他们的眼睛。

21. 为顾客提供比预期更多的服务

优秀的销售员养成了提供比顾客预期更多、更优的服务的习惯,多一分努力多一分回报,顾客会有所比较,而你则会从中获益。

22. 从失败和错误中获益

优秀的销售员从不言弃,他们从自己的错误中获益,也通过观察他人的错误从中获益。因为他们在每一个失败和错误中都能发现成功的种子。

23. 依靠团队的力量

优秀的销售员能够充分理解并灵活运用团队的力量,借以增添自身力量,获得成功。团队,是指能够集合两个或两个以上个人的智慧,为了同一目标而紧密无间地协同工作的集体。

24. 明确的目标

优秀的销售员是带着明确的销售目标而工作的。他们从不简单地把卖产品作为自己的工作目标,他们在工作时不仅有明确的销售目标,而且还确定了完成目标所要花费的时间。

25. 从顾客的角度分析问题

优秀的销售员遵循"你要别人怎样待你,你也要怎样待人"的准则,他们把这一准则作为所有交易行为的基础。要成为优秀的销售员,就必须设身处地地从顾客的角度分析问题。

26. 工作热情

在所有优秀销售员所具有的品质中,工作热情是最为重要的,也是最为宝贵的。优秀的销售员总是充满了工作热情。更重要的是,他们知道这种热情会感染潜在顾客,使顾客自己也充满热情。

(12~26项品质与销售员个人天性、自身修养之间存在密切关联。如果你具备了以上26项优秀品质,你一定会成就自己灿烂的人生。)

拓展阅读 1.2

哇!真好,我的收入又增加了

你一定渴望得到一个使销售业绩不断增长的秘诀,下面就是。但前提是你愿意真正地将这些方法落实到你每一天的销售生活当中,你的生活一定会充满惊奇,你会由衷地说出:

"哇！真好，我的收入又增加了！"

1. 养成每天早上读半小时至一小时书之后再出门的习惯

很多朋友每天都没有一个很好的开始，因为每天早上总是拖到最后一秒才出门，最后一秒才进公司，一个匆匆忙忙汗流浃背的开始怎么可能期待会有充满惊奇的一天呢？有人说："晚起是因为晚睡，晚睡是因为工作。"其实这不是一个不可改变的习惯，只要给自己一个重要的理由，就可以用一个新的习惯来替换这个旧习惯，"因为我想让自己的收入增长百分之百！"这个应该就是具备足够力量的理由。养成一个新的习惯："早起是因为早睡，早睡是因为每天早上拥有一个好的开始！"

古语有云：一年之计在于春，一日之计在于晨。早上是一个人大脑记忆力最好的时候，最适合学习，通过每天的学习可以让自己拥有每天最好的开始。而且要让学习变成一个习惯，不是今天有时间今天看书，明天有时间明天看书，因为三天打鱼两天晒网的读书习惯所得到的成效并不大。持续不断的学习不但可以学到新知识而且可以训练自己持之以恒的坚持和毅力。

早上早起学习还可以训练自己的意志力，因为睡觉是一件很舒服的事情，尤其是冬天，暖和的被窝会更令人留恋。当闹钟响起时你是战胜自己起床学习，还是被暖和被窝打败继续睡觉呢？如果每天早晨都拥有一个战胜自己的开始是多么令人鼓舞的一件事呀！古人还说过一句话：早起的鸟儿有虫吃。因为早起的人比别人积极，比别人努力，所以他会比别人拥有更多的机会，去成就更多的业绩。

2. 做好每日计划表，将自己的目标再次确认

没有计划的人就是在计划失败，利用早上将自己一天要拜访的客户数量、拜访路线和拜访内容等做好书面计划，而不要只是靠着自己的大脑记忆。我们的大脑是用来思考的，而不是用来记这些烦琐事务的。对自己负责的人会将自己每天的工作进度用这些书面的报告去跟自己做汇报，并且自己检查自己，你自己就是自己最严格的主管。如果你是一个每天都不做工作计划而且毫不改进的销售人，那么我要在这里提醒你，提醒你的每天都有一个错误而且失败的开始！

当你自己设置了销售目标之后，每天都要将你的目标重复以下几个步骤，不断地进行确认，不断地将这个目标放进自己的潜意识中，因为不被确认的目标很快就会因为忙碌的生活或者工作上的挫折而逐渐被淡忘，要记住目标需要细心呵护。

步骤一：每天都将自己的目标大声地念出来，就像背书一样，将它背得滚瓜烂熟；而且要固定自己背诵目标的次数，严格要求自己每天都要完成背诵的次数。

步骤二：将自己的目标用默念的方式在心中背诵，并且将这些目标的字眼一个字一个字地在大脑中写下来，而且是要慢慢地写下来，而不是将其当成无聊的工作草草背完。

步骤三：让自己的心情沉静下来，用心去幻想成功，让成功的画面清晰地在自己的大脑中出现，通过幻想成功让自己从每天的早晨就可以拥有一个积极、兴奋而且充满希望、愉快、战斗力的开始。

3. 拜访完客户之后马上做检讨

有许多人无法从自我检讨中获得很多的经验，其原因是没有做及时的检讨。一个人可能会因为工作的忙碌或情绪的影响，抑或是外在环境的种种因素影响，结果在自己大脑记忆最清晰时没有将宝贵的经验记录下来，这是一件很可惜的事。因为任何一个曾经努力过的案例都是我们最好的学习机会，所以一个懂得自我要求、自我成长的销售人，就要能够从任何案例中让自己获得最多的成长经验。

不要让自己留在上一个案例成败的情绪当中，成熟的销售人要有马上摆脱情绪牵绊的能力，要有"经验获得至上"的观念，这样才能从失败案例中学到经验，也能够从成功案例中学到如何让自己做得更好的经验。

在检讨中可以问自己以下几个问题。

问题1：我做的哪些事、说的哪些话是对的，而且是对成交有帮助的？

问题2：我做的哪些事、说的哪些话是错的，而且是对成交有阻碍的？

问题3：我哪些事做得、哪些话说得比以前有进步了？

问题4：有没有因为疏忽而犯了自己不应该犯的错误？

问题5：我有了哪些突破，在哪些方面有了成长？

4. 将每位客户都视为百万元客户

一个态度很好的客户不见得就是你的百万元客户，而一个态度不佳的客户也不见得就不是你的百万元客户。一个大企业客户不见得就是你的百万元客户，而一个小企业客户也不见得就不是你的百万元客户。一个你很熟悉的客户不见得就是你的百万元客户，而一个你陌生的客户也不见得就不是你的百万元客户。一个稳定发展的公司不见得就是你的百万元客户，而一个正在创业的公司也不见得就不是你的百万元客户。事实上，你根本不会知道你的百万元客户是谁，也许他已经出现在你的客户名单中，也许他就是你明天即将要去拜访的对象。一个百万元客户的机会随时可能在身边出现，是否能够掌握就看你是否已经做好了"将每位客户视为你的百万元客户"这样的心理准备。

你的观念和看法决定了你对客户的态度，客户手上也许今天并没有百万元订单，但是如果有一天他手上有了百万元订单时，你是不是他想要成交的对象呢？

销售人的订单需要日积月累，今天我们种下了什么因，未来就会结成什么果。当有一天百万元订单出现时，绝对不是侥幸而来的机会，一定是长期努力所得到的结果。

意外的收获是，当你将一个客户视为百万元客户时，你将会发现你对客户的态度，你对客户的用心，你对于客户的要求，你为客户所做的一切都会和现在有很大的不同；而且当你将客户视为百万元客户时，你会惊讶地发现客户与你之间竟然如此接近，客户会将你视为朋友而无话不谈。不管是否真正成交百万元订单，在自己的人生中多了一位好朋友，其价值岂止百万元！

【任务小结】

销售经理需要从销售做起。那么什么是销售呢？销售是指销售人员通过与潜在顾客之间的信息沟通,说服顾客购买某种产品或服务的过程。可见,销售是一个人帮助另一个人的伟大职业。

销售职业化已成为一种发展趋势。销售人员有着广阔的发展前景,他可以从普通的销售人员晋升为销售经理,或者市场营销总裁,甚至总裁。当然,销售经理都是从优秀的销售人中脱颖而出的。销售人员要摆正心态,不断学习,成就自我。

任务 2 做一名合格的销售经理

【任务导入】

弥勒佛笑脸迎客,韦陀铁面理财

去过庙的人都知道,一进庙门,首先是弥勒佛,笑脸迎客;而在他的背面,则是黑口黑脸的韦陀。

相传在很久以前,他们并不在同一座庙里,而是分别掌管着不同的庙宇。弥勒佛热情快乐,所以来的人非常多,但他什么都不在乎,丢三落四,没有好好地管理账务,所以总是入不敷出。韦陀虽然管账是一把好手,但成天阴着个脸,太过严肃,使得人越来越少,最后香火断绝。

佛祖在查看香火时发现了这个问题,就将他们俩放在了同一座庙里,由弥勒佛负责公关,笑迎八方客,于是香火大旺。由于韦陀铁面无私,就让他负责财务,严格把关。在两人的分工合作中,庙宇一派欣欣向荣的景象。

身为销售经理,就应该像佛祖一样,将不同的人组织在一起,形成一个团队,这样才能提升整体销售绩效。

【任务学习】

2.1 认识销售管理

西方学者一般认为,销售管理是指对销售人员的管理。菲利普·科特勒认为,销售管理是对销售队伍的目标、战略、结构、规模和报酬等进行设计和控制。拉尔夫·W. 杰克逊认为,销售管理是对人员推销的计划、指挥和监督。查尔斯·M. 富特雷尔认为,销售管理是指通过计划、人员配备、培训、领导以及对企业资源的控制,以一种高效的方式完成组织的销售目标。

我们认为,销售管理是对销售人员及其活动进行的计划、组织和控制,包括销售人员的招聘、培训、激励、绩效评估和业务指导,从而实现企业目标的活动过程。

销售管理的核心是对销售人员的管理,销售管理的目标是实现企业利润。

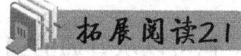

销售经理的一天

马利是某办公用品公司的地区销售经理。以下是他描述的自己销售管理工作的一天。

上午 7:30,到达办公室。喝一杯咖啡,查看一下电话留言和网上电子邮件,需要回复的邮件立刻回复。

上午 8:30,访问销售代表,作为一天的良好开端。通过与销售代表的谈话,可以知道他们在做什么以及准备做什么,从而知道怎样才能为他们提供帮助。

上午 9:00,阅读各种报告,并做出下一步的工作计划。例如,销售预测、预算和计划以及补充新生力量等。在剩下的时间里会检查每位销售人员的绩效和客户扩展情况,并做出帮助其改进和提高的计划。

上午 10:00,尽量与销售代表在一起,与他们一起研究每一次访问的目标和策略问题,以便寻找真正的客户需求,确定满足顾客利益需求的战略和程序。最后,评估销售访问效率,发现需要改进的环节,并设计下一步的工作计划。

中午 12:00,与客户和销售代表共进午餐。一般每周有几次邀请客户共进午餐的机会,目的是增进与客户的关系,增加相互间的了解,进而将来更好地为客户提供满意的服务。

下午 1:30,进行必要的销售访问,对销售人员进行现场指导与培训。

下午 3:30,回到办公室,打几个电话,与销售人员讨论一天发生的有关事情,安排为客户送货、结算、服务等问题。

下午 5:00,回忆一天的工作并做出第 2 天的工作计划,包括检查有关绩效,主要检查与销售、利润目标相对比的业务报告,设计第 2 天的工作时间表。

下午 6:30,下班。

这就是销售经理的一天,也就是销售管理具体内容的一个概要。

2.2 销售管理职能

销售管理是销售经理的基本职责。销售管理的主要职能包括制订销售计划、构建销售组织、培训销售人员、销售业务指导、销售激励和对销售人员进行绩效评估,如图 2.1 所示。

1. 制订销售计划

企业的整体计划确定了企业未来的发展目标以及为实现该目标所采取的方式。销售计划是企业整体计划的重要组成部分,它以取得最大的销售收入为目标,涉及企业销售活动与其他经营活动的协调与沟通,明确企业对每位销售人员、销售团队、销售工作单位未来期望达到的业绩目标和预期进行的各项活动,以及为实现该目标所需的资源。销售经理要为整个企业、特定的工作单位和销售人员个人制订销售计划。销售计划涉及的时间可长可短,可能是 1 个月,也可能是 1 年或更长的时间。销售计划可以是一般性的计划,如通过

扩大销售来增加企业销售利润；也可以是具体的计划，如采取某种激励措施来实现企业的某个销售目标。无论是哪一种计划，都需要销售经理掌握足够的信息，并对所掌握的信息进行充分的分析和加工；都需要确立明确的计划目标，并对为实现计划目标所需采取的行动进行决策。

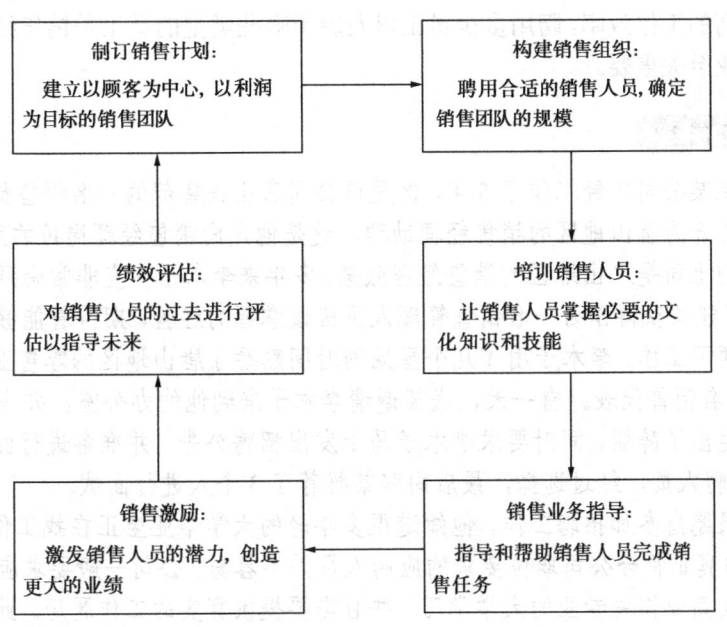

图 2.1　销售管理的主要职能

拓展阅读2.2

你成功靠的是什么

唐僧师徒四人经过了九九八十一难，终于取到了真经，回到了大唐。李世民给师徒四人接风摆设酒宴。

席间，李世民问唐僧："你今天成功靠的是什么？"唐僧回答："我靠的是信念、只要我不死，我就能取到真经！"

然后李世民又问孙悟空："你成功靠的是什么？"孙悟空说："我靠的是能力和人脉！我没办法的时候我会借力。"

然后，李世民又问八戒："你动不动就摔耙子，你怎么能成功？"猪八戒说："我选对团队了呀，一路有人帮、有人教、有人带，想不成功都难。"

最后问的是沙和尚："你这么老实怎么也能成功呢？"沙和尚说："我简单、听话、照做！"

李世民听后，哈哈大笑："团队首领有坚定的信念，团队成员个个能降妖除魔，又互相信任，想不成功都难！"

2. 构建销售组织

销售计划固然重要，但任何一项销售计划都不可能由一个人去实施，需要进行人员配备，构建一支高素质的销售团队。构建销售组织，也就是以顾客为中心、以实现企业利润为目标建设销售团队。主要工作包括销售人员的招聘、选用，并为他们提供必要的资源，以保证其较高的工作效率。聘用多少员工以及聘用哪些类型的员工是销售经理的重要工作内容，对企业至关重要。

典型案例2.1

李木子在某公司已经工作了5年，他是该公司唐山销售部的一名销售员。由于业绩出色，最近被提升为唐山地区的销售经理助理，这是他走向销售经理岗位的第1步。

李木子的上司是唐山地区的销售经理张某。多年来李木子一直非常崇拜张某的工作方式，他期待着能够获得作为一名销售管理人员应该掌握的经验，期待着能够在张某这样一位经理的带领下工作。李木子用了几个星期的时间熟悉了唐山地区的零售业务、大客户以及当地的12名销售代表。有一天，张某邀请李木子来到他的办公室，并告诉李木子有一名销售代表提出了辞职，同时要求李木子马上发出招聘公告，并准备进行面试。李木子找到了10名应聘人员，经过选择，最后向张某推荐了3个人进行面试。

李木子很愿意参加招聘工作，他知道很多年轻的大学毕业生正在找工作。但是，他也知道，要找到真正符合公司职位要求的应聘人员并不容易。公司一般要求应聘人员必须具有市场营销或商业相关专业的大学学历，并且需要提供真实的工作履历。此外，良好的性格也是一个必不可少的条件，应聘人员必须具有强烈的进取心、高度的自信和积极的生活态度。李木子知道在找到能够被公司所接受的应聘人员之前，他需要对应聘人员进行深入了解。为了准备好这次招聘工作，李木子一直在征求张某的意见，向他请教如何发现和寻找应聘人员。张某向李木子介绍了自己在多年工作中积累的经验，他希望能够招聘一名来自农村的大学毕业生。他认为那些来自农村的年轻人具有吃苦耐劳的品质，而且他们也最理解金钱的真正价值。同时，他认为招聘最重要的两个方面是评价应聘者是否拥有获取成功的欲望和坚持不懈的精神。你具备这两点吗？

3. 培训销售人员

销售经理的相当一部分时间是花费在对销售人员的培训工作上的。企业为保证销售人员取得理想的销售业绩，保证企业销售目标的实现，应该为招聘的销售人员提供必要的销售培训，帮助他们掌握与工作有关的文化、技能和知识。这种培训既为销售人员提供完成本职工作的技术指导，也为其提供从事未来工作所需要掌握的方法。在具有以人为本经营理念的企业里，人力资源的管理与培训不可或缺。

典型案例2.2

西安杨森公司在医药界素以重视销售人员培训而闻名，公司始终把人力资源开发放在首位。西安杨森以人为本的用人哲学包括4个方面：选择优秀的人才加入组织；培训使之成长；管理使之成功；通过员工的成功求得公司的成功。西安杨森公司喜欢招聘新人自己培养，因为新人没有形成固化的工作模式，可塑性强。公司在培训上的投入也是有目共睹的，每年的培训费用为全体员工工资总额的1.3倍，保证每位员工每年有100个小时的培训，最多的可达200个小时。西安杨森公司员工培训的内容十分丰富，主要包括企业文化、MBA浓缩课程、销售策略、人际沟通、客户服务、团队精神和管理规范等。培训使销售人员的素质不断提高，使企业不断发展。

4. 销售业务指导

如果说一个销售组织就是一个销售团队，那么销售经理就是这个团队的核心；如果说一个销售团队就是一支为冲击金牌而拼搏的球队，那么销售经理就是这个球队的教练。要发挥一个团队的最大潜能，需要这个团队的每位成员都百分之百地忠实于他们的教练，当然教练也必须为此做出个人最大的努力，全身心地投入到这个团队中。对销售经理来说，他需要把预期的目标传达给销售团队的每一名成员，使得团队成员都拥有不断改善自身业绩的愿望，并为此而不懈地努力。

销售经理应该非常熟悉销售业务，并能够对销售人员进行业务指导与帮助。对销售人员的业务指导包括货品业务指导、服务业务指导、信用业务指导和客户关系指导等内容。当销售人员在开展业务过程中遇到问题时，销售经理应能向其提供人力、物力、资金、技术和信息等方面的支持与帮助，这样才能得到他们对企业的忠诚。

拓展阅读23

访名师，得真传，成伟业

张良，汉高祖刘邦的谋臣，"汉初三杰（张良、韩信、萧何）"之一。

张良年轻时，曾谋划刺杀秦始皇，失败后，为躲避官府通缉，隐藏在下邳。

有一天，张良闲游到一座桥上，遇见一位穿褐衣的老翁。那老翁见张良走近，便故意将鞋坠落桥下，让张良下桥去捡。张良很不高兴。等张良把鞋捡上来交给老翁时，老翁又让他帮着把鞋穿上。于是，张良跪着帮老翁穿上了鞋。老翁没客气，笑眯眯地离开了。临走时留下了一句话："小子可教矣！5天后黎明时分在这里等我。"张良按老翁的指示，5天后，天刚亮，他就来到桥上，不料老翁早已在那里，见了张良便怒斥道："跟老人约会迟到，岂有此理。过5天再早些见我。"说完就离去了。又过5天，鸡刚打鸣，张良便匆匆地赶到了桥上，可是不知怎么的，他还是比老翁来得晚。老翁这回更不高兴了，只是重复了一遍上回说的，就拂袖而去。这下张良可有点急了，又过了5天，他索性也不睡了，在午夜之前便来到桥上等着。一会儿老翁来了，见着他便点头称是。从袖中拿出一本书，很神秘地说："你读了这本王者之书，就可以做帝王的先生了。10年之后，兵事将起。再过13年，你到济北，可以与我重逢，毂城山下的那块黄石，便是我的化身。"说完飘扬而去。

天一亮，张良打开书一看，原来是《太公兵法》。张良特别高兴。后来，张良认真研读黄石老翁授给的《太公兵法》，真的当上了汉高祖刘邦的谋臣，帮助汉高祖刘邦成就了一番帝业，开创了历史上有名的大汉王朝。

一个人要想成就自己的一番事业，就要选择一个团队，跟对一个领导，还要发掘自己的价值。

5. 销售激励

激励与指导都是销售经理进行销售管理的重要内容。销售人员需要激励，良好的激励与指导能使销售人员保持高昂的斗志和良好的精神状态，使他们的潜力得到更充分的发挥，把销售工作做得更好。

销售人员需要更多的激励是由其工作性质决定的。销售是一项很辛苦的工作，需要不懈努力才能有收获。销售人员大多单独工作，工作时间长短不定，并经常遭遇挫折，需要安慰；他们远离亲人，会有很多的个人烦恼，需要排解；他们会面对残酷的竞争，需要鼓励；他们面对客户时会显得低人一等，需要尊重等。企业对销售人员的激励，一般包括环境激励、目标激励、物质激励和精神激励。

典型案例2.3

某计算机公司销售部门来了两个销售代表，一个是新招的A，另一个是已经进入公司一年的销售代表B。A从来没有做过计算机硬件的销售，也没有很好的销售经验，而B曾在一家著名的IT企业做过几年的销售。第一个季度过去了，两个人都没有完成任务，这在销售经理的预料之内，因为他们刚刚接触客户，需要更长的时间开展业务。后来，新招的代表A的业绩居然比经验丰富的代表B好一些，这使经理感到非常奇怪，这是为什么呢？经理需要找到原因。

销售业务取决于两个方面，一是销售代表会见客户时的表现，二是销售代表与客户在一起的时间。B的销售技能不错，说明问题不在销售技能上，经理开始注意他有多少时间与客户在一起。经理仔细地与他讨论每一个客户的情况，结果发现他根本不了解他的客户，这就说明他几乎没有花费时间与客户在一起。经理问B："你最近去见过这些客户吗？"B犹豫了一下，承认没有。经理询问原因，他终于说出了原委，原来是因为经理调整了他的客户，使他的业绩受到了影响。他的心情也受到了打击，他认为自己好不容易培养起来的客户，却轻易地被经理分走，太不公平了。

于是，销售经理将一份准备好的业绩提高计划拿出来，要求他必须在两个月内完成本季度任务的60%，最终要100%地完成。经理告诉他："我理解你的心情，但我不能原谅你拿着公司的薪水，却不履行自己作为销售代表的职责。"B在业绩提高计划书上签了字，如果他不能在限定时间内完成规定的任务，就意味着他将重新找工作了。

6. 绩效评估

销售管理工作以利润为中心，是指要千方百计地控制和降低成本和费用，提高销售业绩，因此必须对销售人员的工作业绩建立科学的绩效评估、考核制度，并以此作为分配报酬的依据。销售人员的绩效考评主要包括以下几方面的内容：收集考评资料、建立绩效标准、选择考评方法和进行具体考评。

项目 1 销售职业目标与定位——销售经理

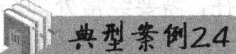 典型案例2.4

强森公司的地区销售经理雷经理说过，作为一名销售经理，我的主要工作就是培训和开发自己的销售人员，需要花费大量时间对销售人员进行绩效考核和提供指导。我每年都对他们进行正式的考核，对他们工作的主要指标完成情况进行考察。销售人员的激励奖金完全取决于他们的整体绩效水平。整体绩效水平包括销售定额的完成情况和销售目标的实现情况。在绩效考核中，我要和他们坐在一起，按照事先确定的绩效标准对他们的工作情况进行总结和评价。在正式考评之前，我会提前发给销售代表一个表格，让他们根据表格对自己的业绩进行评价。这使他们可以在管理层对自己进行正式考核之前分析一下自己的优势和缺陷。作为一名销售经理，如果你能够在绩效考核中做到客观、公正，那么销售代表的自我评价应该和他们的考核结果非常接近。

2.3 销售管理技能

销售经理的工作非常复杂，其技能也多种多样。我们可以把它们概括为3种最基本的技能，即决策技能、人际关系技能和技术技能。

1. 决策技能

决策技能是指销售经理从总体上对销售组织进行理解并对组织成员之间关系的认知能力。具体地说，销售经理应该认识到自己所在的销售组织在哪些方面可以和所在企业的整体相互配合；自己的销售组织如何适应其所在的行业和地区；自己的组织成员各自有什么特长，还存在什么问题。这种能力意味着一个人是否能够以长期、整体的角度进行战略思维。

典型案例2.5

安健是由于客户关系极好而刚刚晋升为地区销售经理的。但是他现在似乎遇到了麻烦，该地区的销售额急剧下降，这让这位区域经理感到非常恼火，你想知道到底发生了什么事情。于是，你告诉这位新上任的地区销售经理，你准备到他的办公室去一次，和他共同讨论一下销售计划和销售定额问题。

在他的办公室，通过和销售人员的谈话，你很快发现个别的销售人员竟然不了解销售计划的内容以及他们的销售定额，他们也不知道自己的目标是什么，更不知道他们应该重点把握哪些客户。你检查了一下这位地区销售经理上个季度的资料档案和会议记录。果然，有关的文件、记录含混不清，相互矛盾，杂乱无章。

于是，你坦诚地与安健进行了一次谈话，他承认自己做得不令人满意，也已经意识到整个销售机构无法纳入他的销售轨道。显然，安健存在明显的职位不适应，一个好的销售员未必能胜任销售经理的职位。

2. 人际关系技能

人际关系技能是指作为销售经理与他人进行合作和领导他人进行有效工作的能力，具体表现为激励、帮助、协调、领导和解决冲突的能力。

对于一名销售经理来说,他的大部分时间都用于和他人之间的交往,需要经常处理与他人之间的关系。不断提高自己对他人领导、激励、协调、沟通的能力,这是成功销售经理不可或缺的职业素质。

典型案例2.6

李理是某公司最出色的销售人员,他从来没有让自己的销售定额落空过,他一直认为自己应该被提升为销售经理。但问题在于,李理并不如他自己想象得那样出色,尽管他是公司顶尖的销售人员,但他也是一个"独行侠",他根本没有能力管理一个地区的销售组织。这时,你收到了李理的一封信,这封信的内容写得非常直接,表达的意思也非常明确:"我在公司中任销售员已经5年多了,长期以来我一直是公司最出色的销售人员,在这几年中我每年都能够达到或超过自己的销售定额,我所负责的客户销售额每年都在增加,而且在这个地区,我所开发的客户比任何人都多。你在绩效考评中对我的评价是出色,你本人也承认我是公司最出色的销售代表。我对自己目前的工资、佣金和奖金没有任何怨言,我希望你能够意识到,我已经为自己的下一个工作目标——销售经理做好了充分的准备。对我来说,有一点我认为非常重要,你必须认识到,如果公司不能充分发挥我的才能,那么我只能有一个选择——离开公司。"

看来你非常有必要与李理进行一次面谈,就有关问题进行沟通。

3. 技术技能

技术技能是指销售经理应该掌握的特定的销售知识、分析问题和解决问题的能力以及使用某些交通和通信工具的能力。例如,查阅报表、分析存在的问题以及提出解决问题方案的能力。你能从图2.2中发现一些销售问题吗?

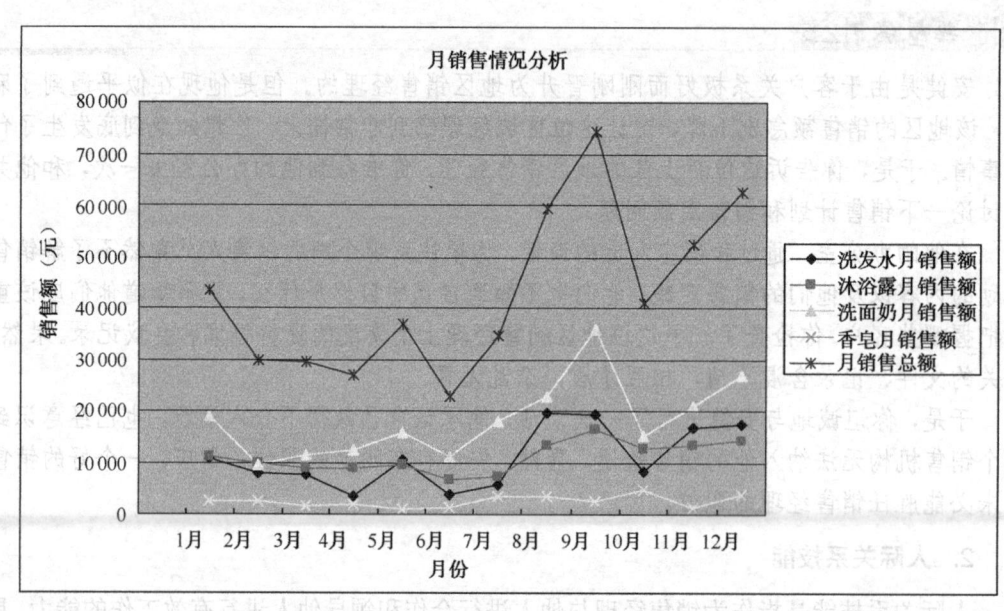

图2.2 某公司洗涤用品月销售情况分析图

在一个组织中，管理层次越低，技术技能的重要性越高。随着个人在组织中地位的上升，技术技能的重要性与人际关系技能和决策技能的重要性相比，其作用会有所下降。

对于不同层次的销售经理来说，决策技能、人际关系技能和技术技能三者之间的关系如图2.3所示。

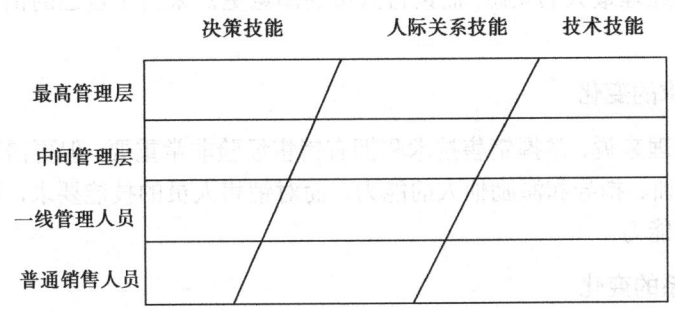

图2.3 不同管理层次决策技能、人际关系技能和技术技能三者之间的关系

2.4 学会经理人思维

一般情况下，从一名普通的销售人员到销售经理，思维方式会发生很大变化。随着职位的晋升、地位的变化，有些变化是显而易见的，如拥有了自己的办公室，配备了下属，有了新的上司。但更主要的变化在于对工作责任所持的态度，得到职位晋升的新经理需要学会经理人的思维方式。

1. 观念的变化

普通销售人员只需要把主要精力集中于自己的本职工作，他们的目标是如何做好现有的工作，如制订访问计划、访问客户、推销洽谈、送货服务、催款等。而对一名销售经理来说，他必须在自己的头脑中建立一个总体概念，认识到计划和决策对组织目标、组织利益的影响，更多地关注组织利益而不是自身利益。

2. 目标的变化

销售经理主要应该考虑的问题是如何实现组织的目标，如组织的销售目标、利润目标、成本费用目标和市场目标等。而一名普通的销售人员只需要考虑自己的销售定额和销售任务的完成，拿到自己的薪酬和奖励。

3. 责任的变化

销售经理除了需要完成一般性的行政管理工作，还需要对自己的下属加以管理，并为他们的工作创造条件，提供必要的资源。销售经理更多的工作是引导和协调他人的销售活动以实现本组织的销售目标。而普通销售人员的责任主要就是完成组织分配的销售定额，加强与客户的联系。

4. 满意的变化

由于销售经理基本上已经不再从事实际的销售活动,与客户的实际接触也很少,因此对于他们来说,更多的满意是来自于下属的成功而不是自己的销售成功,销售人员的努力与贡献是对销售经理最大的安慰,而销售人员的满意更是来自于自己的销售业绩以及自己价值的实现。

5. 技能要求的变化

对于销售经理来说,掌握销售技术和拥有销售经验非常重要,但更需要他拥有良好的计划、沟通、培训、指导和激励他人的能力。而对销售人员的技能要求,则主要是较强的销售能力和沟通能力。

6. 工作关系的变化

一般销售人员的工作关系主要涉及与上司、同事和客户的关系,而销售经理需要与上司、下属、同僚、同行、客户建立普遍的良好的关系,以利于管理工作的开展,其人际关系更加复杂。

2.5 定位销售经理角色

销售经理在日常工作中最核心的内容当然是达成销售任务,所以为了达成销售任务而进行的各类管理工作,无疑成为销售经理们的日常工作。那么,销售经理应该如何扮演好自己的角色呢?

1. 人际关系方面的角色:领导者、联络者

(1)领导者角色。销售经理作为一个销售部门的负责人,要负责对下属进行激励和引导,包括对下属的聘用、培训、评价、奖酬、提升、表扬、干预以至解雇。部门的节奏通常由销售经理决定,其工作是否卓有成效决定于销售经理的远见和向部门注入的力量。销售经理的无能或疏忽往往使部门的工作处于停滞不前的状态。作为领导者的角色,其重要目的是把部门成员的个人需求同部门目标结合起来,以便促进整个团队有效地开展工作。

(2)联络者角色。销售经理作为销售部门负责人,要通过各种正式的和非正式的渠道来建立和维持本部门同外界的联系。这些渠道有参加外部的各种会议、参加各种社会活动和公共事务、与其他部门的经理互相访问或互通信息、同与销售有关的其他机构的人员进行各种正式的和非正式的交往等。

2. 信息方面的角色:接受者、传播者、发言人

(1)接受者角色。销售经理得到的信息大致有以下 5 类:一是内部的业务信息,通过下属的业务报告、特别报告以及对部门工作的检查等渠道获得;二是外部的事件信息,如客户、竞争者、市场变化、政策变动、技术发展等,通过下属、同业组织、报刊等渠道获得;三是分析报告,从下属、同业组织或外界人员等渠道得到对某一事件的分析报告;四是各种环境信息,包括参加各种会议、阅读客户来信、浏览同业组织的报告等;五是压力

信息，各种压力也是信息的来源，如下属的申请和外界人士的要求，其他部门的意见和社会机构的质问等。

（2）传播者角色。销售经理把外部信息传播给下属部门和人员，把内部信息从一位下属传播给另一位下属。销售经理传播的信息包括：一是有关事实的信息，销售经理要用某种公认的标准来判断是否正确，把其中有价值的信息传播给有关的下属；二是有关价值标准的信息，销售经理在组织中要传播正确的价值标准，以便指导下属正确的决策。

（3）发言人角色。销售经理信息传播者的角色所面向的是部门内部，而其发言人的角色则是面向外部的，即把本部门的信息向周围的环境传播。销售经理发言人的角色要求他把信息传递给两类人：一是其直接上级，二是企业之外的公众。销售经理只有把自己的信息与他所联系的人共享，才能维持他的联系网络。

3. 决策方面的角色：改革者、冲突排除者、资源分配者、谈判者

（1）改革者角色。销售经理的改革者角色是指销售经理在其职权范围内充当本部门改革的发起者和设计者。改革者角色的活动开始于观察工作，然后寻找各种机会和问题。当发现一个问题或机会以后，如果销售经理认为有必要采取行动来改进部门的工作状况，就应该提出改进方案，报上级批准后组织本部门进行实施。

（2）冲突排除者角色。销售经理面对的冲突有两种类型：一是下属之间的冲突，主要是由于资源争夺、个性不同引起的；二是部门之间的冲突，主要是当部门资源遭受损失或面临损失危险时发生的。销售经理一般把排除冲突置于较其他绝大多数活动都优先的地位。

（3）资源分配者角色。为了实现资源分配者的角色，销售经理需要拥有销售部门所有重要决定的权利，这样才能保证把这些决定互相联系起来，使它们互相补充而防止冲突，并在资源有限的情况下选用最好的方案。由销售经理来批准的事项有下属拟定的改进性方案、对较为次要的故障的排除措施、现有程序和政策的例外情况处理、下属谈判的合同以及业务预算等。

（4）谈判者角色。对于销售经理来说，谈判者角色显然是最重要的角色之一。这些谈判既包括正式的商务谈判，也包括非正式的谈判。谈判就是资源交易，要求参加谈判的人要有足够的权利来支配各种资源并迅速做出决定。对于销售经理来说，很多谈判场合都需要他的参加并由他做出决定。

2.6 成功销售经理的品格

成功的销售经理都是相同的，失败的销售经理则各有各的原因。研究并把握这些共性，是一件非常有意义的事情。通过研究和把握那些成功销售经理的共性，并以这些共性反观自己，你至少可以明白自己是否适合做销售以及是否适合做销售经理。

1. 成功的梦想

梦想就是一个生活目标，一种人生理想。一个人的梦想有多大，他的事业就会有多大。一位真正的销售经理一定是一名欲望强烈者，他们想拥有财富，想出人头地，想获得社会地位，想得到别人的尊重。

2. 坚忍的性格

有句成语叫"艰难困苦，玉汝于成"，意思是说成功不易。不易在哪里呢？对销售经理来说，肉体上的折磨算不得什么，精神上的折磨才是致命的。如果有心担当销售经理，一定要先在心里问一问自己，面对从肉体到精神上的折磨，你有没有那样一种宠辱不惊的定力与精神。如果没有，那么一定要小心。对有些人来说，一辈子给别人打工，做一个打工仔，是一个更合适的选择。对一般人来说，忍耐是一种美德，而对销售经理来说，忍耐却是必须具备的品格。

3. 开阔的眼界

人们都喜欢夸耀自己见多识广，而对于销售经理来说，夸耀是远远不够的，需要的是真正的见多识广。广博的知识，开阔的眼界，可以有效地拉近自己与成功的距离，使销售活动少走弯路。销售经理开阔眼界的4大方法如下。

第一，职业。俗话说，不熟不做，销售经理不仅要对行业的运作规律、技术、管理都非常熟悉，而且对人力、市场也要熟悉，这样销售成功的概率会大大提高。

第二，阅读。包括书、报纸、杂志等。很多人将读书与休闲等同，对销售经理来说，阅读就是工作，是工作的一部分，一定要有这样的意识。

第三，行路。俗话说，"读万卷书，行万里路"。行路，各处走走看看，是开阔眼界的好方法，有20%以上销售经理其最初的销售创意来自于他们的旅行、参观、学习。如果你是一个销售经理，开阔的眼界意味着你不但在销售伊始可以有一个比别人更好的起步，有时候它甚至可以挽救你和你企业的命运。"一个人的心胸有多广，他的世界就会有多大。"

第四，交友。很多销售经理最初的销售创意是在朋友的启发下产生的，或干脆就是由朋友直接提出的。所以，这些人在销售成功后，都会更加积极地保持与从前朋友的联系，并且广交天下友，不断地开拓自己的社交圈子。

4. 审时明势

势，就是趋向。势分大势、中势和小势。做销售的人，一定要跟对形势，要研究政策，这是大势。对一个销售经理来说，大到国家领导人的更迭，小到一个乡镇芝麻小官的去留，都会对自己有影响。在政策方面，国家鼓励发展什么，限制发展什么，对销售之成败更有莫大关系。做对了方向，顺着国家鼓励的层面努力，可能事半功倍；做反了方向，比如说，某个行业、某类型企业，国家正准备从政策层面进行限制、淘汰，你偏赶在这时懵懵懂懂地一头撞了进去，其结果一定是鸡飞蛋打。

中势指的就是市场机会。市场上现在时兴什么，流行什么，人们现在喜欢什么，不喜欢什么，可能就标明了你销售的方向。假如你准备销售，而你的资金不足，经验也不足，那么，你可以看看周围的人都在做什么，大家一起做的，你跟着做，一定没错。虽然不可能赚到大钱，但赔本的机会也少，风险也小，比较适合那些风险承受能力较弱的销售经理。能赚平均利润，对于小本经营的销售经理来说就不错了，通过这样的锻炼，可以慢慢学习赚大钱的本领，慢慢积累赚大钱的资本。一旦机会来临，是龙翔九天还是凤舞岐山，就由你说了算。假如你的本钱雄厚，风险承受能力强，你当然可以从销售伊始就去剑走偏锋，寻冷门，赚大钱，只是这样的销售经理成功的也不多。

小势就是个人的能力、性格和特长。销售经理在选择销售项目时，一定要找那些适合自己能力、契合自己兴趣、可以发挥自己特长的项目，这样才有利于你做持久性的全身心的投入。销售是一项折磨人的活动，销售经理要有受罪的心理准备。

销售经理一定要明势，不但要明政事、商事，还要明世事、人事，这应该是一个销售经理的基本素质。

5. 职业敏感性

销售经理的敏感性是指对于外界的变化是否敏感，尤其是指对于商业机会是否能够快速反应。一些人的商业敏感来自耳朵，一些人的商业敏感来自眼睛，还有一些人的商业敏感来自于自己的两条腿。当然，也有一些人的商业敏感是天生的，如胡雪岩。但更多人的商业敏感则依靠后天培养。如果你有心做一个商人，你就应该像训练猎犬一样训练自己的商业敏感性。良好的商业敏感性，是销售经理成功的最好保证。

6. 广泛的人脉

销售不是引"无源之水"，栽"无本之木"。每一个人的销售，都必然有其凭依的条件，也就是其拥有的资源，其中包括人际资源。销售经理的人际资源，按其重要性来分，第一是同学资源。同学友谊一般都比较可靠，纯洁度也更高。对于销售经理来说，这是值得珍惜的最重要的资源之一。与同学相似的，是战友；可以与同学和战友相提并论的是同乡，共同的人文地理背景，使老乡有一种天然的亲近感。

第二是职业资源。所谓职业资源，即销售经理在从事销售工作之前，在为他人工作时所建立的各种资源，主要包括项目资源和人际资源。充分利用职业资源，从职业资源入手从事销售工作，符合销售活动"不熟不做"的原则。尤其是在国内目前"竞业避止"法则还没有得到普遍认同和执行的情况下，选择从职业资源入手进行销售，已经成为了许多人销售成功的捷径和法宝。

一个销售经理如果不能交朋友，没有几个朋友，肯定只有死路一条。专家认为，人际交往能力应列在销售经理素质的第一位。

7. 制胜的谋略

销售是一个体力活动，更是一个智力活动。销售经理的智谋，将在很大程度上决定其销售的成败。尤其是在目前产品日益同质化、市场有限、竞争激烈的情况下，销售经理不但要能够守正，更要有能力出奇。

谋略，说白了就是一种思维方式，一种处理问题和解决问题的方法。对于销售经理来说，智慧是不分等级的，它没有好与坏、高明与不高明的区别，只有好用与不好用、适用与不适用的区别。当年谢圣明带着红桃K一帮人，在农村的猪圈、厕所上大刷广告时，遭到了多少人的嘲笑。但是，如今在猪圈上刷广告的谢圣明已经成为了亿万富翁，而当年那些嘲笑他的人，当年怎样贫穷，如今依然怎样贫穷。我们可将销售经理的智慧总结为"不拘一格，出奇制胜"。

8. 超人的胆量

什么样的人最适合做销售？答案是赌徒。道理很简单，销售本身就是一项冒险活动。赌徒最有胆量，敢下注，敢赢也敢输，所以，他们最适合做销售。研究发现，赌徒的心理承受能力远远强过普通人，而销售正是最需要强大心理承受能力的一项活动。

有一个故事：一个人问一个哲学家，什么叫冒险，什么叫冒进？哲学家说，比如有一个山洞，山洞里有一桶金子，你进去把金子拿了出来。假如那山洞是一个狼洞，人还有生还的可能，你这就是冒险；假如那山洞是一个老虎洞，人进去就出不来了，你这就是冒进。这个人表示懂了。哲学家又说，假如那山洞里只有一捆劈柴，那么，即使那是一个狗洞，你也是冒进。

这个故事什么意思？它的意思是说，冒险是这样一种行为，你经过努力，有可能得到，而且那东西值得你冒险。否则，你只是冒进，死了都不值得。销售经理一定要分清冒险与冒进的关系，要区分清楚什么是勇敢，什么是无知。无知的冒进只会使事情变得更糟，你的行为将变得毫无意义，并且惹人耻笑。销售需要胆量，需要冒险，冒险精神是销售家精神的一个重要组成部分。

9. 懂得与人分享

作为销售经理，一定要懂得与他人分享。一个不懂得与他人分享的销售经理，不可能将事业做大。美国心理学家马斯洛有个需要层次理论，说人按层次一共有 5 种需要，第一是生存需要，第二是安全需要，第三是社交需要，第四是尊重需要，第五是自我实现需要。这 5 种需要具体到企业环境，具体到公司员工身上，就是需要老板与员工共同分享。当老板舍得付出，舍得与员工分享，员工的生存需要、安全需要、尊重需要就从老板那里都得到了满足。员工出于感激，同时也因为害怕失去眼前所获得的一切，就会产生自我实现的需要。通过自我实现，可为老板做更多的事，赚更多的钱，做更大的贡献，回报老板。这样就构成了一个企业的正向循环、良性循环。这应该是马斯洛理论在企业层面的恰当解释。

做生意的人都会算账，只不过有些人算的是大账，有些人算的是小账。商业法则认为：算大账的人做大生意，做大生意人；算小账的人永远只能做小生意，做小生意人。对销售经理来说，分享是明智的。

10. 适时的自我反省

反省其实是一种学习能力。销售既然是一个不断探索的过程，销售经理就难免在此过程中不断地犯错误。反省，正是认识错误、改正错误的前提。对销售经理来说，反省的过程，就是学习的过程。有没有自我反省的能力，具不具备自我反省的精神，决定了销售经理能不能认识到自己所犯的错误，能不能改正所犯的错误，是否能够不断地学到新东西。

【任务小结】

销售管理是对销售人员及其活动进行的计划、组织和控制，其中包括销售人员的招聘、培训、激励、绩效评估和业务指导，从而实现企业目标的活动过程。销售管理是销售经理

项目 1
销售职业目标与定位——销售经理

的基本职责。销售管理的主要职能包括制订销售计划、构建销售组织、培训销售人员、激励销售人员、对销售人员进行绩效评估及业务指导。

销售经理的工作非常复杂，其技能也是多种多样的。我们可以把它们概括为3种最基本的技能：决策技能、人际关系技能、技术技能。销售经理日常工作中最核心的内容当然是达成销售任务，而为了达成销售任务而进行的各类管理工作，无疑成为销售经理们的日常工作。那么，销售经理应该如何扮演好自己的角色呢？

成功的销售经理都是相同的，失败的销售经理则各有各的原因。研究表明，成功的销售经理都具有这样的优秀风格：成功的梦想、坚忍的性格、开阔的眼界、审时明势、职业敏感性、广泛的人脉、制胜的谋略、超人的胆量、懂得与人分享以及适时的自我反省。

项目实施

思维导图又叫心智图，是表达发散性思维的一种图形思维工具，它简单却又极其有效。思维导图运用图文并重的技巧，把各级主题的关系用相互隶属与相关的层级图表现出来，把主题关键词与图像、颜色等建立记忆链接，如图2.4所示。

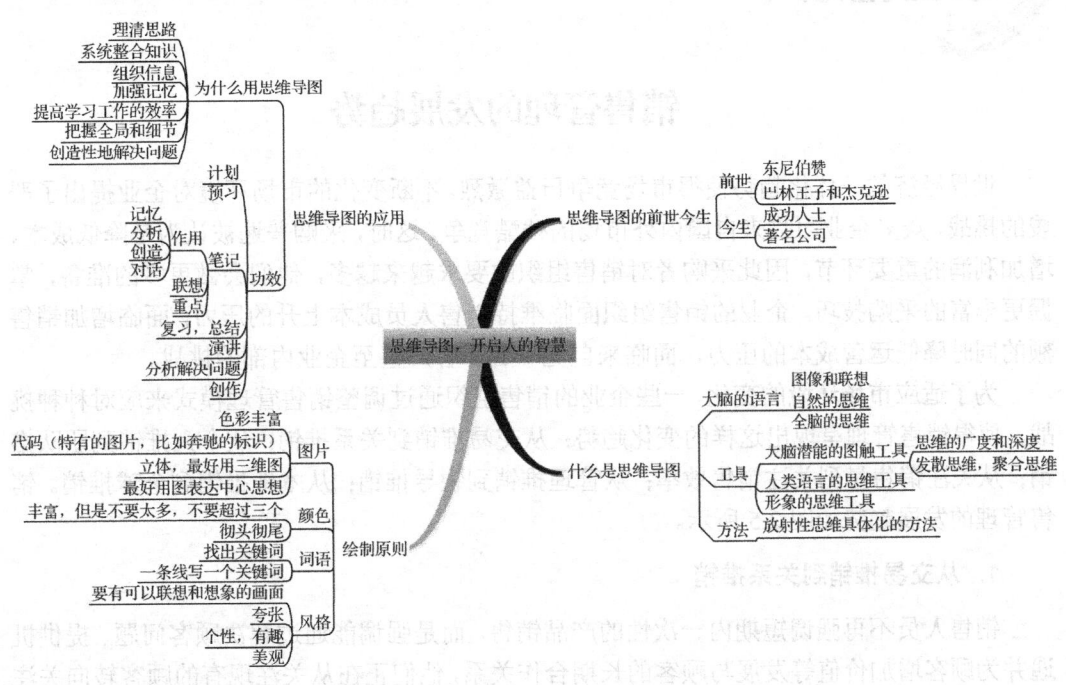

图 2.4　思维导图

通过项目学习，要求学生分组完成"一个合格销售经理"的思维导图。具体要求如下。

（1）分组，每组5~6人，各小组任务的执行由组长负责。

（2）小组成员上网寻找思维导图的知识以及一个好的销售经理应具备的素质。

（3）小组组内进行讨论，最终确定思维导图的关键点。
（4）组内完善思维导图的细节，并将思维导图做成 PPT 文件，以便展示。
（5）学生完成思维导图后，按组分别展示并讲解本组的思维导图。
（6）在一个小组进行成果展示的时候，其他小组对其进行评价，评价标准如表 2.1 所示。

表 2.1　小组成果评价表

评价内容	评价标准	赋　分
1. 思维导图	导图关键点设置合理	30
	销售经理应具备的素质设定	20
	销售经理应具备的能力设定	25
2. PPT	制作精良	10
3. 小组表达	小组表达到位，配合默契	15
合　计		100

销售管理的发展趋势

　　世界经济的一体化趋势使得市场竞争日益激烈。不断变化的市场环境对企业提出了严峻的挑战，众多企业面临来自国内外市场的残酷竞争。这时，采购普遍被认为是降低成本、增加利润的重要环节，因此采购者对销售组织的要求越来越多，他们会做更多的准备，掌握更丰富的采购技巧。企业的销售组织面临维持销售人员成本上升的压力，面临增加销售额的同时降低运营成本的压力，面临来自竞争者、客户甚至企业内部的挑战。

　　为了适应市场环境的变化，一些企业的销售组织通过调整销售管理模式来应对种种挑战，使得销售管理呈现出这样的变化趋势：从交易推销到关系推销；从个人推销到团队推销；从关注销售量到关注销售效率；从管理推销到领导推销；从本地推销到全球推销。销售管理的发展趋势如图 2.5 所示。

1. 从交易推销到关系推销

　　销售人员不再强调短期内一次性的产品销售，而是强调能通过解决顾客问题、提供机遇并为顾客增加价值等发展与顾客的长期合作关系，他们正在从关注现有的顾客转向关注为企业的明天创造价值的顾客，传统的交易推销正在逐渐被关系推销所取代。

　　关系推销的目的，不仅仅是单纯为了实现销售或交易，它既需要考虑现有的顾客，同时还要把将来可能与之达成交易的顾客作为目标，希望能够向目标顾客表明其有能力通过优质的服务更好地满足其需要，在双方能够相互负责的情况下，建立一种长期的合作关系，互利互惠，达到双赢。

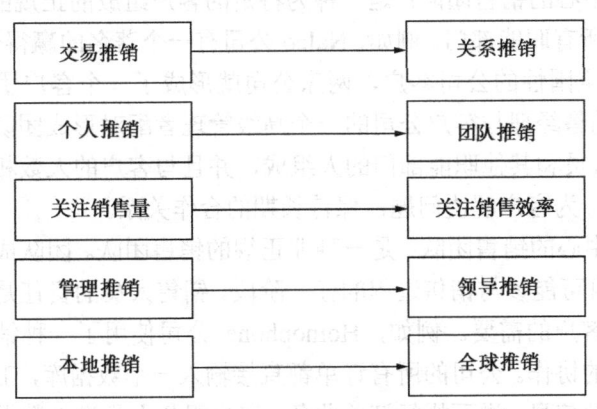

图 2.5　销售管理的发展趋势

交易推销与关系推销的比较如表 2.2 所示。

表 2.2　交易推销与关系推销的比较

比较内容	交易推销	关系推销
关注点	关注单次销售	关注保持顾客
推销导向	产品特征导向	产品利益导向
顾客关系持久性	短期的	长期的
服务的重要性	不太强调为顾客服务	高度强调为顾客服务
顾客参与度	有限的顾客参与	高度的顾客参与
顾客关系度	适度的顾客联系	高度的顾客联系
质量的重要性	质量是产品的首要问题	质量是所有方面都要考虑的问题

关系推销的形成有两种情况。第一种情况是，一些销售组织积极、主动地与顾客建立一种关系推销战略，保持与顾客的长期关系。因为他们认识到，企业的成功取决于长期的顾客而不是眼下的顾客。帮助顾客解决问题是发展长期顾客关系的最好方法，长期的顾客关系必将带来长期的企业市场的成功。第二种情况是，产品售出后，销售人员主动与顾客联系，询问其对产品和服务是否满意，是否还有其他的需求和要求。如果顾客不满意，企业会千方百计地采取措施，保证让顾客满意。

2. 从个人推销到团队推销

"单枪匹马"、"超级明星"式销售人员的重要性在许多公司的销售组织中正在下降，特别是当公司工作的重点从仅仅销售产品转向解决顾客问题时。在很多情况下，一个人不会拥有判断和解决顾客问题所需要的全部知识和技巧，此时就需要某种类型的团队开展工作。

一个销售团队由一名销售经理领导，团队的成员可能来自企业的销售部门、市场营销部门和其他职能部门。根据团队成员不同的协作方式，可将销售团队分为两种类型：以顾客为中心的销售团队和以交易为中心的销售团队。

（1）以顾客为中心的销售团队：是一种为特定的客户组成的正规的销售团队，团队成员可能来自企业的所有职能部门。例如，Nalco公司有一个著名的赢得全国性客户的方案。当公司赢得了一个全国性的公司客户，两家公司就形成了一个客户团队，该团队由一个Nalco公司的高级销售经理与客户公司的一个高级管理者配对形成团队领导，其余的人由Nalco公司的销售人员和其他职能部门的人组成，并且与客户的人数相匹配。双方共同协作，讨论客户方案，为客户解决问题，保持长期的合作关系。

（2）以交易为中心的销售团队：是一种非正规的销售团队。团队成员可能来自企业的任一职能部门，并且可能参与销售过程的任一阶段。销售人员的责任是合理安排销售组织的资源，使其满足客户的需要。例如，Homophone公司使用了一种销售自动化系统来促进不同业务职能间的协作。公司的所有订单都直接输入一个数据库，工程设计和制造部门进入数据库获取订单信息，进而执行订单业务；客户服务人员进入数据库按客户的要求调整自己的服务，满足客户的需要。销售自动化系统可以为不同的业务职能部门提供所需信息，使其作为一个团队发挥作用，更好地满足客户需求。

3. 从关注销售量到关注销售效率

一个销售组织的基本任务是推销，所以销售量指标对企业非常重要，销售人员和销售经理的评估标准通常为在一定时间内完成的销售量。但是，许多企业发现销售人员和销售组织的销售效率并不一样。同样的销售量和销售额，有些销售就比其他销售能更多地获得盈利。因此，企业销售组织不再只关注"为销售而销售"，而是更加关注销售利润和销售效率，这就使得企业从关注销售量转向了关注销售效率。销售效率强调通过更有效或更有效率地做事，在成本水平一定的条件下能够完成更多的销售量。

从某种意义上讲，所有管理决策都可以按照销售效率的观点制订。销售经理应该不断努力地做到"少投入，多产出"，在销售管理的全过程中强调销售效率。

4. 从管理推销到领导推销

许多公司的销售组织都是一个官僚式、等级制的金字塔形结构，各级别销售经理直接监督下一级，同时对上一级管理层直接负责，这样来实现管理控制。销售管理者作为"老板"管理着销售人员，销售人员要向他们汇报，对他们负责。他们对销售人员实施程度不同的控制，以使销售人员实现预期的销售成果。

这种方式在非常稳定的市场环境中可能会很好地发挥作用，但是，许多销售组织认为这种方式在一个迅速变化的环境中使得他们很难负起责任。于是，他们开始寻求对销售组织的改革，目标是尽量使销售组织的层级结构"扁平化"。扁平形的销售组织改变了销售经理的角色和他们与销售人员的关系，对于一个销售经理来说，基本的趋势是"领导得多而管理得少"。

一项研究表明，销售经理通过强调以下几个方面正在发挥更多的领导作用。

（1）合作而不是控制。

（2）指导而不是批评。

（3）向销售人员授权而不是进行统治。

（4）共享信息而不是控制信息。

（5）对销售人员进行个别指导而不是"一刀切"。

对于"领导"的重视意味着一个销售经理的任务，应是评价销售人员以及帮助销售人员做好工作而不是过多地对销售人员进行控制。一个对 900 名销售人员的调查研究表明，销售人员最需要从其销售经理那里学到的是很好的沟通技巧、激励能力和聆听技巧。另一项研究表明，销售人员跳槽的主要原因是他们对销售经理不满意。同样的结果在其他有关研究中也得到了证明，即销售人员很少对公司提出中肯的建议，因为他们担心销售经理的领导能力。另外，一项对 130 家全球性公司的研究报告认为，"领导"是销售管理者最重要的品质。那些只知道发送文件，坐在办公室里做预算，或者只有必要时才与销售人员谈话的经理们是不受欢迎的。

销售经理的工作是一项具有挑战性的工作，他们承担着为公司创造销售收入的责任，同时还负责方方面面的工作和任务，因此这也是一项需要天赋的工作。他们首先应该是一个领导者，对于一个销售经理来说，最重要的品质是他应该具有领导能力。有些人可以成为伟大的销售代表，但是他们却没有领导的天赋。一个领导者不仅仅意味着发号施令，而且他必须有远见，能预见组织的前进方向，能鼓励自己的员工向着这个方向努力，尽管这个方向并不符合每个人的利益。

销售经理出于对工作和对人际关系的考虑，其领导风格可分为 4 种：指挥式、说服式、参与式、授权式。

第一种风格：指挥式。销售经理做出所有的决策，对工作任务考虑较多，对人际关系考虑较少，不能发挥销售人员的主观能动性和创造性，无法创造性地开展工作。

第二种风格：说服式。销售经理制订决策，向销售人员解释需要做些什么，并说服销售人员执行这个决定。如果能够充分地说服销售人员，其销售效果应该是可以预期的；但如果说而不服，留给销售人员的只有服从，其积极性可想而知。

第三种风格：参与式。销售经理与销售人员共同制订决策，对人际关系的考虑较多。销售人员受到了尊重，有了参与决策的机会，工作积极性较高。

第四种风格：授权式。销售经理授权销售人员制订决策，只问结果不问过程，也很少给予销售人员具体的指导和支持。他们经常说的一句话是："你自己处理吧，这是你的职责。"销售人员得到了充分的决策权，有了施展自己才华的充分空间，但缺少的是销售经理的指导与帮助。

不同的领导风格适用不同的销售人员及市场情况，即不同的领导风格有不同的适用范围。

5. 从本地推销到全球推销

现在的市场是一个全球性的市场，企业产品的生产和销售越来越成为一种世界性的生产与销售。有的企业已经以某种方式进入了国际市场，将来也会更加国际化。这种全球化发展的趋势使得企业的生产和经营面对的是国际市场而不仅仅是某个地区，即使是那些只在国内或仅仅在国内的一个地区进行销售活动的企业，也可能要与来自不同国家的企业进行竞争。利用国际供应商，寻求国际合作伙伴，为来自不同国家的客户服务，而不管这些客户现在在哪里，所有这些情况都要求销售组织实现从本地到全球的扩展。

当一个企业进入不同的国际市场时，必然会出现对全球销售的要求。为实现利润增长的目标，越来越多的企业不得不走出国门，因为国内市场和许多地方市场已经趋于饱和，增长的潜力日益受到限制。同时，国际市场的经营为销售经理带来了重大的挑战。MCI 国际网络公司欧洲分公司的销售总裁道格·洛伊就面临这种情况。道格在 9 个国家设立了 9 个海外销售办事处，他的公司基地在伦敦，西班牙是他的第二故乡，而且他通常要到德国和美国处理 MCI 业务，经常要在同一周内访问 3 个国家。道格使用的工作方式是雇用几个可依赖的助手。同时，他会经常通过 E-mail 与他的销售团队进行沟通，而且在必要的情况下还与他们互通电话或面谈。

一个日益明显的变化趋势是一个全球性的销售组织在许多方面都要求高效率地与国际同行业者进行竞争，服务于来自不同国家和文化背景的顾客，管理各种各样的销售团队。没有哪两个市场或销售组织是完全相同的，它们正变得越来越差异化和多样化。

下面以美国和法国销售人员之间的差异以及销售管理之间的差异进行说明。

美、法两国的文化存在很大的差异，如法国人很害怕的一件事是谈论金钱，法国人谈自己赚多少钱时会感到很尴尬，而美国人则把钱看成衡量成功的具体尺度。所以，法国销售人员在谈到价格时会惊讶，他们不知道如何处理这方面的问题，而美国销售员则比较擅长谈论价格。

但是，法国销售员热爱自己的公司，他们为公司尽心尽力，他们也乐于帮助顾客解决问题，即使这些问题与交易没有关系，他们也不辞辛苦，他们非常希望得到客户的好评。

另外，在销售风格上，美国销售员表现得相当直率，他想要什么就会直接要。而法国销售员则不然，他们总是担心自己的表现不够得体，不敢冒触犯他人的风险，所以总是与客户兜圈子，要用很长时间才切入正题，提出某一要求。因而他们需要不断与客户会面，需要多次拜访。

关于美国，有这样一个研究项目：未来美国人口增长的 75%来自亚洲人、西班牙人和非洲裔美国人。因此，在未来的几年，供给销售组织的劳动人口和美国消费者市场的消费者数量的增长比率将来自不同的文化群体。一个叫 DiMonti 的 21 世纪不动产服务公司就利用了这种环境的优势。该公司在纽约市以外的地区经营，涉及 89 个不同的民族。为了在这种市场上实现有效的推销，它 33 个销售代理商中都有不同国别背景的人员，主要有意大利人、法国人、非洲裔美国人、危地马拉人、波多黎各人、牙买加人、尼日利亚人、犹太人、印度人和南非人等。利用这种将产品和服务推销给各种各样、形形色色的消费者的销售组织，公司在过去的两年里大大提高了销售额。

项目练习

一、名词解释

销售　销售管理

二、单项选择题

1. 销售管理的核心是对（　　）的管理。
   A．销售人员　　　B．销售活动　　　C．销售绩效　　　D．销售目标
2. 管理层次越低，（　　）技能越显得重要。
   A．感知　　　　　B．决策　　　　　C．人际关系　　　D．技术
3. 企业的价值要靠（　　）来实现。
   A．制造工人　　　B．管理人员　　　C．销售人员　　　D．保障人员
4. （　　）以努力使企业取得最大的销售收入为目标。
   A．销售计划　　　B．销售人员　　　C．绩效评估　　　D．销售激励
5. 市场的发展使我们认识到，企业的成功取决于（　　）。
   A．销售经理　　　B．销售人员　　　C．现有的顾客　　D．长期的顾客
6. 销售组织的构建应以（　　）为中心，从而实现企业利润目标。
   A．企业　　　　　B．顾客　　　　　C．领导　　　　　D．销售
7. 有专家认为，（　　）应列在销售经理素质的第一位。
   A．管理能力　　　B．感觉能力　　　C．决策能力　　　D．人际交往能力

三、多项选择题

1. 销售管理是对企业销售人员及其活动进行（　　），从而实现企业目标的活动过程。
   A．计划　　　　　B．组织　　　　　C．培训与指导　　D．激励与评估
2. 销售管理的基本技能可以概括为（　　）3种。
   A．决策技能　　　　　　　　　　　B．人际关系技能
   C．技术技能　　　　　　　　　　　D．领导技能
3. 从销售员到销售经理会发生（　　）和工作关系等方面的变化。
   A．观念　　　　　B．目标　　　　　C．责任　　　　　D．技能
4. 销售经理在人际关系方面的角色表现为（　　）。
   A．领导者　　　　B．影响者　　　　C．联络者　　　　D．接受者
5. 销售经理的人际资源主要有（　　）。
   A．同学　　　　　B．战友　　　　　C．同乡　　　　　D．朋友

四、简答题

1. 销售人员的典型业务活动有哪些？
2. 销售人员的 5 项基本品质是什么？
3. 成功的销售经理应具有哪些品格？
4. 销售管理的发展趋势如何？

五、论述题

结合对项目 1 的学习和认识，谈谈你对销售的看法。

在线测试及答案

项目 2 绩效管理——业绩为王

 项目描述

绩效管理是一个完整的系统,包括绩效目标与计划、绩效辅导与沟通、绩效考核与评价、绩效结果与反馈。绩效目标与计划的制订是绩效管理的基础环节,没有合理的绩效计划就谈不上绩效管理;绩效辅导与沟通是绩效管理的重要环节,辅导与沟通工作不到位,绩效管理将不能落到实处;绩效考核与评价是绩效管理的核心环节,考核与评价工作出现问题,绩效管理会产生严重的负面影响;绩效结果与反馈是绩效管理取得成效的关键,如果对员工的激励与约束机制存在问题,绩效管理不可能取得成效。

 项目分析

市场是难以把握的。面对难以把握的市场,企业唯一可行的办法就是加强绩效管理,将企业的销售活动置于周密的计划管理之下。绩效管理不仅能促进组织和个人绩效的提升,而且还能促进管理流程和业务流程的优化,最终保证组织目标的实现。

 项目目标

知识目标:掌握销售目标、销售计划、销售定额、销售成本的含义,理解它们在销售绩效管理中的意义。

技能目标:学会制订销售目标、销售计划的方法,并能够进行销售定额的分配、销售成本的控制,善于从销售偏差中查找原因,防患于未然。

情感目标:鸟无头不飞,一个组织成功的关键在于领导及成员有一个共同的目标,销售经理要善于带领和激励自己的团队。

 项目结构

绩效管理——业绩为王
- 任务3 制订销售计划
- 任务4 分配销售定额
- 任务5 发货、送货与收款
- 任务6 分析销售状况
- 任务7 控制销售成本

任务 3 制订销售计划

【任务导入】

聪明的老鼠喝不到油,为什么?

3只老鼠一同去偷油喝。它们找到了一个油瓶,但是瓶口很高,够不着。3只老鼠商量好一只踩着一只的肩膀,叠罗汉轮流上去喝。当最后一只老鼠刚刚爬上另外两只老鼠的肩膀上时,不知什么原因,油瓶倒了,惊动了猫,3只老鼠也只好逃跑了。回到老鼠窝,它们开会讨论为什么失败。

第1只老鼠说,我没有喝到油,而且推倒了油瓶,是因为我觉得第2只老鼠抖了一下。
第2只老鼠说,我是抖了一下,是因为底下的老鼠也抖了一下。
第3只老鼠说,没错,我好像听到有猫的声音,我才发抖的。
于是3只老鼠哈哈一笑,看来都不是我们的责任了。

这样的情况,在公司里也会出现。销售目标没有实现,销售部经理可以说是因为研发部新产品投放不及时,研发部可以说是因为财务部研发预算不到位,财务部可以说是因为成本不断上升……如此下来,谁都没有责任。问题出在哪里呢?问题的关键在于如何正确处理计划目标与执行责任的关系。

【任务学习】

3.1 销售管理的基石

销售计划是指企业根据历史销售记录和已有的销售合同,综合考虑企业的发展和现实的市场情况后制订的针对部门、人员的关于任何时间范围的销售指标(数量或金额),企业以此为龙头来指导相应的生产计划、采购计划、财务计划等。企业无论大小都必须制订销售计划,一个务实、可行的销售计划最能反映企业的销售管理水平。

1. 销售计划是销售人员取得良好业绩的基础和前提

一个好的销售计划可以帮助销售人员更快地找到合适的潜在客户,并明确拜访客户的步骤,从而达到销售目标。有的销售人员工作很辛苦,一天访问十几个甚至更多的顾客,待人热情,话语滔滔不绝,但效果不好,销售业绩上不去。这不仅影响了企业销售任务的完成,更打击了销售人员的积极性,有的销售人员甚至会对公司和产品产生怀疑,这样,销售人员还能继续做下去吗？制订合理的销售计划是完成销售任务的至关重要的一环，是销售人员取得良好业绩的前提和基础，也是销售经理管理和训练销售团队、提升团队战斗力的重要措施。

2. 销售计划是企业考核销售人员工作的依据

销售计划是通过销售人员反馈的信息制订的，而企业则是通过销售人员的计划完成情况来评价销售人员的。销售人员刚开始工作时，对销售工作充满了好奇，干劲十足，每天都制订拜访计划，并按计划去拜访客户，所以其销售业绩一直不错。后来，随着对销售工作的熟悉，好奇心没有了，销售人员也不再制订每天的工作计划，认为自己有足够的销售经验，肯定能使客户购买自己的产品。销售人员每天拜访客户的时间越来越少，拜访的客户数量也越来越少，其销售业绩也就越来越低。可见，只有制订切实可行的销售计划，并依照计划去进行每天的工作，才能不断地提高销售业绩。无计划、无目的的销售只是在浪费宝贵的时间，徒劳无功。

3. 销售计划可以帮助企业储备客户所需资源，把握销售主动权

在销售计划的制订过程中，通过客户调查，了解争取该客户所需要的各种资源，企业可以提前进行储备，始终把握销售的主动权。临时抱佛脚，可能有效，但长期会使企业及销售人员的工作陷入被动。此外，制订可行的销售计划，也便于提前演练所需要的各种销售战术，保证销售人员高效率地工作，也不至于仓促上阵，踩不对点。对市场机会的把握和对企业资源合理的使用是销售管理的重要课题。

《孙子兵法》中有这样一段话："夫未战而庙算胜者，得算多也；未战而庙算不胜者，得算少也。多算胜，少算不胜，而况于无算乎？"这是说计划得越详尽，胜算的概率越高；越不详尽的计划，碰运气的成分越高；要是不做计划，就只有靠运气了。

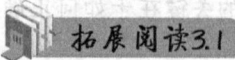
拓展阅读 3.1

如果当时我看见陆地，也许我能坚持下来

1952 年 7 月 4 日清晨，加利福尼亚海岸下起了浓雾。在海岸以西 21 英里（1 英里＝1.6093 千米）的卡塔林纳岛上，一名 43 岁的妇女正在准备从太平洋游向加州海岸，这名妇女叫费罗伦丝·查德威克。

这一次如果成功了，她就是第一个游过卡塔林纳海峡的妇女，在此之前，她是从英法两边海岸游过英吉利海峡的第一个妇女。

那天早晨，雾很大，海水冻得她身体发麻，她几乎看不到护送的船只。时间一小时一小时地过去，千千万万的人在电视上看着。有几次，鲨鱼靠近她了，被人开枪吓跑了，而她在继续游。在以往这类渡海游泳中她的最大问题不是疲劳，而是刺骨的水温。

15 小时之后，她又累又冻得发麻。她知道自己不能再游了，就叫人拉她上船。她的母亲和教练都告诉她海岸很近了，叫她不要放弃。但她朝加州海岸望去，除了浓雾什么也看不到。

又游了 55 分钟之后，人们把她拉上船。过了几个钟头，她渐渐觉得暖和多了，这时她开始感到失败的打击，她不假思索地对记者说："说实在的，我不是为自己找借口，如

果当时我看见陆地,也许我能坚持下来。"

人们拉她上船的地点,离加州海岸只有半英里!后来她说,令她半途而废的不是疲劳,也不是寒冷,而是因为她在浓雾中看不到目标。查德威克一生中就只有这一次没有坚持到底。

两个月之后,她成功地游过同一个海峡。她不但是第一位游过卡塔林纳海峡的女性,而且比男子的纪录还快了大约两个小时。

查德威克虽然是个游泳好手,但也需要目标,才能鼓足干劲完成她有能力完成的任务。

3.2 制订销售计划的标准

"计划你的工作和按你的计划工作"可使销售人员工作得很出色,却又不艰苦;而有些销售人员则手忙脚乱,穷于应付,虽然工作很努力,但效果却很差。二者的差别就在于销售活动是否有计划性。制订销售计划的标准有时间别、客户别、产品别和地区别等。

1. 时间别销售计划

时间别销售计划是指按时间长短编制的销售计划,如年度计划、季度计划、月计划和周计划等。

(1) 年度计划。年度销售计划是在销售预测的基础上,结合本企业的营销战略、行业特点、竞争对手状况和公司现状制订的。确定销售收入目标是年度计划的核心,是企业在市场上活动程度的标准。制订年度销售计划时,要考虑销售与市场的关联、销售与收益性的关联以及销售与社会性的关联。

(2) 季度计划。季度计划主要是对年度销售计划执行成效的阶段性反映,对销售计划做一个阶段性的评估,避免销售重点过于集中于短期行为,同时对整个市场形势进行整体判断,并对销售人员的工作成效进行指导。

(3) 月计划。月计划主要是对各区域和整个地区的各月销售状况的反映,一方面便于地区经理对本地区销售态势的掌控,另一方面也便于总部对各地区执行销售计划状况的掌控。

(4) 周计划。周计划是对最基层销售问题进行的反映,这个层面的销售计划由各区域的销售主管把握,主要反映销售计划在执行过程中最直接的效果。

2. 客户别销售计划

客户别销售计划是指企业根据客户的资信状况、经营规模、人员素质、仓储能力、运输能力、内部管理及销售网络的覆盖范围等,对客户进行等级划分,然后根据公司政策和市场状况等因素决定目标客户,确定企业的销售重点。

3. 产品别销售计划

产品别销售计划是指企业按产品类别编制的销售计划。销售经理和销售人员都要对各类产品在销量上的贡献甚至在利润上的贡献进行衡量和评估,以便在有限的资源条件下,使销售资源尽量向能产生较大效益的产品类别倾斜。这种区分有助于销售经理和销售人员把握工作重点。

例如，按新老产品划分。一般而言，老产品总是占据最大的销售比例，也许最赚钱，但是其发展趋势是渐渐下滑的。销售经理必须集中一定的销售力量，扶持具有一定市场前景的新产品的销售，尽快将它们投入市场，以获得市场先机。因此，在制订销售计划时要分别确定新产品和老产品的销售计划，在维护老产品市场份额的同时，尽量迅速地将新产品推入市场并站稳脚跟。

4. 地区别销售计划

地区别销售计划是指企业按销售区域编制的销售计划。该计划有助于销售经理掌控全国各大区域市场的总体分布情况，以便对销售计划在各区域的实施重点进行把握，以便对销售计划在各区域之间的分配状况进行评估，掌控各区域可能产生的效益。

3.3 制订销售计划的SMART原则

1. 具体性（specific）

销售计划的具体性是指销售计划的目标要具体，并具有可衡量性。例如，在设定销售目标时，如果只说"这个月的销售任务是10万元"这句话是不够的，而是要把指标细分到每个团队成员，并且要告诉他们需要向多少个客户销售多少任务才能完成销售目标。

2. 可衡量性（measurable）

销售计划的可衡量性是指销售计划的目标要数量化、可衡量，没有明确衡量标准的目标是没有实际意义的。

3. 可实现性（attainable）

销售计划的可实现性是指实现销售计划的目标会给人以成就感，从而不断获得前进的动力。因此销售经理在设定销售目标时，要客观地对企业声誉、市场状况、销售人员的销售水平及各种环境因素进行衡量。

4. 现实性（realistic）

销售计划的现实性是指销售计划的目标应该与现实销售工作紧密结合，集中体现实际销售状况。这就要求在设定目标时要对现实情况进行仔细分析，重视那些急需改进和直接影响销售成效的因素。

5. 时限性（time bound）

销售计划的时限性是指在设立目标时必须同时限定目标实现的时间，以形成对销售人员的约束，将工作压力及时地传递给销售人员。

拓展阅读3.2

我想在一年内赚100万元

有个学生问老师:"老师,我想在一年内赚100万元!请问我应该如何实现我的目标呢?"

老师问他:"你相不相信你能达成呢?"

他说:"我相信!"

老师又问:"那你知不知道要通过什么行业来达成?"

他说:"我现在从事保险行业。"

老师接着又问他:"你认为保险业能帮你达成这个目标吗?"

他说:"只要我努力,就一定能达成。"

老师说:"现在我们来看看,你要为自己的目标做出多大的努力。根据公司的提成比例,100万元的佣金大概要取得300万元的业绩。一年300万元,一个月25万元,每一天8 300元。对于每天8 300元的业绩,你知道大概要拜访多少名客户吗?"

他说:"大概是50名客户。"

老师又说:"那么一天50名客户,一个月就是1 500名客户,一年就需要拜访18 000名客户。请问你现在有没有18 000名客户呢?"

他说:"没有。"

老师说:"如果没有的话,就要靠陌生拜访。你平均一个人要谈多长时间呢?"

他说:"至少20分钟。"

老师说:"每名客户要谈20分钟,一天要谈50名客户,也就是说,你每天要花16个多小时与客户交谈,还不算路途时间。请问你能不能做到?"

他说:"不能。老师,我懂了。目标不能凭空想象,需要根据一个能达成的计划来制订。"

3.4 确定销售目标

制订销售计划时,首先要根据销售预测数据确定销售目标,销售目标在销售计划中居于中心地位。企业的销售目标反映了企业的经营意识,是企业市场地位的象征,也是企业经营好坏的重要标志。下面介绍确定销售目标的3种主要方法。

1. 根据销售成长率确定销售目标

销售成长率是指企业今年的销售实绩与去年销售实绩的比率,用公式可表示为

$$销售成长率 = \frac{今年销售实绩}{去年销售实绩} \times 100\%$$

那么

$$销售目标值 = 今年的销售实绩 \times 销售成长率$$

典型案例3.1

某企业今年完成销售5 000万元,实现的销售成长率为120%,如果明年的市场仍保持这样的成长态势,则明年的销售目标值为6 000万元。

企业的销售成长率不仅受市场需求及企业市场占有率的影响,还受到竞争者的影响,所以销售成长率往往与企业愿望有一定的差距。要想得到比较准确的销售成长率,需要综合考虑过去几年的销售成长情况,求出平均销售成长率。平均销售成长率的确定公式为

$$平均销售成长率 = \sqrt[n]{\frac{今年销售实绩}{基准年销售实绩}} \times 100\%$$

式中 n 的求法:以基准年为0,然后计算当年相对于基准年的第 n 年,如果是第3年,则 n 为3。

典型案例3.2

某企业2015—2017年实现的销售额分别为100万元、112万元和120万元,则企业2015—2017年的平均销售成长率为 $\sqrt{\frac{120}{100}} \times 100\% = 109.5\%$。那么,2018年的销售目标值就为 $120 \times 109.5\% = 131.4$(万元)。

2. 根据市场占有率确定销售目标

市场占有率是指在一定时期、一定市场范围内企业实现的销售额(量)占业界总销售额(量)的比率,用公式可表示为

$$市场占有率 = \frac{企业实现销售额(量)}{业界总销售额(量)} \times 100\%$$

那么

$$销售目标值 = 业界销售预测值 \times 企业市场占有率目标$$

对于一家企业而言,市场占有率代表企业的销售实力,代表企业的竞争能力,代表企业的市场地位,所以,企业要千方百计地扩大自己的市场占有率。但是受法律及竞争的影响,企业市场的扩张都有一定的限度,企业市场占有率目标只能以企业现有的销售能力和竞争能力来确定。而业界销售预测值则需要通过科学的市场需求预测大致求得。

典型案例3.3

某企业今年实现销售800万元,市场占有率为12%。预计明年的市场仍将保持旺盛的需求,行业销售将达到8 000万元,如果企业仍维持现有的市场占有率,那么明年的销售目标就是:8 000×12% = 960(万元)。

3. 根据市场扩大率或实质成长率确定销售目标

市场扩大率是指企业今年市场占有率与去年市场占有率的比率，用公式可表示为

$$市场扩大率 = \frac{今年市场占有率}{去年市场占有率} \times 100\%$$

实质成长率是指企业成长率与业界成长率的比率，用公式可表示为

$$实质成长率 = \frac{企业成长率}{业界成长率} \times 100\%$$

根据市场扩大率或实质成长率确定销售目标，实际上就是企业依据其在市场上的扩大目标或实质成长目标来决定销售目标。当企业今年的销售额等于去年的销售额时，不一定是"维持了原状"，只有当实质成长率为100%时，也就是业界成长率与企业成长率相等时，才可称为"维持了原状"。那么，也只有当企业的成长率高于业界成长率时，才可称为企业"实质的成长"。如果企业成长率低于业界成长率，虽然市场扩大率有所增加，那也并不意味着企业"实质的成长"，只能说明企业的增长速度不如业界的增长速度快。相反，遇到经济衰退，如果企业成长率的降低幅度等于业界成长率的降低幅度，说明企业在业界"维持了原状"；如果企业成长率的降低幅度大于业界成长率的降低幅度，说明企业在业界的市场地位降低；如果企业成长率的降低幅度小于业界成长率的降低幅度，说明企业有"实质的成长"。

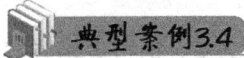

典型案例3.4

根据市场扩大率、实质成长率计算销售目标

某企业市场扩大率与实质成长率的关系如表3.1所示。

表3.1 市场扩大率与实质成长率的关系

项　目	去　年	今　年	成　长　率
企业销售实绩（万元）	100	150	150%
业界销售实绩（万元）	1 000	1 200	120%
市场占有率	10%	12.5%	

根据表3.1中所列数据，该企业的市场扩大率、实质成长率和销售目标值的计算过程如下。

$$市场扩大率 = \frac{12.5\%}{10\%} \times 100\% = 125\%$$

$$实质成长率 = \frac{150\%}{120\%} \times 100\% = 125\%$$

于是，企业在决定了下年度市场扩大率的目标值及推测了业界的成长率之后，就可以确定销售收入的目标值了，计算公式为

$$销售目标值 = 企业本年度销售实绩 \times 业界成长率 \times 企业市场扩大率$$

即

$$企业的销售目标值 = 150 \times 120\% \times 125\% = 225（万元）$$

3.5 制订销售计划的程序

销售计划的编制是指企业在进行销售预测的基础上，制订销售目标、销售策略、激励措施和实施方案的过程。企业所属各部门、各销售单位必须按年度、季度、月度，分产品别、客户别编制切实可行的销售计划，并由企业进行汇总后形成企业销售计划，然后层层下达执行。

1. 分析现状

一般利用 SWOT 分析法，即从优势（strength）、劣势（weakness）、机会（opportunity）、威胁（threat）4 个方面对目前企业的市场状况、竞争对手及其产品、销售渠道和促销工作进行详细的分析，然后由市场营销部门进行销售预测。

2. 确定目标

销售部门结合前一阶段的计划执行情况，在对现状进行分析、对市场前景进行预测的基础上，提出下一阶段切实可行的销售目标。

3. 制订销售策略

销售目标确立以后，企业各部门要制订多个可供选择的销售策略方案。销售策略方案的内容一般包括以下方面：销售能力建设，包括销售组织的数量和质量以及客户的数量和质量；产品策略，包括强势产品的选择和新产品的推广等；价格策略，包括确定合适的价格体系，是否对价格进行严格的控制等；促销策略，包括广告、人员推销、营业推广等；竞争策略，包括应对竞争对手的手段等。最后，由企业决策部门评价各部门提出的销售策略方案，权衡利弊，从中选择最优方案。

4. 编制销售计划书

销售计划书的编制由主管销售的副总经理负责，具体工作是把各部门制订的销售计划汇集在一起，经过统一协调，编制每种产品的销售计划书。一个完善的销售计划书包括以下内容。

（1）计划综述，简要概述销售计划的内容，便于阅读者使用。

（2）企业现状，包括企业目前所处市场环境、竞争对手情况等信息。

（3）SWOT 分析，对企业的优势、劣势、机会与威胁进行分析。

（4）组织目标，包括销售目标和财务目标等。

（5）实施策略，提出实现目标的战略和战术。

（6）具体行动计划，一般采用 STAR 模式，即策略（strategy）、时间表（timetable）、具体行动（action）和相关资源（resources）。

（7）计划预算，提出实施该计划所需的财务支持。

（8）跟踪和控制系统，制订计划是为了执行计划，需要建立相应的信息系统并定期进行检查，以确保该计划的实现。

5. 执行计划

销售计划一经确定，企业各部门必须按照既定的计划执行各自的工作，以求达到企业的销售目标。

6. 计划的检查与控制

在执行计划的过程中，企业要按照一定的评价和反馈制度，了解和检查计划的执行情况，评价计划的效率，即分析计划是否被正常执行。市场通常会发生意想不到的变化，甚至会出现意外事件，如战争、自然灾害等，销售部门要及时修正计划或改变策略，以适应市场上出现的新情况。

3.6 编制销售计划

1. 编制月销售计划

在企业年度计划的基础上制订月销售计划，体现了对年度销售计划的分解。月销售计划是最基本的销售计划之一，其编制方法如下。

（1）收集过去 3 年间月别销售实绩。收集过去 3 年间销售实绩资料，并认真记录各年度、月别销售额，如表 3.2 所示。

表 3.2 月别销售计划表

月 别	去年实绩（万元）	1年前实绩（万元）	2年前实绩（万元）	前3年合计（万元）	月别比重（%）
1					
2					
3					
4					
5					
6					
7					
8					
9					
10					
11					
12					
合 计					

（2）月别销售实绩合计。将过去 3 个年度的月别销售实绩进行汇总。

（3）确定过去 3 个年度的月别销售比重。计算月别销售比重，就是计算某个月的 3

年合计实绩占全部 3 年合计实绩的百分比。因季节因素的影响,每月销售情况会有所不同。

（4）确定月销售计划目标。月别销售计划目标,是指过去 3 年间月别销售比重乘以企业年度销售目标总额之积。

2. 编制月别、产品别销售计划

将月别、产品别销售计划综合考虑后再编制销售计划,是企业的一种常用方法,其步骤如下。

（1）取得产品别销售比重。将过去 3 年同月的产品别销售实绩和占同期产品销售比重分别找出来,然后进行总评,如表 3.3 所示,以便了解过去销售较好的产品群。

表 3.3 产品别销售实绩分析表

产品别	去 年 同 月		前 1 年同月		前 2 年同月		销售比重总评
	销售实绩（万元）	销售比重（%）	销售实绩（万元）	销售比重（%）	销售实绩（万元）	销售比重（%）	
A							
B							
C							
D							
E							
F							
G							
合 计							

（2）参照企业产品销售比重政策,调整产品销售比重。参照公司产品销售比重政策、利害关系人的意见以及产品需求预测等项目调整过去 3 年间同月的产品别销售比重。

（3）确定月别、产品别销售计划目标。用调整后的月别、产品别销售比重与年度销售计划目标相乘即得到月别、产品别计划销售金额,如表 3.4 所示。

表 3.4 月别、产品别销售计划表

月别	产 品 别							
	A		B		C		D	
	销售计划（万元）	销售比重（%）	销售计划（万元）	销售比重（%）	销售计划（万元）	销售比重（%）	销售计划（万元）	销售比重（%）
1								
2								
3								
4								
5								

续表

月别	产品别							
	A		B		C		D	
	销售计划（万元）	销售比重（%）	销售计划（万元）	销售比重（%）	销售计划（万元）	销售比重（%）	销售计划（万元）	销售比重（%）
6								
7								
8								
9								
10								
11								
12								

每月结束时，销售经理应对当月产品别销售情况进行分析，如表3.5所示。

表3.5 ＿＿月份产品销售计划表

年　月　日

产品别	项目	
A	目标（万元）	
	实绩（万元）	
	达成率（%）	
B	目标（万元）	
	实绩（万元）	
	达成率（%）	
C	目标（万元）	
	实绩（万元）	
	达成率（%）	
D	目标（万元）	
	实绩（万元）	
	达成率（%）	

3. 编制月别、部门别、客户别销售计划

将月别、部门别、客户别综合考虑编制销售计划，编制方法如下。

（1）取得部门别、客户别的产品销售比重。对去年同月的部门别、客户别的产品销售比重进行分析研究，如表3.6所示。

（2）部门别及客户别产品销售比重的调整。对去年同月部门别、客户别产品销售的比重按下列3项内容进行调整：部门别、客户别的销售策略；部门主管及客户动向意见的参考；客户的信用程度、信用状况、与竞争对手的竞争关系及拓展新客户的目标等。

（3）确定部门别、客户别销售计划目标。用调整后的月别销售比重乘以部门的年度销售计划目标定额，即可获得部门别、客户别的销售计划目标。

表3.6 月别、部门别、客户别销售计划表

部门别	客户别		去年同月		今年月计划	
			销售额（万元）	销售比重（%）	销售额（万元）	销售比重（%）
第一销售分公司	A级客户	a				
		b				
		c				
		d				
	合计					
	B级客户	a				
		b				
		c				
		d				
	合计					
第二销售分公司	A级客户	a				
		b				
		c				
		d				
		e				
		f				
	合计					
	B级客户	a				
		b				
		c				
		d				
	合计					

4. 编制销售人员行动计划

销售人员不仅要制订销售目标计划，还要制订行动计划，并付诸实施，才能使计划具有实际意义。销售人员行动计划包括月别行动计划、周别行动计划和日别行动计划。

（1）月别行动计划。销售人员对未来的行动制订计划是必要的，如表3.7所示。每位销售人员应明确制订自己未来一个月的重点行动目标、销售的商品和拜访的客户等。

表 3.7　销售人员行动计划表

姓名：＿＿＿＿＿＿＿＿

日期：＿＿＿＿＿＿＿＿

本月销售目标（万元）		
重点销售商品	重点拜访客户名单	新开拓客户名单
1.	1.	1.
2.	2.	2.
3.	3.	3.

（2）周别行动计划。月别的重点行动目标设定后，就可以制订周别行动计划了。将每周需努力的方向具体列出，如表 3.8 所示。

表 3.8　周别行动计划表

姓名：　　　　　　　　　　　　　　　　　　　　　　　　　填表日期：

星期（日期）	客户名称	接洽人	地点	电话	访问目的	备注
星期一（日）						
星期二（日）						
星期三（日）						
星期四（日）						
星期五（日）						
星期六（日）						
星期日（日）						

（3）销售日报表。销售日报表可用来检查周别计划的实施成果。每天，销售人员以书面形式呈报自己的销售情况与访问客户情况，如表3.9所示。只要将行动计划表与每日实绩相对照，销售人员的表现便一目了然，方便企业销售管理的实施。

表3.9 销售人员日报表

年　月　日

序 号	客户名称	接洽人	订货名单	等 级	数 量	单 价	金 额	交货日期
1								
2								
3								
4								
5								
6								
今日访问客户数：			本月累计访问客户数：			明日计划访问客户数：		
本月业绩目标：			已完成目标：			未完成目标：		
工作价值评估								

5. 编制销售货款回收计划

销售人员应配合月别销售计划，制订月别销售货款的回收计划。过去的收款实绩等资料可作为分析参考之用，如表3.10所示。

表3.10 销售额、回款额计划表

客户名称	经办人	销售计划		回款计划		当月回收明细		
		月	日	月	日	合 计	现 金	支 票

客户销货款积欠天数和客户销货账款回收率是对销售人员考核的重要指标，其计算公式为

客户销货款积欠天数＝（客户赊款余额＋本企业收受票据余额）/日平均销售总额

$$客户销货账款回收率 = \frac{当月回收客户赊款余额}{当月销售计划} \times 100\%$$

3.7 编制销售计划应注意的问题

1. 掌握翔实的信息资料

销售计划的内容必须十分充实,否则实行阶段将很难顺利进行。想使内容充实,就得掌握有根据、有意义的资料。这些资料包括:公司目标设定资料,主要是公司下一期的目标定额、本期的成长率、下一期的发展方向;过去 5 年间公司业绩资料,主要是调查过去市场及顾客的动向,由 5 年的实际业绩分析归纳出企业未来的发展方向;推定客户购买能力资料,判断能成为销售对象的客户下一期能购买自己公司多少产品;竞争者客户资料,判断企业的客户占有率。

2. 目标的分解与修正

完成一项销售计划目标,不是一两天能够做到的,所以需要将计划目标按时间段进行分解,如分解为年度计划、季度计划、月计划和周计划。目标分解得越细致、明确,制订出来的计划的可行性就越高,否则就会茫然不知该如何下手。然后确定可执行的计划。同时,在计划的执行过程中还需要不断进行修改,比如说,通过第一段时间的实际工作,验证该阶段的目标是否正确、合理,进而引申到下一个阶段的目标是否能够按照这个模式继续下去。如果计划失败,要找出原因,提出解决办法,以便对下一个阶段的工作进行指导和修正。

3. 确认和规划利用所需资源

在实现销售目标的过程里,资源的利用是一个很重要的条件,有效、充分地利用有限资源是实现销售目标的基础。同样,对资源的占有程度,也是制约销售计划完成的重要条件。这里的资源包括有形的和无形的,比如资金、人力,以及执行的权力等。在规划使用资源时,首先要根据目标对资源进行分析。从第一阶段的目标开始,列出根据现有方式完成目标需要使用的资源。如果资源不足,无法保证目标的实现,需要修正目标;如果目标是必须达到的,则想尽办法去获取资源,或者通过修改实施方案来解决。

4. 计划的可执行性

对一份销售计划来说,过程和具体实施计划往往是最重要的,因为这部分的内容才是一份销售计划最根本的东西,它将具体指导销售目标的最终完成。这其中包括了具体采用的办法、顺序以及针对不同的用户所采用的销售方针。在计划这些具体的实施方案时,一定要有针对性的数据,通过数据才能分析方法的正确性,并且根据数据才可以总结出可实施的方案。例如,针对一个客户的特点,要明确时间范围、需要的人力、客户的问题所在、针对这个问题的解决办法、使用这个办法需要用到的资源等。根据这些数据可以合理地安排针对这个客户的销售计划。

5. 通过试销来检验计划

通过制订销售计划,虽然我们会对产品的销售有了一定的方法和销售目标,但是实际情况并不一定和我们所制订的计划相吻合。所以,在真正的大规模的全面销售开始之前,需要有一个预销售过程。通过这个过程不但可以更准确、细致地了解市场和用户，也可以检验销售计划的制订过程是否合理，然后进行更加细致的修正。通过一段时间的试销，可以总结出销售过程中存在的问题，可以检验销售计划是否合理，可以检查销售工作是否和目标有偏差，也可以总结出成为目标客户的条件。根据这些数据，可以制订一个相对准确、合理、有效的销售计划。

6. 沟通的重要性

有效、畅通的沟通是整个计划过程中贯穿始终的环节。这个环节不但可以保障各个销售团队之间的经验共享，还可以保障组织之间的沟通畅通，确保领导能够及时掌握一线的情况，并根据情况及时提供资源进行支持。所以，这种及时、有效的沟通，也是在一线奋斗的销售团队获取更多资源进行销售的一种重要方式。沟通的形式很简单，如工作报告，销售经理通过把每一天的工作报告群发给各个销售团队的方法，可及时地共享销售经验，然后定时地进行总结交流，找出解决方案，以便对整个区域市场有明确、清晰的认识。同时，这些一手的客户资料也是对市场进行定位的有效根据。

【任务小结】

计划是管理的起点，没有完善的计划，管理工作就无从谈起。一个好的销售计划，是销售人员取得良好业绩的基础和前提，也是销售人员业绩考核的重要依据，并且有利于销售人员有效地规划企业资源。所以，销售经理必须制订团队销售计划，并帮助销售人员制订个人销售计划。

制订销售计划要遵循一定的原则、程序和方法。制订销售计划的程序：分析现状、确定目标、制订销售策略、撰写销售计划书、计划的执行与检查。确定销售目标是制订销售计划的关键，销售目标确定的方法主要有根据销售成长率、市场占有率、市场扩大率及损益平衡点确定销售目标。销售方案是销售计划的中心内容，它反映企业的销售策略及策略的可操作性，关系销售计划的成败。

任务 4　分配销售定额

【任务导入】

一匹马和一头驴子的区别

在《孙悟空是个好员工》一书中，有这样一个寓言故事：

唐太宗贞观年间，有一匹马和一头驴子，它们是好朋友。贞观三年，这匹马被玄奘选中，前往印度取经。17 年后，这匹马驮着佛经回到长安，便到磨坊会见它的朋友驴子。

老马谈起这次旅途的经历：浩瀚无边的沙漠、高耸入云的山峰、炽热的火山、奇幻的波澜……神话般的境界，让驴子听了大为惊异。

驴子感叹道："你有多么丰富的见闻呀！那么遥远的路途，我连想都不敢想。"

老马说："其实，我们跨过的距离大体是相同的，当我向印度前进的时候，你也一刻没有停步。不同的是，我同玄奘大师有一个遥远的目标，按照始终如一的方向前行，所以我们走进了一个广阔的世界。而你被蒙住了眼睛，一直围着磨盘打转，所以永远也走不出狭隘的天地。"

你从这一寓言中得到了什么启示呢？

【任务学习】

4.1 认识销售定额

销售定额是销售经理计划管理工作中最有力的措施之一，它规定了销售单位和个人必须实现的最低目标，可用来衡量销售单位、销售人员完成任务的状况。如果销售定额管理运用得当，它可以激励销售人员更好地完成任务，这对一个销售组织具有极其重要的作用。

1. 销售定额为销售组织提供了绩效考核的目标

销售定额为销售组织提供了工作指南。销售组织为了实现计划目标，往往以销售定额目标对销售人员进行绩效考核，也常常会对有利于实现销售定额目标的行为进行奖励。

2. 销售定额为销售经理及销售人员提供了一种工作标准

销售定额为销售经理及销售人员提供了一种工作标准，它是企业获得信息反馈以及对销售人员绩效考核的一种手段。销售经理把销售人员实际完成的工作情况与预先制订的销售定额进行对比，用来对销售人员进行考核，并由此确定销售人员的收入水平和职位晋升。

3. 销售定额为销售经理提供了一种控制手段

销售经理有权要求销售人员按照定额目标行事，并在对方背离了定额目标时，对销售人员施加控制和影响。例如，销售经理有权要求销售人员平均每天拜访 10 名客户，销售人员要填写拜访记录并呈交给销售经理。尽管销售经理并不直接参与销售人员的工作，但是销售人员知道自己必须完成 10 次拜访任务。销售经理通过这种方式实现了对销售人员的控制和监督。

4. 销售定额是销售人员的行动指南

销售定额可以调整销售人员的工作方向，成为销售人员的工作指南。例如，企业可能会在不同的销售期内强调不同产品的销售。在每个销售期开始时，企业通过销售会议提出本期应重点向顾客推出的产品，并对销售定额、销售竞赛以及销售方式进行讨论，针对不同产品制订出相应的销售定额。对于不是企业重点销售的产品，销售人员会相应地降低推销力度,而把更多的精力和时间放在企业重点推出的产品上。

4.2 销售定额标准

销售定额对销售单位及销售人员提供了一种绩效目标、一种工作标准、一种控制手段、一种行为指南。设计和分配销售定额时必须注意以下几点。

1. 公平性

合理的销售定额应该让各销售单位和销售人员感到公平。应该指出的是,销售定额的公平并不意味着分配给每个销售单位或销售人员的销售定额都是相等的。因为不同的销售区域,市场潜力不同,竞争的程度也不同,而且销售人员本身也存在着销售能力和经验的差别。所以,具体到每一个销售单位或销售个人的销售定额是不同的。

2. 可行性

设计和分配销售定额,既要考虑销售定额的可行性,也要兼顾销售定额的挑战性。销售定额定得太低,起不到对销售人员的激励作用;销售定额定得太高而无法完成时,销售人员也会失去工作的积极性。

3. 灵活性

销售定额不是固定不变的,要依企业的经验、市场信息的反馈以及企业内外部环境的变化而相应调整,以保持对销售人员的动态指导,发挥销售定额应有的作用。

4. 可控性

销售定额要有利于销售经理对销售人员的销售活动进行检查和监督,以及采取措施随时纠正偏离组织方向的销售行为。

5. 可接受性

向下属及销售人员下达销售定额时,必须进行有效的沟通。销售定额应能够被下属及销售人员理解和接受,否则难以起到激励作用。

4.3 销售定额内容

销售定额不只是指销售量定额,通常还包括财务定额、销售活动定额和综合定额。

1. 销售量定额

销售量定额是最常用、最重要的销售定额内容。目前经常使用的设置销售量定额的方法为以当地过去的销售量、销售潜力和市场预测为基础,以销售成长率确定当年的销售量定额。如果当年期望的销售成长率为110%,销售人员的销售量定额就是在上年定额的基础上增加10%,即上年定额的110%。

显然,仅以过去的销售量来设置销售量定额是不够的。销售经理在设置销售量定额时,必须综合考虑以下因素。

（1）区域市场状况，包括区域人口数量、当地收入状况及增长潜力等。

（2）竞争者地位，包括竞争者类型、竞争者市场占有率、竞争者市场定位等。

（3）市场涵盖的客户数量和质量，包括客户类型、客户数量、客户的满意度和忠诚度等。

（4）区域的历史销售业绩。

（5）新产品推出的效果、价格政策等。

2. 财务定额

销售量与利润相比，企业更重视利润。如果销售人员在赢利少、容易卖的产品上花费太多的时间和精力，就会大大降低企业的赢利能力。财务定额可以激励销售人员开发对企业更有价值的客户，销售更有价值的产品。

财务定额包括费用定额和利润定额两个方面。

（1）费用定额。

提高利润率的关键在于对销售费用的控制，费用定额规定了销售人员销售一定数量的产品所需的最高费用限额。设置费用定额的目的是控制销售人员的费用水平，增加销售利润。所以销售经理在设置费用定额时，一定要注意以下问题。

① 注意费用限制不能阻碍销售业绩的提高，必须保证销售人员有相对充足的经费来开发新的客户，维持销售业务的正常进行。一定的销售业务量要求有相应数额的费用来保证，如果过分强调节省费用开支，必然会影响销售人员正常的业务活动。因此，销售经理对费用的控制应该是适度的，而且要具体情况区别对待。假如一名销售员某月的费用开支超过定额 100 元，而他的销售量定额超过定额 100 000 元，销售经理应该给予奖励而不是指责或处罚。

② 销售经理要注意将费用定额与销售量定额、销售人员的薪酬挂钩，通过一定的经济手段来鼓励销售人员节约费用开支。例如，将节约的费用按一定比例以津贴的形式返还给销售人员，可以调动销售人员节约费用开支的积极性，进而使他们在销售过程中精打细算，最大限度地实现企业的利润目标。

（2）利润定额。

利润是企业生存的前提，销售经理和销售人员必须创造能为企业带来利润的销售额。利润定额具体可分为毛利润定额和净利润定额两种类型。

① 毛利润。毛利润是产品销售额与销售成本之间的差额。有时企业用毛利润定额代替销售量定额，用以强调毛利润的重要性，这是由于毛利润定额可以帮助说明销售任务的完成情况。例如，销售人员甲完成销售额 50 万元，而销售人员乙完成销售额 40 万元。仅从销售额上看，销售人员甲完成任务情况比乙好，但甲的费用为 10 万元（费用率 20%），乙的费用为 7 万元（费用率 17.5%），所以从毛利润的角度看，乙的毛利率比甲高，乙的业绩较好一些。

② 净利润。净利润是销售额减去产品销售成本和销售人员直接费用后的余额，其计算过程如表 4.1 所示。

表4.1 某地区销售人员净利润对照表

项　目	销售员甲	销售员乙	销售员丙	销售员丁
销售额（元）	5 792 000	4 842 000	6 046 000	4 334 000
产品销售成本（元）	4 633 600	3 873 600	4 836 800	3 467 200
销售毛利（元）	1 158 400	968 400	1 209 200	866 800
费用（元）	68 000	72 000	64 000	88 000
工资（元）	45 600	43 200	40 800	38 400
其他费用（元）	22 400	28 800	23 200	49 600
净利润（元）	1 022 400	824 400	1 081 200	690 800
净利润率（%）	17.65	17.03	17.88	15.94

从表4.1中的数据可以看出：如果该地区的平均净利润率为17.2%，那么销售员乙的业绩是可以接受的；销售员甲和丙的业绩较好，他们的净利润率较高，因为他们的费用开支较少，费用率低；销售员丁应该引起注意，应减少费用开支，提高净利润率。

3. 销售活动定额

销售人员的销售活动定额，包括以下几项内容。

（1）日常性拜访（日拜访次数）。

（2）吸引新客户，获得订单（每月开发新客户数量，日订单数量）。

（3）产品展示（演示频率与次数）。

（4）宣传企业及其产品情况（发放宣传资料数量，客户接受程度）。

（5）为客户提供服务、帮助和建议。

（6）培养新的销售人员。

建立销售活动定额可以让销售人员对日常活动做出更好的计划，从而更加有效地利用时间。销售活动定额也使得销售经理便于控制销售人员对时间的使用，即控制不同销售活动中的时间分配，如表4.2所示。

表4.2 某地区销售活动定额完成情况表

销售人员	拜访数（次）	订单数量（单）	订单数/拜访数（%）	实际销售额（千元）	每单平均销售额（元）
甲	1 900	1 140	60	5 792	5 081
乙	1 500	1 000	66.7	4 842	4 842
丙	1 400	700	50	6 046	8 637
丁	1 030	279	27.1	4 334	15 534
合　计	5 830	3 119	53.5	21 014	6 737

从表4.2中可以看出：丁的眼睛紧盯住大客户不放，虽然每单平均销售额高，但成交率低，销售业绩是最差的；乙的精力主要放在了小客户身上，虽然成交率高，但订单规模小，销售业绩也较差；丙的销售业绩最好，因为他兼顾了大客户与小客户。

在实际工作中，销售活动定额管理也会遇到一些问题，如果员工参与人数多，资料信息必须从销售人员的报告中获得，而销售人员在报告时可能偏重数量而忽视质量。例如，销售人员甲拜访的次数和订单的数量都是最多的，但他每单的平均销售额并不是最高的。另外，由于销售活动有时无法直接实现销售，很难对销售人员产生激励，所以需要将销售活动定额与销售量定额相结合一起使用，效果才能更好。

4. 综合定额

综合定额是对销售量定额、财务定额、销售活动定额进行综合后而得出的销售定额综合性指标。综合定额以多项指标为基础，可以全面反映销售人员的工作情况，因此更加合理。

在设置综合定额时，需要对不同的指标赋予不同的权重，这些权重表示各项指标对管理的重要性。如表4.3所示，赋予销售额、净利润和新客户的权重分别是5、3和2，两位销售人员在销售额上的表现水平相当，但由于王刚在净利润和新客户这两项指标上表现比较突出，所以在综合业绩总评上超过了黎明。需要注意的是，如果企业同时采用多项定额，那么这些定额必须是针对销售最重要的活动、销售量及产品的。

表4.3 销售人员综合定额表

姓名	指标	定额	实际完成额	完成率（%）	权重	完成率×权重	业绩总评
黎明	销售额（元）	200 000	180 000	90	5	4.5	7.6
	净利润（元）	100 000	70 000	70	3	2.1	
	新客户（人）	20	10	50	2	1.0	
王刚	销售额（元）	300 000	270 000	90	5	4.5	8.1
	净利润（元）	150 000	120 000	80	3	2.4	
	新客户（人）	25	15	60	2	1.2	

4.4 销售定额分配方法

销售量定额是最重要的销售定额指标，所以下面仅以销售量定额为例介绍销售定额分配方法。

如何才能确定公正、合理，而且具有挑战性和激励性的销售定额呢？企业通常以区域为基础来确定各区域的目标销量，然后再把区域目标销量分解到每位销售人员。所以，确定区域销售定额是一个关键环节。通常，确定不同区域销售定额的方法有目标市场占有率法、销售构成比法和市场指数法。

1. 目标市场占有率法

目标市场占有率法，是指以目标市场占有率为基础确定销售定额的一种方法，具体步骤如下。

（1）确定各区域"市场需求构成比"（各区域市场容量占行业市场总量的百分比）和"目标市场占有率"（本企业在该区域市场上的目标占有率）。

（2）求出不同区域的"市场需求构成比"与"目标市场占有率"的乘积，即得到"区域实际占有率"。

(3) 把各"区域实际占有率"相加即得到"企业实际占有率",再以"区域实际占有率"除以"企业实际占有率",计算出各"区域市场定额指数"。

(4) 以"区域市场定额指数"为基准,将目标销售额或销量按区域进行分解。

根据目标市场占有率确定区域销售定额的方法如表 4.4 所示。

表 4.4 根据目标市场占有率确定区域销售定额

区 域	市场需求构成比	目标市场占有率	区域实际占有率	区域市场定额指数
甲	50%	25%	12.5%	61%
乙	30%	20%	6%	29%
丙	20%	10%	2%	10%
合 计	100%		20.5%	100%

例如,企业目标销售额为 1 000 万元,则甲区域的目标销售定额=1 000×61%=610(万元),乙区域的目标销售定额=1 000×29%=290(万元),丙区域的目标销售定额=1 000×10%=100(万元)。

2. 销售构成比法

销售构成比法,是指根据各区域近年来销售构成比的变化趋势推测下一年度各区域的销售构成比,并以此百分数为基准将目标销售额分解到各区域的一种分配方法。销售构成比法是企业实际中最常用的一种方法,这种方法尽管考虑了历史情况及变化趋势,但它还是具有很大的主观性,所以对销售经理的经验要求较高。以销售构成比为基础确定销售定额的方法如表 4.5 所示。

表 4.5 根据销售构成比确定销售定额

区 域	销售构成比(%)					销售构成比预测(%)
	2012 年	2013 年	2014 年	2015 年	2016 年	2017 年
甲	30	31	29	30	28	29
乙	50	45	40	35	30	24
丙	20	24	31	35	42	47
合 计	100	100	100	100	100	100

按照表 4.5 中的数据,如果企业 2017 年全年的目标销售定额为 1 000 万元,则:甲区域的目标销售定额为 290 万元,乙区域的目标销售定额为 240 万元,丙区域的目标销售定额为 470 万元。

3. 市场指数法

市场指数法,是指以各区域市场实际因素为基础来计算市场指数,从而确定分配额度的一种方法。常见的区域市场因素包括常住人口、工资收入和区域零售额等。

市场指数法是一种比较理想的定额分配方法,具体可分为单一因素法和组合因素法。

(1) 单一因素法,是指以单一市场因素为基准计算区域市场指数的一种方法。这种方法比较简单。当只选择"人口数量"这一市场因素时,各区域的市场指数就是各区域市场的人口数占所有区域市场人口总数的百分比。例如,某区域市场人口数为700万,市场总人口数为13亿,则该区域市场指数为5%;如果企业目标销售定额为1 000万元,那么该区域的销售定额就是50万元。

(2) 组合因素法,是指通过多项市场因素的组合计算区域市场指数的一种方法。这种方法相对比较复杂,具体又分为评分法和构成比法两种。

如果企业考虑人口数量、区域平均工资水平和区域零售额这3个因素,如表4.6所示;那么利用评分法分配销售定额的方法如表4.7所示。

表4.6 组合因素法举例

因素 区域	人口数量(万人)	区域平均工资水平(元)	区域零售额(万元)
甲	58 000	3 900	4 600
乙	39 000	1 250	1 800
丙	33 000	1 350	1 600
合 计	130 000	6 500	8 000

表4.7 评分法销售定额计算表

因素 区域	人口		平均工资		零售额		百分比合计(%)
	数量(万人)	百分比(%)	数额(元)	百分比(%)	数额(万元)	百分比(%)	
甲	58 000	44.6	3 900	60	4 600	57.5	162.1
乙	39 000	30	1 250	19.2	1 800	22.5	71.7
丙	33 000	25.4	1 350	20.8	1 600	20	66.2
合 计	130 000	100	6 500	100	8 000	100	300

从表4.7中可以看到,利用评分法计算区域销售定额的基本步骤如下:

首先,求出各要素的合计值;

其次,求出各区域要素值占该要素总值的百分比;

再次,求出不同区域各要素百分比的合计,然后对各区域的合计值求和;

最后,把各区域合计的百分比值与总计百分比值相比,所得值即为各区域的市场定额指数,即定额指数。

例如，　　　甲区域的市场定额指数＝162.1÷300×100%＝54%

乙区域的市场定额指数＝71.7÷300×100%＝23.9%

丙区域的市场定额指数＝66.2÷300×100%＝22.1%

利用构成比法计算区域销售定额的基本步骤如下：

首先，求出各要素的不同区域的构成比；

其次，以区域构成比乘以各因素的权数；

最后，将区域构成比与权数的乘积进行加总，并计算出不同区域占该加总的百分比，即得到市场定额指数。

例如，如果人口、工资和零售额 3 项市场因素的权重分别为 0.2、0.5 和 0.3，那么，甲区域的 3 种"市场因素构成比"分别为：

人口因素构成比＝（58 000÷130 000）×100%×0.2＝8.9%

工资因数构成比＝（3 900÷6 500）×100%×0.5＝30%

零售额因素构成比＝（4 600÷8 000）×100%×0.3＝17.3%

将上述 3 项市场因素构成比进行加总后得到 56.2%，即甲区域的市场定额指数为 56.2%。

同理，可以得到乙区域的市场定额指数为 6%＋9.6%＋6.75%＝22.35%，丙区域的市场定额指数为 5.08%＋10.4%＋6%＝21.48%。

销售定额下达到各销售区域后，接下来需要各区域经理将销售定额以同样方法分配给属下的销售人员。

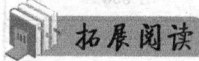

一个定额分配的真理

一只新组装的小钟放在了两只旧钟当中，两只旧钟"嘀嗒"、"嘀嗒"一分一秒地走着。其中一只旧钟对小钟说：

"来吧，你也该工作了。可我有一点担心，你走完 3 200 万次以后，恐怕就吃不消了。"

"天哪！3 200 万次！"小钟吃惊不已，"要我做这么大的事？我办不到，办不到！"

另一只旧钟说："你别听他胡说八道，不用走 3 200 万次，你只要每秒'嘀嗒'一声，摆一下就行了。"

"天下哪有这样简单的事情。"小钟将信将疑，"如果这样，我就试试吧。"

小钟很轻松地每秒"嘀嗒"一声，摆一下。不知不觉中，一年过去了，它轻松地摆了 3 200 万次。

别强迫自己对一个庞大的目标产生自信，因为这种强迫会使自信产生太多的"水分"，一旦遇到困难或时间太久就会动摇甚至坍塌。如果把大目标分成一个个小目标，就可以很自然地产生自信，这样的自信才有利于目标的最终实现。对于初入销售业的新手来说，这是一条绝对的真理。

4.5 销售定额分配程序

在销售定额的分配过程中，定额指标必须得到下属及销售人员的理解与合作，所以要求销售经理和销售人员面对面地坐在一起，进行有效沟通。分配销售定额的工作程序如图4.1所示。

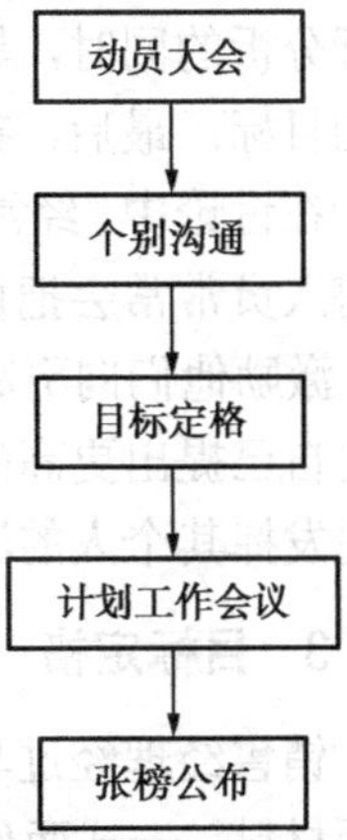

1. 召开定额分配动员大会

销售经理首先依据企业下达的销售任务以及配合任务完成的激励方案，按照年、季、月、周将整个团队的任务分解细化，并根据每位销售员的销售能力，对其可能的销售业绩进行初步估算。然后，召开一次全体员工会议，向他们介绍企业制订的销售目标体系，公布企业为完成销售任务而制订的激励方案，尤其强调销售目标对个人所具有的重要意义。

经理介绍完任务后，应该给员工留有提问和讨论的时间。之后，销售经理要求每一位销售人员填报自己的销售定额目标，作为分配销售定额的参考依据。销售定额目标自我建议表如表4.8所示。

图 4.1 销售定额分配程序

表 4.8 销售定额目标自我建议表

姓　　名：_____
年　　度：_____
负责区域：_____

主 要 目 标	预 期 结 果			实 际 结 果
	最悲观的结果	比较现实的结果	最乐观的结果	
1. 月销售额				
2. 月费用额				
3. 月毛利润额				
4. 日均访问次数				
5. 开发新客户数				
6. 失去客户数				
7. 客户流失率				
8. 月回款数额				
9. 月回款率				
10. 其他				

2. 与下属成员个别沟通

销售人员填好表格后，销售经理要与每位下属成员进行个别沟通，帮助下属成员分析其个人目前的工作状况、达成激励方案的条件以及在公司未来发展的空间，引导下属成员对销售任务和未来发展进行全面思考，激发员工的进取心，树立他们的自信心和责任心。也就是说，应将完成销售定额与个人的职业生涯规划相结合。

具体地说，销售经理要与销售人员就销售区域、客户管理、销售访问及自我管理等方面进行讨论与沟通。首先，要求他们提出对目标定额的看法和意见；接着，在对未来前景进行分析的同时，与他们共同回顾前阶段的工作；然后，与他们现实、客观地讨论下一阶段的目标；最后，在对销售人员的看法表示理解的同时，表明自己的观点。

在讨论中，经常涉及3种类型的目标，即常规性目标、问题解决性目标和创新性目标。销售人员常常会把自己定位在常规性目标层次上，这时销售经理应该适时地给他们提出挑战，激励他们向更高层次的目标冲击，在订单金额、客户管理、销售访问和自我管理等方面对自己提出更高的要求，最大限度地为销售人员制订可以接受的挑战性目标，从而尽可能地发挥其个人的潜能。

3. 目标定格

销售经理经过与每一位成员的个别讨论后，把双方达成一致意见的目标定格，并形成书面材料，一式两份，双方各执一份备案。这时，销售经理应该向销售人员表示祝贺，祝贺他们有了一个新的起点、一个新的目标、一个新的前景。同时，销售人员也清醒地认识到了自己下一阶段的目标和任务：应该完成哪些工作；可以获得哪些资源和帮助；自己的工作权限和需要向上司报告的事项；如何进行自我管理等。

4. 召开团队计划工作会议

召开团队计划工作会议的目的，是通过会议制订团队的目标销售定额。会上每一名销售人员要向团队汇报自己本年度或本季度的定额目标以及目标的完成情况，进而陈述自己下一年度或下一季度的目标，以及对下一年度或季度目标的看法。通过会议交流，团队成员达成共识，形成集体目标。

5. 张榜公布

计划工作会议之后，应张榜公布整个团队的目标定额、定额分解、个人目标以及各期（年度、季度、月度、周）定额分配方案。目的在于强化团队成员对定额分配方案的理解和其在公司的发展前景等，促使每一位团队成员充分挖掘自身的潜能，加强自我管理，将团队的销售目标变成每位成员的自觉行动，始终以计划指导工作，始终以计划检查工作。

销售定额的分配，是销售经理与销售人员共同制订目标、明确主要责任并就最终结果达成一致意见的过程。整个过程可以为销售人员的日常工作提供指南，并可衡量每一名销售人员对集体做出的贡献。在销售定额的制订和分配过程中，销售经理和销售人员的相互理解是基本前提。如果销售人员能够参与销售定额的制订和分配的过程之中，他们会更加努力地去实现或者超越自己的目标。与此同时，应强调销售经理对销售人员的资源支持与帮助，使销售人员树立信心，精神饱满地投入下一阶段的工作。

4.6 分配销售定额时应注意的问题

对销售经理而言,每年都令人头疼的一个问题就是销售定额的分配。因为各区域经理、销售人员无一不想少接任务、多接费用,从而会精心准备当地市场的困难和问题,拼命夸大竞争对手的规模和实力,如竞争对手投放了多少导购员,投放了多少促销品,上了多少新产品,客情关系如何如何好等。所以,在销售定额的分配工作中,一定要注意以下问题。

1. 突出重点,切忌平均分配

(1)突出市场重点,切忌销售定额在各区域之间的平均分摊。有的销售经理在分解销售定额时,因为涉及的产品和区域较多,本着哪个区域都要分一点、哪个区域都不能少的原则,最后形成了销售定额在各区域的均摊局面。然而,这种分解,表面上看有理有据,但很容易失去企业的战略意图,导致重点市场不突出,资源不能集中,让企业陷入"撒胡椒面"的陷阱之中。

(2)突出资源在销售旺季的集中利用,切忌在12个月中的平均分摊。区域层面的任务分配完了,接下来区域经理就该把每个区域的任务按月分解。然而,很多区域经理往往把定额总量除以12,便得到每月的定额指标。这种做法很简单,但却是非常错误的做法。因为,对不同的产品来讲,销售的淡旺季、货品囤仓与消化的时间规律及其他相关因素是不同的,对每月的定额要求也应是不同的。如果不考虑这些问题,就很容易陷入"旺难热、淡难卖"的尴尬境地。

2. 着眼于全局,着手于局部,把定额分配工作做细做透

(1)做好宣传发动工作,以良好的沟通说服人。在销售定额的分配过程中,销售经理一定要对定额的来龙去脉讲清楚,让销售人员明白企业的战略重点是什么,明年销售目标的来历是什么,要达到这个目标重点要做哪些事情,做这些事情的质量标准是什么,做好这些事情需要多少资源的支持。

(2)解决好"自上而下"与"自下而上"的矛盾。在目标的制订过程中,有一个自下而上的申报过程。如果仅以销售人员上报的目标销量为依据分配定额,结果肯定会出现少、漏问题。因为他们的心态是恨不得不卖产品就能拿薪水,多报岂不是自作自受?另外,销售人员没有足够的市场研究,他们无法认清市场的真正走势,他们所看见的只是"树木",甚至是"树叶",而不是"森林"。所以,目标的制订还有一个"自上而下"的过程,需要企业在分析市场环境和竞争环境的基础上来确定整体的战略目标。在此过程中,销售人员的意见只能作为参考而不能作为依据。

(3)设计3个层面的目标:保底目标、标准目标和挑战目标。保底目标是在做得最差的情况下也要完成的目标,是红色警报线;标准目标是没有特殊情况下必须完成的目标;挑战目标则是超额完成的目标,为绿色警报线。如果某销售区域或销售人员每月的销量低于红色警报线或高于绿色警报线时,企业就要研究其原因并采取措施,以便目标的进一步调整及年度总体目标的顺利完成。

(4)责权利同时分配。例如,如果完成了定额目标,费用标准是多少,还会有什么奖

励,享有哪些权利;如果没有完成定额,会有什么处罚等。把责权利同时分配,并签订责任状,下属成员就会明白自己该干什么,也会明白为什么这么干。否则,销售人员不会轻易接受你的目标,即使你硬着头皮分下去,他也会说:"我只能接受,但不能保证完成。"

3. 把握好定额目标粗与细的度

我们经常说的一句话是"计划没有变化快"。具体的实际情况当然无法完全预料,但是对于计划的制订、销售定额的分配,它不是与实际相比,而是同竞争对手相比。也就是说,只要计划做得比竞争对手精细,比竞争对手完成的概率大,那么销售计划就有实际意义。如果计划做得足够精细,那么在全面调配企业资源和管理控制销售队伍时,就能产生一个力矩,销售经理就能抓住这个着力点来掌控整个销售工作。如果计划定得不够精细,没有按照时间、区域、客户群、产品进行细分,销售队伍就会经常出现前松后紧的情况,即人们经常说的"月初的时候逛西湖,月底的时候才去打老虎"。

例如,销售经理粗略地给某个销售人员下达了半年完成300万元的定额指标,但是对计划并没有进一步细分,那么该销售人员就容易犯前松后紧的毛病:觉得半年时间还早,于是1、2月份的时候忙着过春节,3月份晃晃悠悠也过去了,到4月份的时候开始着急了,到5月份时必须拿下"老虎"了,但是月底的时候能不能打着老虎还是问号呢。这时他就非常被动,而销售经理到了4月底5月初时,一看销售业绩才完成了一点点,于是也跟着着急,这样做就很被动。

因此必须明确指出,尽管计划没有变化快,但必须制订一个可供参考的销售计划,而且要尽量做细、做好,把握粗与细的度。

【任务小结】

销售计划的关键在于落实。销售经理要把计划目标分解到每一个销售单位和销售人员,也就是销售定额的分配,使每一个下属都清楚自己的责任与目标,保证计划目标的实现。

销售定额给销售单位及销售人员提供了一种绩效目标、一种工作标准、一种控制手段、一种行为指南。销售经理在设计和分配销售定额时必须注意公平性、可行性、灵活性、可控性和可接受性。销售定额不只是指销售量定额,它还包括财务定额、销售活动定额和综合定额。

为了确定公正、合理,而且具有挑战性和激励性的销售定额,企业通常以区域为基础来确定各区域的目标销量,然后再把区域目标销量分解到每位销售人员。通常,确定不同区域销售定额的方法有3种:目标市场占有率法、销售构成比法和市场指数法。在销售定额的分配过程中,定额指标必须得到下属及销售人员的理解与合作,所以要求销售经理和销售人员必须面对面地坐在一起,有效沟通,召开动员大会,进行个别访谈,以使销售人员认可定额目标并签字确认,互相监督。同时,销售经理在销售定额的分配工作中要注意以下问题:一是要突出重点,切忌平均分配;二是要着眼于全局,着手于局部,把定额分配工作做细做透;三是要把握好定额目标粗与细的度。

任务 5 发货、送货与收款

【任务导入】

大鱼"野兽"的启示

有些鱼是抓不到的,不是因为它们强壮敏捷,而是因为它们与众不同。"野兽"就是这样的一条鱼,在我出生时,它就已经是一个传说了。它是阿拉巴马人最想钓到的鱼,但却从没有人钓到它。有人说这条鱼是 60 年前淹死在河中的小偷的冤魂化身,还有人说它是白垩纪时代留下的恐龙。

我对这些传说都不敢苟同,我只知道,我要钓到这条鱼。最后,我终于钓到它了。

我曾尝试过各种诱饵:虫子、蚯蚓、花生酱以及奶酪。但那天,我脑中灵光乍现,那条鱼如果是小偷的冤魂化身,普通鱼饵根本没用。我应该用它真正想要的东西做诱饵:金子。我将我的结婚戒指放到鱼线上,用非常坚固的鱼线,坚固得足以钓起一座桥梁。然后,我将鱼钩抛了出去,这时大鱼跃出水面,在它落水之前,它就一口吞了这个戒指。一瞬间,它就咬断了那条鱼线。

于是,我发愁了,我的戒指,那是对妻子忠贞的象征。此时,她即将成为我儿子的妈妈,而这一象征却被鱼吞入腹中。我沿河追赶那条鱼。这条叫"野兽"的怪鱼,我一直以为它是一条公鱼,结果却发现是条母鱼,而且它正怀着鱼卵,随时都将临产。这时,我面临一个难题,我可以杀死这条鱼,剖开鱼腹拿回我的婚戒。但是,这么做就等于杀死了阿拉巴马河中最精明的一条鱼。

现在有人可能会问,为什么它不吞别的东西,却要吞金子呢?那也是我在那天学到的最重要的一课。

这是影片《大鱼》的开篇故事,对你有什么启发呢?

【任务学习】

5.1 处理订单

1. 认识销售订单

销售订单是指企业开展销售业务时,预先向客户发出的标明销售商品的名称、规格、数量、价格、交货日期、交货地点等信息的业务单据,表明了企业与客户间的购销契约关系。

销售订单是企业与客户之间签订的一种销售协议,销售订单可实现企业与客户之间的沟通，实现客户对企业待售货物的一种请求；同时，也是企业对客户的一种销售承诺，是销售管理系统实质性功能的第一步；它上接销售合同，并向下传递至销售发货。通过订单信息的维护与管理，可实现企业对销售的计划性控制，使企业的销售活动、生产活动和采购活动处于一种有序、流畅的高效状态。

一份销售订单通常涉及以下内容：订单号、客户代码、订单类型、订单内容（如项目号、描述、数量、单价、金额、需求日期、交运日期，以及是否要缴税、是否要单独装运等）、日期信息（如订货日期、登记日期及最后确认日期）、交运信息（如运输地点、所有权变更地点、运输路线等）、客户信息（如客户号、采购者姓名）等，如表5.1所示。

表 5.1　销售订单格式

订单号			订单日期			
供方			需方			
地址			地址			
法人代表			法人代表			
开户银行			开户银行			
银行账号			银行账号			
邮政编码			邮政编码			
电话			电话			
传真			传真			
电子邮件			电子邮件			
订单总额			订单期限	天	币种	RMB
订单备注						

序号	物品名称（规格/型号）	单位	数量	单价	折扣率	金额	需求日期	备注
1								
2								
3								
4								
5								
6								
7								
8								

要提高企业的供货水平，首先必须加强对订单的管理。销售人员处理订单是否准确、迅速，能否保证对客户的不间断供应，都取决于订单的计划管理和控制。

订单管理主要是根据客户需求和企业的生产能力，制订企业的供货计划，接受客户订单，同时协调客户与内部各部门尤其是生产和储运部门的工作，确保销售订单按时完成，并做好售后服务等各项工作。

在存货生产模式和订单生产模式下,企业的订单管理显著不同。

(1)存货生产模式,即企业以自己库存的商品来满足客户的需求。这种生产模式有利于更快捷地为客户服务。但是,这种模式下的企业必须具备强大、准确的销售预测能力。否则,在市场需求千变万化的今天,很容易造成库存积压和资金占用。

(2)订单生产模式,即企业不是以生产出来的产品去满足客户的需求,而是根据客户的需求来生产产品。订单生产模式使生产企业直接面向市场、面向客户需求生产适销对路的产品。因此,一方面可以提高对客户的服务质量,满足客户的需求,赢得大批客户;另一方面也避免了为应付客户的各种可能的需求而形成的大量库存积压,以实现零库存生产。

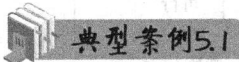
典型案例5.1

一个客户订单引发的争论

一天,计划部经理宋杰和销售部经理艾小娜急匆匆地走进了采购部经理蒋森的办公室。

"蒋经理",宋杰不像平时那样温文尔雅、面带微笑,而是开门见山,直奔主题,"这一单客户订单很急,但用到的一种原材料需求只有10个,可是采购人员说这种料的最低采购标准是1 000个,少于这个标准供应商不供货,你看怎么办?"

艾小娜在一旁赶紧接上:"这是一家很有潜力的客户,以后有可能成为我们最大的客户之一,这一单要是做砸了,会影响到日后的生意,请你无论如何要帮帮忙啊。"

蒋森一脸苦笑,但依然保持着一如既往的慢条斯理说:"这件事我知道,那有什么办法?供应商也要挣钱,供货决定权在人家手里。艾经理,我也理解你的苦衷,可是我听到太多了,你的每一家客户都是潜在大客户,可是到目前为止,有几家实现了?你不要听客户忽悠,他们就是利用你们销售急于拿到订单的心理,把难啃的骨头丢给你们,结果我们亏了钱,单子也没有增加多少。"

宋杰听不下去了,"蒋经理,销售也不容易,况且我们公司的原则是以客户满意为第一,我们还是想想办法怎么既让订单得到满足,又能够把成本控制在合理的范围吧。"

蒋森回答道:"可是现在这个最低采购标准是合同签好的,供应商不答应,我们根本没办法。如果一定要满足这张订单,我只好按标准采购,但你得要找老板签字认可,没签字我没法采购。而且多下来的物料可不是个小数目,成为过期物料你能承担这个责任吗?"

宋杰禁不住提高了嗓门儿:"采购物料本就是你们采购部的责任,有需求就要采购,签不签字、找谁签字那是你们采购部的事情,和我们计划部门有什么关系?还有,你们采购部当初为什么把采购标准定得那么高?我们每年在这家供应商的生意还少吗?"

办公室里的气氛显得越来越紧张。艾小娜在旁边突然大吼一声:"别吵了!这单业务你们还做不做了?"

类似这样的事情,在订单处理中经常遇到,这也是困扰计划部门的问题之一。如果你是计划部经理,你将如何处理这笔订单?你会如何协调计划部门与采购部、销售部之间的关系?

2. 接受订单

在订单生产模式下，订单处理的关键是接受订单。接受订单的工作完成后即可进入"销售订单处理流程"。企业接受订单的流程如图 5.1 所示，大体包括以下几个环节：客户调查，接受订货样品及询价，样品分析，客户认可，商定价格，正式接单。

（1）客户调查。销售部门在接受客户的订单之前，必须做好两件事情：一是获得生产计划部门的确认，以避免产销不协调；二是确定客户是否符合企业的信用管理标准，评估其信用额度，再决定是否接受订单，以免使企业蒙受损失。

（2）接受订货样品及询价。销售部门接受客户的订单样品及询价，并将样品交给研发部门设计打样。

（3）样品分析。销售部门根据研发部门制作完成的产品样品，在与生产部门讨论制造流程及可能需要的生产日程后，拟出样品成本分析报告，呈报总经理核准。

（4）客户认可。销售部门将制作完成的产品样品及设计图样交给客户，由其对样品进行确认并商议产品的交货期。如果客户对样品不满意，那么研发部门将依据客户意见进行修改。如果客户对交货日期不满意，则由销售部门与生产部门和实际生产作业单位研究后，再与客户协商。交货日期必须在认真平衡客户需求和企业生产能力之后确定，不能只满足一方的要求。

（5）商定价格。客户对样品和交货日期都没有意见后，销售部门应该根据样品成本分析报告，再加计运费、保险费等各项费用及预期利润，定出售价并列表呈报给总经理核准。

（6）正式接单。总经理同意并签字后，由销售部门负责向客户报价。如果客户接受报价，则填制正式销售订单。销售部门接到客户正式订单后，必须检查订单的各项资料是否齐全，订购内容是否清楚，若有涂改应盖章注记，然后将订单交给生产部门。如果客户对报价不满意，销售部门需要与客户谈判解决。

图 5.1 接受订单流程

3. 订单处理

订单处理流程是指从订单的接收、确认到订单履行的过程。销售订单一般要通过不同的业务人员和管理人员的参与才能实现对销售订单的处理与控制，实现对销售订单的发货、收入和成本确认及收款过程。该过程通过数据的自动流转实现对业务和操作过程数据的详细记录，为财务核算和销售分析提供相应的数据。销售订单、发货单及销售发票可以通过单据流方式相互联系，从而实现单据的相互追溯。销售订单处理流程如图 5.2 所示。

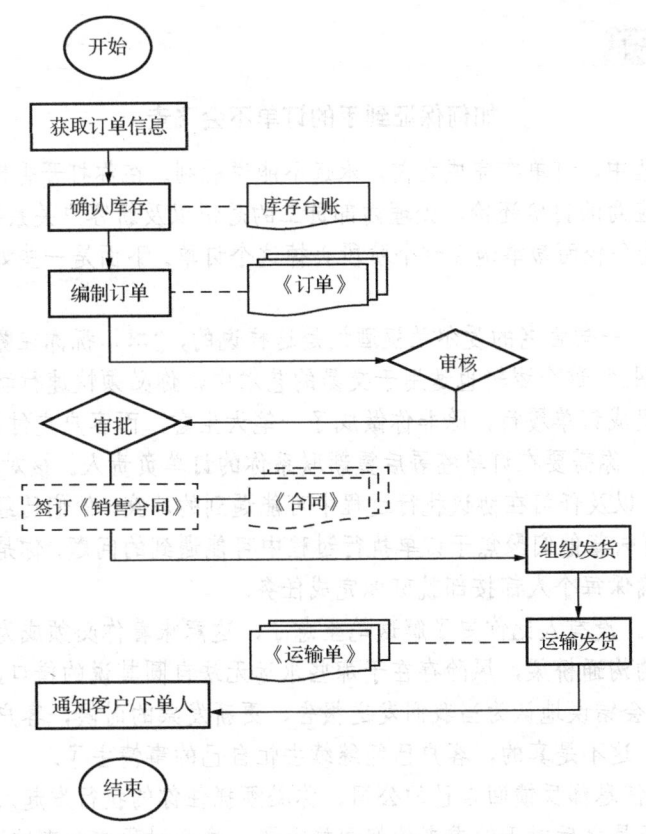

图 5.2 销售订单处理流程

一般的订单处理流程主要包括 5 个部分：订单准备、订单传递、订单录入与确认、订单履行、订单跟踪。

（1）订单准备。订单准备是指收集企业产品或服务的需求信息，准备接受正式提出购买要求的客户订单。

（2）订单传递。传递订单信息是订单处理流程中的第 2 步，涉及订货请求从发出地点到订单录入地点的传递过程。订单传递可以通过两种基本方式来完成，即人工方式和电子方式。

（3）订单录入与确认。订单录入是指在订单实际履行前所进行的各项工作，主要包括核对订货信息的准确性，如商品的名称、编号、数量和价格等；检查订单商品是否可供，如有必要，可以补充订单或取消订单；审核客户信用，如果存在客户信用问题，可以将订单挂起；开具账单。

（4）订单履行。订单履行由与实物有关的活动组成，主要包括：提取存货、生产或购进客户所订购的货物；对货物进行运输包装；安排送货；准备运输单证。其中有些活动可能与订单录入同时进行，以缩短订单处理时间。

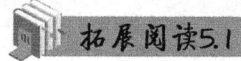

如何保证到手的订单不会飞走

在销售的过程中,订单在完成之前,永远不能说胜利。在你打开香槟酒庆祝之前,你必须忍受当前供应商的讨价还价,处理内部员工的恐惧以及新客户关系带来的各种冲突。简而言之,你可能会轻而易举地在这个阶段丢掉这个订单。下面是一些如何避免出现这种悲惨局面的建议。

1. 快速行动。一句古老的爱尔兰祝酒词是这样说的,"……祝你在魔鬼知道你去世之前能到天堂走一圈。"这个逻辑也适用于交易的艺术中,你必须快速行动,保持与客户的信息畅通,尽快促成订单履行,除非你做成了一笔大生意,而客户支付了大额的账单。

2. 管理期望。你需要在订单签署后重新联系你的订单负责人。核对时间表、里程碑、团队角色及职责,以及任何在协议执行过程中可能遇到的冲突。他们已经把这个订单给了你,但是这并不意味着他们聚焦于订单执行过程中可能遇到的问题。你是推动这笔生意的责任方,你必须确保每个人都按部就班地完成任务。

3. 充分沟通。没有人比你更了解这笔生意了,这意味着你必须成为客户和你所在公司关键人物之间的沟通桥梁,风险存在于那些永远无法自圆其说的借口,"我认为他们知道……",有些人会错误地认为当我们发送报告、更新发票的时候,客户都会像我们一样认真地阅读它们。这不是真的,客户已经继续去忙自己的事情去了。

4. 把所有的信息都反馈回自己的公司。你必须抓住你的执行发起人。你的成绩无论在合同签署之前还是之后对于他或者她都同样重要。这个过程中会有冲突和碰撞。而且,你应该估计公司内部对这种关系的满意程度。企业通常会相信日常接触中听到的进展情况,只有在遇到愤怒的客户的时候才会核实情况。在这种情况下,你就必须做出解释。这可不是一种让人舒服的处境。

赢得订单是另一个过程的开始,而不是跟踪一笔生意的结束。如果你希望保住这笔生意并且将它最大化的话,那么你就应该预见到应该采取哪些流程来达到目标。

(5) 订单跟踪。订单处理过程的最后一个环节,是通过不断向客户报告订单处理过程中或货物交付过程中的任何延迟,确保优质的客户服务。具体内容包括:在整个订单周转过程中跟踪订单;与客户交换订单处理进度、订单货物交付时间等方面的信息。

典型案例5.2

订单市场化,管理程序化,定制规模化

昌河汽车公司的"订单市场化、管理程序化、定制规模化"订单生产模式内容如下。

1. 订单市场化

"订单市场化"就是尽可能地在更大的市场空间建立更多的信息渠道,把订单的触角延伸到个性化需求之中,从而保证订单的持续不断。公司在这方面采取的主要措施如下。

一是以"随时定、随时干"的服务方式,在交货周期和定制质量上使顾客称心如意,

让更多的老顾客不寻第二家，只认"昌河"牌。

二是对老市场以新的多样化产品和服务进行强刺激，对新市场发挥个性定制的领头效应。新疆原是公司产品市场占有率非常低的地区，1999年7月，有一位顾客定制了6台需开天窗的"昌河"牌CH5018XYZ型产品，公司迅速满足其要求，带动了新疆市场的开发。

三是各类定制车型频频亮相各种汽车博览会和交易会，吸引社会的高度关注。

2. 管理程序化

"管理程序化"是对订单管理的基本要求。公司订单的正式接单单位是生产管理部门，目的是使定制与规模化生产迅速衔接。接单后必须经过确认：首先是与顾客进行订单内容有效性的确认；其次交销售部门确认，因为销售的实现与定制的输出管理最终由销售部门负责；最后交技术、产品资源、财务部门进行相关内容的确认，以便各项工作迅速接轨。各方确认以后，生产管理部门正式下达定制任务，各生产环节进入定制生产阶段。

3. 定制规模化

定制规模化是指以市场需求为基础，利用每一个定制需求的市场机会，获取更大的市场发展空间，进而拉动企业内部定制的规模化生产。采用定制培育市场和创造定制新需求，是定制规模化经营的更高境界。为此，昌河汽车公司提出了"与顾客共创市场"的规模定制经营理念，从最小需求开始，力争扩大订单数量或能形成批量订单，从而实现规模化的生产经营。

5.2 发货

所谓发货就是商品交运，是指将企业生产的产品交到客户手中的过程。产品能否及时、安全、准确地到达客户指定的地点，将直接影响顾客的满意度，直接决定货款能否按时、全额收回。一般来说，发货管理按其流程主要包括以下内容。

1. 备货

在合理控制订货的基础上，按时、按质、按量地准备好应交的货物，是做好发货工作的前提。

（1）备货准备。根据合同规定的日期，及早与生产部门、供货部门联系，确定提货时间，或安排库存商品进行加工整理。准备装运货物时要注意核查产品的品质、规格和花色搭配等，如发现产品品质问题应及早研究解决；如发现数量短缺而合同中又不准分批装运或未签订溢短装条款的，应采取有力的补货措施。由于在搬运过程中可能发生意外损坏，因而备货数量应留有余地，以免因部分货物损坏，一时不能补齐而影响发货。

（2）检查货物包装。对备运货物的包装材料、包装方法和包装质量等进行认真检查，既要符合运输的包装要求，也要与合同要求相符。

(3)刷制货物的标签和标志。合同中如有规定,备货时应按规定预先刷制标签和标志;如果合同中未规定,应催促对方提供货物的标签和标志,并在接到客户通知后及时刷签。刷签时要注意图形和字迹要清楚,位置醒目,大小适当。

2. 制单

制单是指根据合同规定和汇款、回函情况,编制货物发运分析单。货物发运分析单是企业内部各个环节和外部各单位办理货物发运工作的联系单,它把发货各环节与各个部门的工作联系起来,使发运工作能够密切配合,顺利进行。发运工作各环节,如报检、储运、投保、制单、结算等,均要按发运分析单的要求办理。发运分析单的内容要按合同有关条款逐项复核,以防出现差错。

由于交易条件及各部门需要的不同,货物发运分析单一般应一式数份,分送仓库、统计、财会、报检、储运、投保、制单、结算等各部门。该单据是商品交易过程中各部门联系的主要依据,也是发货、结算的主要凭证。制单工作必须做到正确、完整、及时,单证要简明、整洁,发货单(样单)如表5.2所示。

表5.2 发货单(样单)

发货单号:		填写日期:		发货日期:		订货单号:		订货日期:	
供货方:				需货方:			合同号:		
编码:				编码:			订单执行情况:□全部 □部分		
单位名称:				单位名称:			交货方式:		
地址:				地址:			运输方式:		
邮编:				邮编:			运费承担方式:		
联系部门:		电话:		联系部门:		电话:	发货地址:		
联系人:				联系人:			预计收货日期:		
传真:				传真:			收货地址:		
序号	商品代码	商品名称	规格型号	等级	产地	保质期	包装单位	计量单位	数量	无税单价	无税金额	税率	税额	含税金额
销售方式:							付款方式:		
销售折扣:				付款折扣:			总金额(大写):		
备注:									

3. 送检

凡合同中规定产品必须出具检验证明时，在货物备齐和收到对方来函后，应马上向有关部门申请检验。按合同要求，可以由商检机关检验，可以委托技术监督部门检验，也可以由买方或卖方自己检验。检验不合格的货物，一律不能发运。

4. 联系车船

联系车船是做好发运工作的基础，没有车船计划，货物备齐也难以发走。特别是在运力紧张的情况下，车船问题是直接制约发货的关键。

（1）对于汽车运输的货物，企业要及时与承运部门或单位联系，经协商达成一致后，即可开具"货物发运单"，与承运部门或单位办理承运事宜。

（2）对于火车运输的货物，应先查明货运车皮计划、车次等，根据货物发运要求填写托运单，在截至收单日期前送车站货运部门作为定车依据。车站收到托运单后，根据车皮计划、货物性质、货运数量、目的站等安排车次。车次时间确定后，车站即签发托运单作为收货装车的凭证。

（3）对于船运货物，其联系手续与火车运输货物的联系方式基本相同。

5. 装车（船）

销售部门应在托运单位规定时间前组织人力把货物运至车站站台或货舱。车站（或船运公司）凭装货单核对验收货物，收货完毕，由车站（或船运公司）签发收货收据。所装货物如有包装损坏、件数短缺等情况，应立即进行调换或补货。发货人凭收货收据及时向车站（或船运公司）换取正式提单并办理运费结算。"铁路运单"一式五联：第一联正本和第五联货物到达通知，由铁路货运部门交给收货人；第二联运行报单和第三联交给发货人；第四联由铁路部门交给到达车站。

6. 投保

根据合同规定或车（船）要求，有些商品的运输要办理保险。投保时，由销售部门填写投保单，送交到运输部门或与车船运输部门同时办理。保险单一旦签发，保险条款即按规定生效。一笔销售业务，货物从销售单位交至买方手中，要经过距离长短不等的运输及多次装卸和储存。在此过程中，货物很可能因遇到自然灾害或意外事故而受到损失。为了保障货物发生损失后企业可以得到经济上的补偿，企业通常都要投保货物运输险，以达到转移风险的目的。

7. 寄送装车（船）通知

货物装车（船）完毕，并取得提单后，按惯例要把货物实际装车（船）情况用电传、电报、电子邮件或特快专递寄送单据副本的办法通知买方，便于买方了解装运情况，做好收货准备。如果货物由买方负责保险，企业应及时通知买方办理投保手续。

5.3 送货

1. 送货业务流程

送货是指将订单商品及时、准确、友好地送达客户的过程。送货业务的工作流程大致包括送货准备、运送、卸货、客户联系、关联业务等，如图5.3所示。

（1）送货准备。送货准备阶段需要送货员确认送货时间、运输路线，检查、准备运输车辆，检查货物与订货单是否相符，装运货物，准备有关票据，向上级主管汇报出发和归来时间安排。

（2）运送。运送货物时，需要注意保证交通安全，对货物进行防雨、防震处理。

（3）卸货。货物送达客户时，送货员一定要让客户检查并确认货物，客户确认无误后在送货单上签字、盖章。

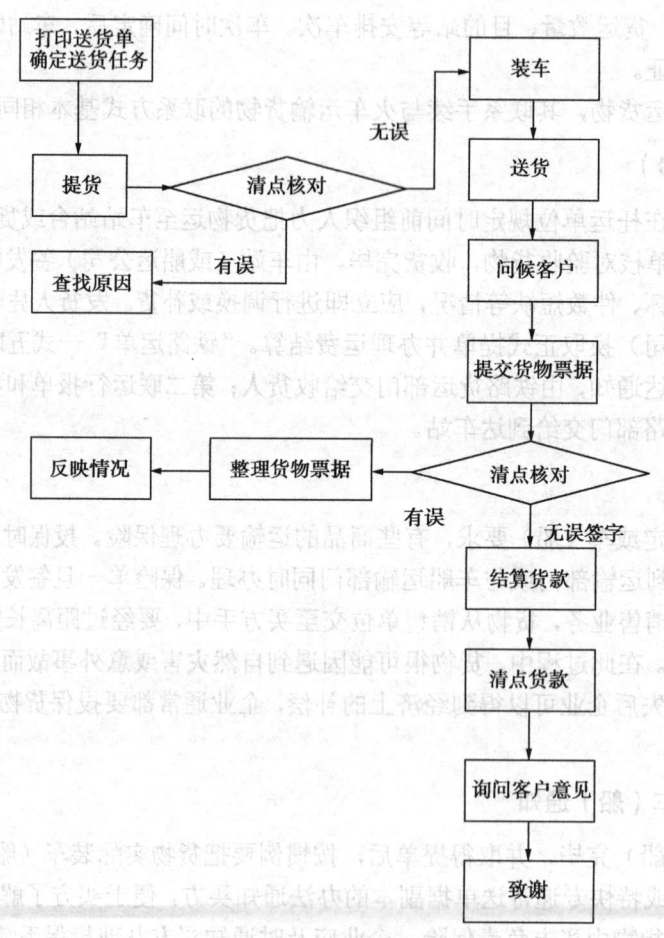

图5.3 送货业务流程

（4）客户联系。客户验收无误后，需要在送货单上签字确认。送货员还要注意听取客户意见，向客户表示谢意。送货单（样单）如表 5.3 所示。

（5）关联业务。关联业务是指与送货相关联的其他业务，包括货款回收、售后服务等。

表 5.3　送货单（样单）

客户：　　　　　　　　　　　　　　　　　　　日期：
电话：　　　　　　　　　　　　　　　　　　　送货单号：

序　号	订单号	货品名称	规　格	单　位	数　量	单　价	金　额

送货人：　　　　　　　　　　　　　　　　　　收货人（签名）：

2. 送货注意事项

（1）出门前检验货物是否与送货单上所列的货物相符，若有疑问应向仓库管理员询问，同时带好签收单；对不熟悉的送货地址，应在签收单上注明客户地址、联系人及联系电话。

（2）送货途中注意交通安全，遵守交通法规，注意货物安全，保证货物在运送途中的完好无损。

（3）当货物送达客户处时，应注意言行，保持良好的个人形象，与签收人员做好货物交接，并让客户签收人签收单据或者取得对方的入库单。

（4）如果发生货物与客户需求不一致时，应及时与公司有关人员联系，并耐心地与客户沟通，以便顺利解决出现的问题。

（5）准时、准确是送货的基本要求，一定要保证客户准时、准确地收到货物。

5.4　退货

依据买卖合同而发出的货物，可能会由于某些因素发生客户将货物退回企业的现象，这就是退货。发生客户退货情况，企业应检讨销售管理工作，努力减少退货。为此，企业应该查明退货的原因，并对退货进行严格的管理。

1. 退货原因分析

客户退货会给企业经营造成影响，所以企业要了解造成退货的真正原因，以便完善今后的工作。在分析退货的原因时，企业应从以下两个方面着手。

（1）企业自身问题。退货的原因有时是由于企业自身工作问题造成的，如产品质量问题、包装问题以及产品在宣传时名不副实等。这些原因需要企业认真对待并不断地进行自我完善。

（2）外部问题。当企业的产品出库后，也可能发生一些意外，如运输、装卸中发生的破损，从而造成对产品的损害。这些因素虽然不是企业所能控制的，但企业应采取一定措施来避免这些问题的发生。

2. 建立退货标准

企业应针对退货建立相应的退货办理标准，一般可分为良品退货标准和不良品退货标准。

（1）良品：产品包装完好无缺、无刮痕磨损、无粘连异物、无挤压变形褪色；产品无污染、无破损、无外溢等质量问题，且在保质期限以内的产品。良品退货，转良品库，正常销售。

（2）不良品：产品包装变形、褪色、破裂，或表面刮伤、磨损严重，不能正常销售的产品；内容物容量不足，被污染或变质等出现质量问题的产品；超过保质期的产品。不良品退货，如在保质期内，可小批量地进行内部处理，价格＝成本价×80%；如在保质期外，则提报财务部门进行报废处理。

3. 退货业务流程

企业办理退货业务时应遵循一定的工作流程，如图5.4所示。

（1）销售员收到退货信息后，及时填写"客户退货处理单"，并呈报主管审核。客户退货处理单（样单）如表5.4所示。

（2）销售主管判定是否接受退货，若接受退货，则通知销售员跟进，尽快收回退货，并查明退货原因。

（3）销售员与客户沟通退货运回的方式、日期、收货人等信息，将"客户退货处理单"提交销售部。

（4）仓库管理员通知销售部发货人去物流中心取货，并对收回的货品进行数量清点，填写"客户退货处理单"，呈报质检部。

（5）质检员对退货产品进行检查、分析，并将分析结果记录在"客户退货处理单"上，提交销售员。

（6）销售主管对退货做出返厂、修理、更换等处理意见，交销售员；销售员执行主管的处理意见。

4. 退货注意事项

销售部门在建立退货制度和工作流程时，应该注意以下几个问题。

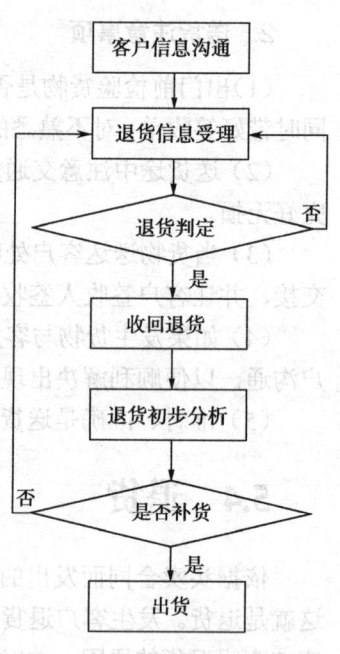

图5.4 退货业务流程

（1）当客户要求退货时，应事先与承办退货的销售人员接洽；未事先接洽者，或销售人员不接受退货者，原则上均不接受退货。

（2）企业销售人员应及时与客户交涉，并调查造成退货的原因。退货原因属于本企业者，应予受理退货；退货原因不属于本企业者，不予受理退货；退货原因是否属于本企业尚待确定时，应暂时保留退货，会同有关部门进行货品检查，或送产品检验部门检查后，再决定应否受理退货。

（3）销售部每月（或每周）将退货商品分类集中，打印"退货清单"；产品退货处理应迅速进行，否则可能影响当期应付账款。

表 5.4　客户退货处理单（样单）

退货类型：□ 用户退品　　□ 客户制程退品　　□ 客户 IQC 批退　　□ 客户委托返工维修											
客户名称：			RMA：			订单号：					
退货数量：			退货申请日期：			预计退货到货日期：					退货批准
要求补货		□ 是	要求补货日期：				补货方式：				
		□ 否	退货品处理方式：								
退货批准的相关信息：											
No.	型号		P/N	生产日期	不良现象	退货原因	数量	销售员确认		主管确认	
市场部批准：				质检部批准：			销售部批准：				
日期			RMA：		是否同意接收：□ 是　　□ 否					
收货信息确认：（对应上述市场部填写表格中的内容）											退货接收
No.	产品型号		实收数量	差异数		No.	产品型号	实收数量		差异数	
核准：						经办人：					
退货确认及处理：											退货分析处理
No.	型号		生产日期	不良现象		数量	不良原因	责任部门		责任部门确认	
返厂流程（需要返工时填写）：											
						核准：				经办人：	

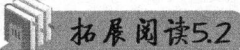

网购 7 天无理由退货：这 8 种不退

根据国家工商总局 2014 年 2 月 13 日公布的《网络交易管理办法》第 16 条的规定，

网络商品经营者销售商品，消费者有权自收到商品之日起 7 日内退货，且不需要说明理由。但有 4 种商品除外：消费者定做的，鲜活易腐的，在线下载或者消费者拆封的音像制品、计算机软件等数字化商品，以及交付的报纸、期刊。这就是所谓的"网购 7 天无理由退货。"

"网购 7 天无理由退货"的政策在实施过程中，出现了一系列问题，普遍反映效果不佳。于是，2016 年 2 月 5 日，国家工商总局发布《网络购买商品 7 日无理由退货指引》（征求意见稿），从不适用退货的商品范围和商品完好标准、退货程序、电子商务经营者的特别责任、争议解决 5 个方面，详细揭示了网购退货的规则和操作流程。"指引"补充规定，下列商品经消费者在购买时确认后，可以不适用于 7 天无理由退货规定：

1. 拆封后因人身安全或者生命健康原因不宜退货的商品，包括食品、药品、保健品、化妆品、贴身用品等；
2. 一经激活或试用后价值贬损较大的商品，包括产生授权或者激活信息的手机、计算机、数码产品等；
3. 已经在线交付的充值类商品，包括手机充值卡、游戏点卡等；
4. 特价清仓商品，包括即将到保质期的商品、包装破损或者有瑕疵的商品等。

5.5 收款

1. 货款结算方式

货款结算方式主要有两种：现结和月结。

（1）现结

现结一般是指款到发货、货到付款，以及票据付款（如支票、商业承兑汇票、银行承兑汇票、银行本票）。

① 款到发货一般是指见到银行水单即可发货，特别是异地交易时一定要注意这个问题。如果金额较小，一般可以见到水单发货；如果金额大，需要等款项到账才发货。注意不要打电话到对方银行查询是否汇过这笔款，因为异地汇兑是可以撤销的，特别是银行交易结算时间之外发生的业务，都是没有汇出去的。只要是没有汇出去的款项，汇款人都可以申请撤销汇兑。

② 对于支票、商业承兑汇票这种企业担保的票据，信用度比较低，所以对初次交易的客户且金额较大时，一般不采用这种结算方式，避免出现空头支票、退票现象。

③ 对于银行承兑汇票、银行本票这种以银行信用为担保的票据，信用可靠，但需要识别票据的真伪，最好带上原件去银行核实。

（2）月结

月结付款方式的结算期限，一般为 30 天和 60 天，但也有期限为 90 天的。对于延期付款的交易，需要销售人员审核客户的信用等级、资信状况和经营情况等，以避免产生债务拖欠纠纷。

另外，在与客户签订合同时，应预先约定一个信用额度，如 10 万元。在 10 万元之内，可以按月结；如果超出 10 万元，需要客户先付清超出 10 万元的那部分货款，以便把收款风险降到最低。

2. 收款

收款是一线销售人员的一项基本职责，货款不能回收，形成债务拖欠，必然给公司造成资金风险。但有的销售员认为催收太紧会使客户不愉快，影响以后的交易。这种想法既不利于现在的货款回收，也不利于以后的交易。客户所欠货款越多，支付越困难，就越容易转向第三方购买，也就越不能稳住该客户。所以，加紧催收才是上策。

（1）收款误区。销售人员在开展业务的过程中，要经常检讨自己是否存在以下心理误区：

一是急于完成销售任务，对货款回收采取低姿态，没关系，先卖着，货款到时再说；

二是恨不得对每个客户都给予信用销售，认为销售额的增加可以弥补坏账损失，对客户的任何要求都答应，造成履约困难，客户拒绝付款；

三是心存侥幸，认为客户最终会付款，客户拖欠属暂时困难，过一段时间就会付款，或认为客户欠款是没有办法的事情。

（2）正常收款。销售人员在收款时：

一要知道，在没有把握的情况下尽可能现金交易，收不回货款的交易比不交易更糟；

二要知道，要账比销售困难，与其把精力花在要账上不如用这些时间开发好的客户；

三要知道，宁可失去生意，也不能冒险赊销给不良客户；

四要知道，逾期账款的损失要几倍甚至几十倍的销售才能弥补；

五要知道，回款之前的销售都是成本，回款之后销售才算完成；

六要知道，赊销是信用交易，是对客户偿付能力的信任，也是客户对我们的承诺，越及时提醒客户就越能早收回货款，优良客户从来不会因被提醒付款而不满，相反优良客户普遍尊重做事专业而且严谨的销售员，在账款问题上的妥协不可能换来客户的尊重。

3. 收款策略

销售人员收款要以预防为主，与其在追讨货款上耗时费力，不如在客户选择和信用发放上及早准备。在收款时，针对不同客户，针对不同理由或借口，应灵活采用不同的催债方法，如表 5.5 所示。

表 5.5　催讨货款对策表

拖欠借口或理由	分　析	对　策
1. 我们的客户还没有付款	这会使很多销售员对客户产生同情，但信用销售的条件是客户按时付款，这是原则	（1）我知道，流动资金是很重要的，若你的客户不尽快偿清，是很令人恼火的。 （2）现在咱们处在相同的境地，我敢保证，你不是期望我成为你的欠款人吧。 （3）我只是想澄清一下，我们的赊销期限只有30天，10万元的债务已经逾期20天了，我们只希望现在结清

续表

拖欠借口或理由	分　析	对　策
2. 你们的商品质量有问题，服务不好，给我们造成了损失	（1）可能是客户拖延策略，可以承认对部分货款持有争议，但必须偿清没有争议的部分。 （2）如果产品有问题，也不是拒付理由，至多是退货的理由。 （3）如果允许对持有争议的项目明确答复，必须尽快答复	（1）确认商品或服务是否真有问题。 （2）能告诉我受这个差错影响的总金额是多少吗？ （3）你是否通知了我们有关部门？我们的协议规定在7天内确认。如果不是为了拖延，客户会在第一时间投诉，拆穿其借口。 （4）建议你把差错项目进行退货处理，剩余款项结清
3. 我们周转资金困难，没有钱给你	（1）把问题还给客户，这是你的问题，任何有限责任公司无法支付到期债务就得终止经营。 （2）任何事情都会有先兆，客户说这句话时值得我们警惕	（1）听到这个消息真是遗憾，你们一直付款正常，能告诉我这次出什么问题了吗？ （2）判断是一时周转困难还是出现经营危机，对前者可适当给予延期，提供必要的帮助，对后者要开始了解其上下级单位可否追索债务、固定资产可否抵债。 （3）无论如何告诉他还款是他的责任和义务，手头紧是客观条件而不是拒付的理由。 （4）要求客户写下分期还款计划
4. 我们的计算机系统出现故障，无法付款	（1）常见于正规机构和大客户。 （2）如果计算机系统出现故障一定会影响其经营活动，果真如此，财务部门应该人人知道，而且已通知修理人员尽快维修，如果没有后续措施，则肯定是拖延的借口	（1）向财务部门人员确认是否确有其事。 （2）对方是否能一口讲出来"已经约了计算机公司，大约什么时候修好"，判断事情真伪。 （3）询问修好后结款需要提供什么凭证，以免碰到另外的借口。 （4）与对方约定哪一天再来结款
5. 我们的支票已经寄出去了，还没有收到吗	最常见的借口，也是结算诈骗的惯用手法	（1）请他出示票据复印件，核对抬头、账号、地址是否有误。 （2）联系对方开户行，求证是否已经寄出，如果签发行不配合就更要小心（可能是一次银行、客户的联手诈骗）。 （3）联系自己的开户行，确认钱是否到账
6. 哎呀，最近太忙了，再说我也没有收到你的对账单呀	肯定是借口，欠款的人不可能忘了欠钱这件事，只可能"忘了还"	（1）及时对账，把账单亲自送交客户。 （2）如果是传真，要在传真上注明"共几页"等字样，传真后电话确认传真内容是否清楚，以免碰到下一个借口"只收到一张，传真不清楚"
7. 我们只能根据发票原件付款，你们一直没有给我们发票	如果你事先知道对方的付款程序，这个理由是不是借口就很清楚了	（1）不要反问为何只能根据发票原件结款，你会得到一堆理由。 （2）欲擒故纵，如对方表示只要见发票就能结款，马上确认，我回去尽快提供发票原件，见发票可要结款啊！ （3）询问还需要什么手续，免得碰到别的借口。 （4）马上把原件送去，请他兑现承诺

续表

拖欠借口或理由	分　　析	对　　策
8. 一个月后会有一大笔钱进账，到时候很快就会付款的	如果你相信这句话，就又给了他一个月时间编造新的借口	（1）加紧催收。 （2）死缠烂打。 （3）情愿每天来收当天营业款
9. 你的付款申请我已经提交了，还没有审批下来	公司越小越常用这个借口	（1）搞清客户结款程序，哪些人经手，谁审批，谁核准。 （2）通过询问相关员工，了解究竟卡在哪个环节，是借口还是事实。 （3）如果是借口就要当面揭穿，以免每次来都面临相同的借口
10. 没办法，我们都是90天后付款	该借口多发生于信誉度较高，但有自己付款周期的大客户	（1）尽可能与关键人物搞好关系，在对方的付款计划中挤上"头班车"。 （2）充分了解对方付款需要提供的文件，提前做好准备

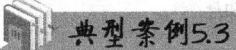
典型案例5.3

某公司应收账款管理规定

第1条　为加强对公司资金的管理，及时回收账款，制订本规定。

第2条　总经理及董事会要定期检查销售人员资金回笼情况，对没有及时回收之货款，问清缘由，必要时要做出书面说明。如长期未能回款的，公司安排专人催欠。

第3条　应收款包括应收账款、应收票据、其他应收款项和预付账款。

第4条　应收账款的管理部门为财务部。

第5条　赊销商品前，销售人员应对客户进行资信调查，并报销售主管，赊销金额___元以上的，报主管销售经理审批。

第6条　应收账款实行月报制度。每月3日销售部将上一个月的应收账款情况报财务部，由财务部汇总后报公司主管经理。应收账款报告的内容包括：欠款单位、欠款数额、欠款时间、经办人、是否发出催债的书面通知等。

第7条　财务部对到期应收账款，应书面通知该账款的经办人。由经办人负责催讨账款。经办人应当每月向财务部报告一次催款情况。应收账款到账后，应当及时销账。

第8条　对于欠账人故意拖欠不还的，应当在诉讼时效期间内依据合同的规定向法院提起诉讼或者向仲裁委员会提起仲裁。采取法律手段催讨欠款的，由财务部提出方案，报公司经理会议决定。因经办人的责任导致应收账款超过诉讼时效而丧失胜诉权的，由经办人承担法律责任。

第9条　业务员收到货款后，应于当日交由公司财务部。收取现金的，财务开具公司收据；收取支票的，销售员应当审核支票记载的金额、出票人的图章、发票的年月日、付款地等项目是否齐全、清晰，金额是否大写，如果支票不符合规定，应当要求对方更换。

第10条　业务员对于应收账款的回收负有责任的，逾期收款扣除相应的工作业绩。超过30天的，扣除该票金额20%的业绩；超过60天的，扣除该票金额40%的业绩；超过 90 天的，扣除该票金额 60%的业绩；超过 120 天的，扣除该票金额 80%的业绩；超过 140 天及以上的，扣除该票金额 100%的业绩。

第 11 条　问题账款是指本公司销售人员于销货过程中所发生的被骗、被倒账、收回票据无望、无法如期兑现全部或者部分货款的情况。问题账款发生后，该单位应在 2 日内，据实填妥问题账款报告书，并简附有关证据资料等，依程序呈请单位主管审查并签注意见后，转呈法律顾问处协调处理。法律顾问处在收到报告后，应于 2 日内与经办人、单位主管会商处理办法，经总经理批准后，法律顾问处派人协助经办人处理。问题账款发生后，单位未在 2 日内报法律顾问处处理的，逾期 15 天仍未提出的，由单位自己负责处理。

第 12 条　本规定自发布之日起施行。

4. 收款业务流程

销售货款的回收，由销售人员、销售部和财务部负责，具体工作流程如图 5.5 所示。

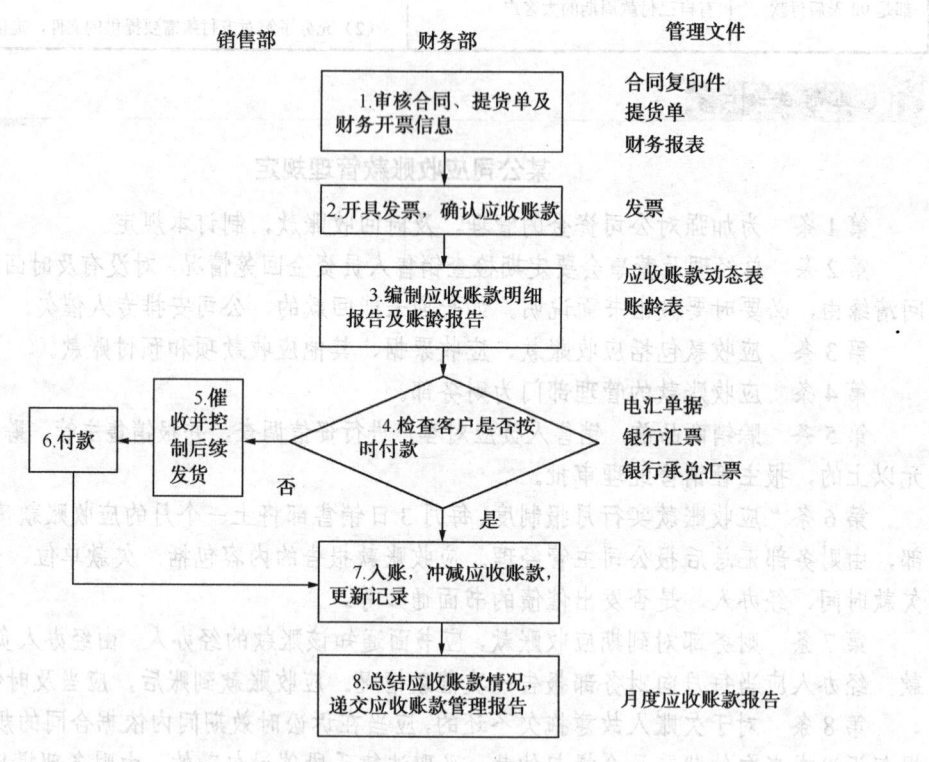

图 5.5　收款业务流程

（1）财务部审核销售合同、提货单和财务报表数据。

（2）财务部审核无误后开具发票，确认销售收入和应收账款。

（3）财务部编制应收账款明细报告和账龄报告。

（4）财务部检查客户是否按合同规定按时付款，如果逾期，通知销售部催收账款并控制后续发货。

（5）客户付款。

（6）财务部收到货款入账，冲减应收账款并更新记录。

（7）财务部总结应收账款情况并递交应收账款管理报告。

5.6 严控窜货

在销售管理实践中，存在一个让销售经理头疼的问题——窜货。窜货，又被称为倒货或冲货，特指产品的越区销售或者跨区销售。企业对窜货问题处理得不好，可能会引起诸多市场问题的连带发生。因此，企业在对市场制订相关销售政策的同时，一定要制订防止窜货、打击窜货、惩罚窜货主体的一系列措施。

1. 窜货主体

构成窜货的首要因素是窜货能力，那么，市场上谁有窜货能力呢？

（1）代理商或经销商。目前许多企业的销售体系大多采用市场总代理或总经销的模式。所谓总代理或总经销模式，就是企业把产品在某区域或某省份的销售权交给某一个人或某一家贸易公司去实现企业在该区域市场的销售任务。既然一个区域或省份只有一个代理商或经销商，那么也就决定了在这个区域或省份只有一家客户有资格获得企业最优惠的产品购进价格。代理商或经销商然后又按企业制订的二级价、三级价、批发价等价格再往下销售。如果各种渠道成员都能遵守这种游戏规则，那么市场上相安无事。一旦某区域总代理或总经销或他的二级客户不按规则进行销售，就可能引发窜货问题。

（2）分公司或办事处。在一些大型企业，尤其是从事家电和电子产品、药品、饮料等产品销售的企业，由于产品销售量大，而且市场相对稳定，他们一般都采用以分公司或办事处为主的运作方式。分公司或办事处属企业派出机构，实际上就是一方"诸侯"，他们对市场从产品、价格、渠道到操作方法等方面均有绝对控制权。企业该给总代理的政策和优惠也全都给了，有的甚至比总代理或总经销获得的支持更多、更大。但是，当某一位"诸侯"头脑发热，或当月销售任务完成情况较差时，窜货问题就可能发生。

（3）企业自身。一般情况下，除总代理、总经销和分公司、办事处以及区域市场的一些较有实力的二级代理客户，可能因为某种原因主动或被动窜货外，其他主体一般不会有窜货行为。但是，当某一区域代理或分公司出现高价违规等销售问题而屡禁不止时，企业考虑到整体市场的利益，就可能通过暗示或明示周边临近市场的客户，或者干脆直接向该区域发货以平抑产品高价销售的现状，这就形成了事实上的窜货。

2. 窜货形式

按窜货的不同动机，可以将窜货行为分为3类。

（1）恶意窜货。恶意窜货是指为获取非正常利润，经销商蓄意向自己辖区以外的市场倾销产品的行为。经销商向辖区以外市场倾销产品的最常用方法是降价销售，主要是以低于厂家规定的价格向非辖区销货。恶意窜货给企业造成的危害是巨大的：它扰乱了企业整个经销网络的价格体系，容易引发经销商之间的价格战，降低通路利润；它使得经销商对企业产品失去信心，丧失积极性并最终放弃经销企业的产品；混乱的价格将导致企业的产品和品牌失去消费者的信任与支持。

此外，市场上还有一种更为恶劣的窜货现象，即经销商销售假冒伪劣产品。假冒伪劣产品以其超低价诱惑着经销商铤而走险。经销商将假冒伪劣产品与正规渠道的产品混在一起销售，掠夺合法产品的市场份额，或者直接以低于市场价的价格进行倾销，打击了其他经销商对品牌的信心。

（2）自然性窜货。自然性窜货是指经销商在获取正常利润的同时，无意中向自己辖区以外的市场倾销产品的行为。这种窜货在市场上是不可避免的，只要有市场的分割就会有此类窜货。自然性窜货主要表现为在相邻辖区的边界附近互相窜货，或者在流通型市场上，产品随物流走向而倾销到其他地区。这种形式的窜货，如果窜货量大，该区域的通路价格体系就会受到影响，导致通路利润下降，从而影响二级批发商的积极性，严重时可引发二级批发商之间的恶性窜货。

（3）良性窜货。良性窜货是指企业在市场开发初期，有意或无意地选择流通性较强的经销商，使其产品流向非经营区域或空白市场的现象。在市场的开发初期，良性窜货对企业是有好处的：一方面，在空白市场上，企业无须投入就可以提高知名度和市场占有率；另一方面，企业不但可以增加销售量，还可以节省运输成本。不过，在具体操作中，企业应该注意，空白市场上的价格体系处于自然形态，企业在重点经营该区域市场时，应对价格体系重新进行调整。

由此可见，不是所有的窜货都具有危害性，也不是所有的窜货都应及时加以制止。市场上有一句话："没有窜货的销售是不红火的销售，大量窜货的销售是很危险的销售。"适度的窜货会形成一种热热闹闹的销售局面，有利于提高产品的市场占有率和品牌知名度。所以，企业要严加防范和坚决打击的是恶性窜货。

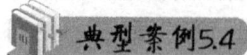

典型案例5.4

这种叫窜货吗

T市某啤酒厂生产的瓶装啤酒，在本地市场售价为2.6元/瓶，经销商从啤酒厂的批发价为2.3元/瓶。该啤酒厂为了扩大销售量，决定开拓距T市100千米的Q市市场。但Q市也有啤酒生产厂，且Q市啤酒市场竞争比较激烈，所以T市啤酒厂决定在Q市销售的啤酒批发价格为2.0元/瓶，市场零售价为2.4元/瓶。该计划实施不久，T市啤酒厂发现了一重大问题，即市场出现了窜货行为。这种窜货行为严重干扰了啤酒厂的日常运营。

原来，该计划实施不久，T市经销商就发现，假如和Q市经销商达成交易，双方均能得利，也就是说，T市经销商不再从啤酒厂批发啤酒，而是转而从Q市经销商批发T市啤酒厂的啤酒，批发价为2.1元/瓶，然后回到T市销售，这样Q市经销商不损失一兵一卒，每瓶就能获利0.1元，而T市经销商能以更低的价格获得商品，由于T市距Q市仅有100千米，把运费加到每瓶啤酒的价格中，仍远低于从啤酒厂的批发价，因此有更大的利润空间。

利益因素导致了T市啤酒厂的啤酒由T市运到Q市，转而又被运回到T市进行销售，不仅Q市消费市场没有打开，总体销售量没有提高，而且市场也被扰乱了。

3. 窜货原因

形成窜货的具体原因很多，既有制造商方面的各种原因，也有经销商方面的各种原因，一般来说主要有以下几类。

（1）管理制度有漏洞。有些企业根本没有窜货方面的管理制度，对代理商、经销商及销售人员没有严格的规定，没有奖惩措施。待窜货事件出现时无章可依，只好就事论事，对窜货的客户处理不严，姑息纵容，警告一下，批评一下，象征性地罚款了事，甚至助纣为虐。企业的这种态度间接鼓励了经销商的窜货行为。许多企业、销售人员的收入始终是与销售业绩挂钩的，于是为了多拿奖金，一些销售人员或企业派驻代理商的业务代表，会鼓动代理商违规操作，向其他地区发货。

（2）管理监控不力。有些企业虽有规章制度，但有章不依。一些企业在销售过程中片面追求销售量，采取短期行为，对窜货重视不够，信息反馈不及时，不能及时发现窜货现象；有一些企业的分公司和销售人员为了完成既定的销售目标，低价向相邻市场抛售产品；还有一些企业内部管理不善，使得一些销售人员为私利争夺市场而导致窜货。

（3）激励措施不得当。企业没有将经销商的行为控制在合理的范围之内。企业在激励经销商时往往以他们完成一定额度销售量为基准，奖励规则制订的不缜密。这样一些不道德的经销商往往为了得到高额奖励，不择手段地向其他区域市场"攻城略地"，最终导致经销商之间相互窜货。还有许多企业在产品定价上分多个级别，如总经销价，总代理价，一级、二级、三级批发价等。如果总经销自己直接做终端的话，其中两级阶梯的价格折扣便成为相当丰厚的利润，这个价格体系所产生的价格空间差异非常大，形成了越区销售的基础。所以，当企业采取年终返利、价格折扣等激励措施时应有前提条件。

（4）代理商选择不合适。代理商选择不合适有以下两层意思。一是对独家代理与多家代理商的选择不当。许多企业因利益驱使而不顾市场规范，只要经销商愿拿钱来买它的货，就成为在当地的经销商。这样企业根本无法控制经销商，也就无法控制市场，企业的短期行为必然导致产品的越区销售。二是对代理商的资格审查不严。一些不合格的经销商滥竽充数，只要能赚钱，他们什么事都敢做，跨区销售也就在所难免。

（5）抛售处理品和滞销品。一些生产企业为了一点蝇头小利，自食其果。例如，规定对积压货物不予退货，让经销商自行处理，导致经销商为了规避风险，置企业的信誉和消费者利益于不顾，将积压、过期甚至变质的产品，拿到畅销的市场上出售，或者将区域市场内的滞销产品向其他区域市场窜货。还有不少经销商往往用畅销产品降价所形成的巨大销售力来带动不畅销产品的销售，从而形成窜货。有的经销商甚至把假冒商品与正牌商品一起出售。生产企业得到的苦果不仅是市场混乱，更重要的是砸了企业的牌子。

4. 窜货治理

正所谓"一物降一物"，窜货乱价也并不是不治之症。企业面对窜货现象，应加大管理与控制的力度，尤其要消除恶意窜货现象的发生。

（1）制订完善的销售政策。

治理窜货，首先在于制订完善的销售政策，其中包括价格政策、专营权政策、促销政策和返利政策。

① 价格政策。企业的价格政策不仅要考虑出厂价格，而且要考虑一级批发价、二级批发价和终端销售价。每一级别的利润设置不可过大，也不可过小，每一级的价格必须严格执行。

② 专营权政策。企业在和经销商签订专营权合同时，要对窜货问题做出明确的规定，注明关于区域限定、授权期限和违约处置的条款。

③ 促销政策。在制订促销政策时，大多数企业过多地看重了结果，而忽视了促销过程和质量，从而造成一促销就窜货，停止促销就销不动的局面。完善的促销政策应考虑合理的促销目标、适度的奖励额度、恰当的促销时间、严格的兑奖措施和有效的市场监控，以确保整个促销活动在计划范围之内进行，防止出现失控。

④ 返利政策。在返利方面，企业应在合同中注明以下条款：返利的标准；返利的时间；返利的形式；返利的附属条件。

（2）建立健康稳定的销售网络。

① 以城市市场为中心，建立区域内的包括二级批发商、三级批发商、零售商在内的销售网络，以区域内完整的销售体系来抵御其他区域总经销商的冲击。

② 总经销商一旦确定，就应该维持相关区域销售网络的相对稳定，除非特殊情况，不应轻易更换总经销商，避免出现市场真空。

③ 要求各地经销商采取"高筑墙，不扩张"的相邻市场关系政策，把主要精力放在本地市场的潜力挖掘上，不给其他经销商创造进入本地市场的机会，同时严格禁止向其他市场扩张。

（3）培养稳健的经营作风，提供良好的售后服务。

① 培养稳健的经营作风。稳健的经营作风可以有效地控制窜货现象。而稳健，就是要制订既有激励效应又现实可行的销售目标，不急功冒进，不盲目扩张。只有这样，才能进可攻，退可守。

② 提供良好的售后服务。良好的售后服务是增进厂家、经销商和顾客之间感情的最好纽带。对于售后服务，一般的企业都是说得多，做得少。企业应该认识到在今后的市场竞争中很大的一个因素是服务之争。良好的售后服务才能使经销商对企业有亲近感，在经营时对企业有责任感，有忠诚度，不至于主动窜货来破坏这种感情。

（4）建立健全销售管理体系。

① 加强对销售渠道的管理。在对经销商的管理方面，企业应规范各项规章制度，使每一项政策的提出和执行都能科学化、制度化，并有一套健全的监督制度。

② 设立市场总监并建立市场巡视员工作制度，把制止窜货作为日常工作常抓不懈。市场总监的职责就是带领市场巡视员经常性地检查和巡视各地市场，及时发现问题，并会同企业相关部门予以解决。市场总监是制止跨区销售行为的直接管理者，由公司最高层直接领导，一旦发现跨地区销售行为，他们有权决定处罚事宜。

③ 实行奖罚制。发生窜货的两地，必然有其他经销商由于利益受损而向企业举报，对于举报的经销商，应该给予奖励；对于窜货的经销商，参照四级处罚，即警告、停止广告支持、取消当年返利和取消其经销权，按窜货行为的严重程度区别执行。

项目 2
绩效管理——业绩为王

④ 实行产品代码制。实行产品代码制，便于企业对窜货做出准确判断和迅速反应。所谓代码制是指每个销售区域的产品具有一个唯一的号码，印在产品内外包装上。这样的话，一旦在甲地发现乙地产品，就可以判断窜货的来源，企业也就能迅速做出反应。

【任务小结】

　　货品管理是销售管理的重要组成部分，内容主要涉及订单、发货、退货、收款的管理，以及市场窜货的管理等。

　　订单管理，主要是根据客户需求和企业的生产能力，制订企业的供货计划；接受客户订单，协调客户与企业内部各部门尤其是生产和储运部门的工作；确保销售订单按时完成，并做好售后相关事宜。由于企业生产模式的不同，订单管理的流程也大不相同。"存货生产模式"下的订单流程管理比较简单；"订单生产模式"下的订单流程管理则复杂一些，包括客户调查、接受订货样品、样品分析、客户认可、商定价格和正式接单几个环节。

　　发货，就是商品交运，是指将企业生产的产品交到客户手中的过程。发货管理主要包括备货、编制货物发运分析单、货物检验、联系车船、装车（船）、投保、寄送装车（船）通知等内容。

　　由于某些因素发生客户将商品退回企业的现象称为退货。发生客户退货，企业应该查明退货的原因，并对退货进行严格的管理。在制订退货制度的基础上，严格退货工作程序，按规定程序进行退货。

　　在销售管理实践中，存在一个让销售人员头疼的问题就是窜货。窜货，又称为倒货或冲货，特指产品的越区销售或者跨区销售。企业对窜货问题处理得不好，可能会引起诸多市场问题的连带发生。因此，防止窜货、打击窜货、惩罚窜货就成为企业销售管理的一个重要任务。但在窜货管理中，要区分不同性质的窜货，并加以区别对待。

任务 6　分析销售状况

【任务导入】

三个金人的故事

　　曾经有个小国派遣使节来到中国，进贡了三个一模一样的金人，这可把皇帝高兴坏了。可使节提出了一个问题：这三个金人哪个最有价值？

　　皇帝想了许多的办法，请来珠宝匠检查，称重量，看做工，都是一模一样的。怎么办？泱泱大国，不会连这个小事都不懂吧？

　　最后，有一位老臣说他有办法。老臣胸有成竹地拿着三根稻草，插入第一个金人的耳朵里，稻草从另一边耳朵出来了。插入第二个金人耳朵的稻草从嘴巴里出来了，而第三个金人，稻草从耳朵进去后掉进了肚子里。老臣说：第三个金人最有价值！

你知道为什么说第三个金人最有价值吗？

【任务学习】

6.1 认识销售分析

计划执行的结果不仅取决于计划制订得是否正确，更有赖于计划执行与控制的效率。销售分析，就是要检查企业的实际绩效与计划目标之间是否存在偏差，然后分析原因，并采取改进措施，以确保计划目标的实现与完成。

尽管销售分析的方法在企业的各个分公司之间有所不同，但是所有的企业都会以客户销售发票或现金收据的方式收集销售数据，这些发票或收据是进行会计核算的主要凭证。销售管理部门把自己对销售额信息的要求传达给销售分析人员，然后从企业内部和外部广泛收集销售数据，并进行适当的记录。销售管理人员可以通过销售分析，对当前的销售业绩进行评价，找出实际销售额与计划销售额的差距，分析原因，并以此为基础制订企业未来的销售计划。

在实际工作中，销售分析主要有销售差异分析和特定产品或地区销售差异分析两种类型。

1. 销售差异分析

企业销售差异分析，就是分析并确定不同因素对销售绩效的不同作用。例如，某企业年度计划要求第一季度销售 4 000 件产品，每件售价 1.0 元，即销售额为 4 000 元。在第一季度结束时，只销售了 3 000 件，每件 0.8 元，即实际销售额为 2 400 元。那么，销售绩效差异为 1 600 元，或者说完成了计划销售额的 60%。显然，导致销售额产生差异，既有价格下降的原因，也有销售量下降的原因。问题是，销售绩效的降低有多少应归因于价格下降，又有多少应归因于销售数量的下降？可做如下分析。

因价格下降导致销售额的差异 =（1.0－0.8）×3 000＝600（元），故价格下降对销售额的影响为

$$\frac{600}{1\,600} \times 100\% = 37.5\%$$

因销量下降导致销售额的差异＝1.0×（4 000－3 000）＝1 000（元），故销售量下降对销售额的影响为

$$\frac{1\,000}{1\,600} \times 100\% = 62.5\%$$

由此可见，没有完成计划销售量是造成销售额差异的主要原因，企业需要进一步分析销售量下降的原因，采取适当措施，挽回损失。

2. 特定产品或地区销售差异分析

特定产品或地区销售差异分析，就是具体分析和确定未能达到销售计划的特定产品或地区等。假设某企业在 3 个地区销售，其计划销售额分别为 1 500 万元、500 万元和 2 000 万元，即计划销售总额为 4 000 万元；而实际销售额分别是 1 400 万元、525 万元和 1 075 万元。就计划销售额而言，第 1 个地区有 6.7%的未完成额，第 2 个地区有 5%的超出额，第 3 个地区有 46%的未完成额。主要问题显然在第 3 个地区，故要查明原因，加强对该地区销售工作的管理。

在销售管理过程中，要经常地进行销售分析，以发现销售过程中存在的问题，奖优罚劣，保证企业销售目标的实现。

6.2 销售分析的价值

企业之所以要进行销售分析，其目的在于以下几个方面。

1. 销售分析是企业对销售计划执行情况的检查，是企业进行业绩考评的依据

有的企业制订了很好的销售计划，但是因为疏于管理，忽视了日常的检查与评估，有了问题也没有及时发现。所以到了计划期末，期初的计划指标已成为泡影，企业的各级经理及销售人员也就无可奈何了。进行销售分析，就是要在销售管理过程中，及时发现问题，并分析和查找原因，以便及时采取措施，解决问题。销售分析与评价的结果，也是对各级销售经理和销售人员进行绩效评估的基本依据。

2. 分析企业各产品对企业的贡献程度

通过对各产品销售额的分析，可以得出企业所生产产品的市场占有率，而市场占有率是反映产品市场竞争力的重要指标。同时，我们也可以通过对销售额的分析得出各种产品的市场增长率，而市场增长率是衡量产品发展潜力的重要指标。根据市场增长率和相对市场占有率，大致可以了解产品对企业的贡献程度，企业据此可以对相应产品采取合适的销售策略。"明星产品"有相对的市场优势和较强的市场潜力，但这种产品通常需要大量资金投入来支持其快速的增长；"金牛产品"的市场优势地位明显，只需少量的投资就可维持其较高的市场占有率，能为企业赚取大量的现金；对"问题产品"，企业要么增加投资使其成为"明星产品"，要么对其缩减规模或淘汰；"瘦狗产品"已经不大可能为企业提供大量的现金收入，应考虑淘汰。

3. 分析本企业的经营状况

松下幸之助先生曾说："衡量一个企业经营的好坏，主要是看其销售收入的增加和市场占有率的提高程度。"采用盈亏平衡点对本企业的销售额和经营成本进行分析，可以得出本企业的经营状况信息。若企业实际销售额高于盈亏平衡点的销售额，那么企业就有利可赚；若企业实际销售额等于或低于盈亏平衡点的销售额，则企业处于保本或亏损状态。

4. 对企业的客户进行分类

企业经营的目的是盈利，因此它不会以同一标准对待所有客户。企业要将客户按客户价值分成不同的等级和层次，这样企业就能将有限的时间、精力和财力放在高价值的客户身上。根据20/80原则，20%的高价值客户创造的价值往往占企业利润的80%。只有找到这些最有价值的客户，提高他们的满意度，同时剔除负价值客户，企业才会永远充满生机和活力。

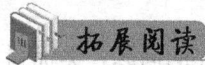 拓展阅读

销售经理必备的财务知识

1. 贡献毛利

（1）单位贡献毛利。

单位贡献毛利是指一件商品的销售价格与制造、销售这件商品的变动成本之间的差额。

例如，A公司以12元售出一件商品，如果变动成本为8.40元，那么

单位贡献毛利＝销售价格－变动成本＝12.00－8.40＝3.60（元）

即A公司每单位的销售可获得3.60元的固定成本补偿。

（2）总贡献毛利与利润。

总贡献毛利等于单位贡献毛利乘以销售数量。

例如，A公司总共售出了20 000件商品，那么

总贡献毛利＝单位贡献毛利×销售数量＝3.60×20 000＝72 000（元）

假如该产品的总相关固定成本为42 000元，那么从该产品中获得的利润为

利润＝总贡献毛利－固定成本＝72 000－42 000＝30 000（元）

2. 成本

在确定贡献毛利与利润时我们使用了变动成本和固定成本的概念，即每单位商品的成本是依据制造和销售的产品数量而变化的。因此，分清哪些成本是变动成本和哪些成本是固定成本非常重要。

（1）变动成本。

变动成本是指那些对于每单位产品来说成本是固定的，而在总额上却因制造和销售产品的数量而变动的成本。也就是说，要耗费一定数量的原材料和劳动来制造一个单位产品。产品制造得越多，总变动成本越大。

（2）固定成本。

固定成本是指那些不论所制造或销售的产品在数量上如何变化，而在总量上保持不变的成本，即无论企业制造的产品是多还是少，其固定成本保持不变。

我们知道，随产量变化而在总量上变化的成本，称为变动成本。因此，劳动力成本、原材料成本、包装成本以及销售人员的佣金都属于变动成本。要注意的是，除佣金外的所

有销售成本都被视为固定成本。当一项销售成本或其他固定成本被表示成单位金额的形式时,也许它看上去好像是变动成本,但实际上它却不是,而仅仅是在某一既定产量下的单位金额。

例如,如果我们被告知单位广告费用将为1元,这指的是年末当我们以广告费支出除以总销售量时,其结果预计为1元。然而,我们必须知道当在何种产量下广告费预计为每单位1元。如果预计企业的产量水平为300 000件,那么我们便知道企业打算在广告上花300 000元(1×300 000),这300 000元就是一项固定成本。

注意,如果企业产品的销售量少于300 000件,单位成本将超过1元,反之亦然。故要留心分摊到产品数量上并以每单位的形式表示的固定成本。

3. 盈亏平衡点

在确定为补偿所有相关固定成本而必须销售的数量或金额时,这样的销售水平被称为盈亏平衡点,即

以数量表示的盈亏平衡点=总固定成本/单位贡献毛利

以金额表示的盈亏平衡点=总固定成本/1−(单位变动成本/单位销售价格)

=以数量表示的盈亏平衡点×单位销售价格

例如,直接劳动成本为每单位7.50元,原材料成本为每单位2元,销售价格为每单位22元,广告费和销售人员费用为400 000元,其他相关固定成本为100 000元;那么

单位贡献毛利=销售价格−变动成本

=22.00−(7.50+2.00)

=22.00−9.50

=12.50(元)

以数量表示的盈亏平衡点=总固定成本/单位贡献毛利

=(400 000+100 000)/12.5

=40 000(件)

以金额表示的盈亏平衡点=总固定成本/1−(单位变动成本/单位销售价格)

=500 000/[1−(9.50/22.00)]

=500 000/(1−0.43)

≈877 193(元)

或者

以金额表示的盈亏平衡点=以数量表示的盈亏平衡点×单位销售价格

=40 000×22.00

=880 000(元)

4. 利润目标

盈亏平衡并不如盈利那么吸引人。所以,从根本上说,我们需要回答:在何种数量水平上能够获利;或者,为了某一利润目标需要达到什么数量水平。

在上面的例子中,如果将利润目标设置为60 000元,那么必须售出的产品件数为

$$产品件数 = 利润目标/单位贡献毛利 = 60\,000/12.50 = 4\,800(件)$$

所以，要达到利润目标为 60 000 元的产品总销售数量为

$$总销售数量 = 盈亏平衡点销售数量 + 利润目标销售数量$$
$$= 40\,000 + 4\,800$$
$$= 44\,800(件)$$

或者

$$总销售数量 = (总固定成本 + 利润目标)/单位贡献毛利$$
$$= (500\,000 + 60\,000)/12.50$$
$$= 44\,800(件)$$

盈亏平衡分析只能告诉我们必须售出多少件产品，但不能帮助我们回答另一个至关重要的问题——将要售出多少件产品。

5. 市场占有率

通过计算市场占有率，可以增加对销售方案的了解与认识。市场占有率的计算公式为

$$市场占有率 = 公司销售量/市场销售总量$$

例如，总的市场销售量为 290 000 件，而盈亏平衡销售水平为 40 000 件。这样，盈亏平衡所要达到的市场占有率为

$$40\,000/290\,000 = 13.8\%$$

接下来的问题是，所建议的销售方案能否获得这样的市场占有率。

6. 资本支出

通常一个特定的销售方案会提到资本设备的支出费用。例如，假定使用期 10 年的设备要支出 500 万元，如果把全部支出归入第 1 年的盈亏平衡计算中，盈亏平衡点将非常高。进而，从第 2 年至第 10 年，盈亏平衡点将大幅降低。因此，应将这 500 万元平均分摊到 10 年内。这样每年与机器有关的 50 万元作为一项相关固定成本。人们所需要做的只是对固定资产的有效寿命作出合理的假设，并且将总成本分摊到整个使用时期。

7. 相关成本

相关成本项目常常发生在分辨哪些固定成本与一个特定的销售计划相关。运用的法则是：如果支出水平由于采纳了那个计划而发生变化，那么这项固定成本就是相关的。这样一来，新的设备、新的研究和开发等都是相关的。例如，去年的广告费或以前的研究和开发费用，不会随着现在的决策而有所变化，因此就不是销售计划的相关成本。过去的支出作为滞留成本提取它们时不应该计入现在的决策。

公司营业费用是一个比较特殊的问题。一般来说，它不会随着一项特定的决策而变化。但是，在某些情况下，一些营业费用可能直接归于一项特定的决策。在这种情况下，这就成为一项相关成本。我们应该知道一个企业为了生存下去，必须在长期经营中补偿所有的成本。并且，从财务会计的观点来看，一切成本都是相关的。

8. 毛利

当一家公司以一个特定的价格（成本价）购进一件商品并且试图以一个更高的价格（销售价）出售它时，在成本价与销售价之间就产生了一个差额，这一差额称为毛利或加价，即

销售价格＝成本价格＋毛利

例如，当"销售价格（1.00 元）＝成本价格（0.80 元）＋毛利（0.20 元）"时，表明这家公司以 0.8 元购进一件商品，加上 0.2 元的毛利，定价为 1 元。

毛利通常被表示为百分比。问题是，毛利百分比表示的基数是成本价还是销售价。例如，当 0.2 元的毛利是以销售价格的百分比表示时，毛利就是 20%（0.20/1.00）；当 0.2 元的毛利是以成本价格的百分比表示时，毛利就是 25%（0.20/0.80）。在销售管理中，最通行的惯例是将毛利表示为销售价格的百分比，因为以这种方式表示毛利更易于理解和操作。

9. 复合毛利

制造商常常会给出一个建议的零售价格以及建议的零售毛利和批发毛利。例如，建议零售价格为 7.50 元，零售毛利为 20%，批发毛利为 15%，在这种情况下，为了确定制造商的售价，我们只要依次减去适当的毛利即可，如表 6.1 所示。

表 6.1　复合毛利表

单位：元

零售价格	7.5
减：零售毛利	7.5×20%＝1.5
批发价	7.5－1.5＝6.0
减：批发毛利	6.0×15%＝0.9
制造商售价	6.0－0.9＝5.1

注意，不管渠道中有多少层次，方法是一样的，即只需要简单地依次减去这些毛利。

6.3　销售分析内容

1. 总销售额分析

总销售额是企业所有客户、所有地区、所有产品销售额的总和。这一数据可以展现一家企业的整体运营状况。然而，对于管理者而言，销售趋势比某一年的销售额更重要。销售趋势主要可以分为两类：一是企业近几年的销售趋势；二是企业在整个行业的市场占有率的变动趋势。

总销售额的分析可能是最容易的一种分析，只需要得到近几年公司的年度销售额以及企业覆盖地区的行业年度销售额，就可以得到企业的市场占有率，如表 6.2 所示。

表6.2 某企业销售额分析

年 度	企业销售额（万元）	行业销售额（万元）	企业市场占有率（%）
2012	21	300	7.0
2013	22	320	6.9
2014	23	360	6.4
2015	25	390	6.4
2016	27	410	6.6

从表6.2可知，2012年至2016年间，企业的销售额呈逐年上升趋势，5年间上升了28.6%。但一个不容忽视的事实是，在这期间，整个行业的销售额也持续增长，而且增长速度快于该企业。因此，该企业的市场占有率在下降。

管理层发现这一情况后，下一步就是要找到企业市场地位下降的原因。可能是产品自身的问题，也可能是价格问题，还可能是促销问题。总之，必须检查企业销售管理的各个方面，并有针对性地采取措施。

2. 地区销售额分析

只有针对总销售额的分析是不够的，它几乎不能为企业管理层提供销售进程中的详尽资料，对管理层的价值有限，所以还需要按地区对销售额进行分析。一个常用的分析地区销售额的方法如表6.3所示。

首先，选择一个能准确、合理地反映每一地区销售业绩的市场指数，用以确定每一地区销售额应达到企业总销售额的百分比。例如，以零售额为指数，如果企业某一地区的市场指数为10%，那么企业10%的销售额也应该来自该地区。

其次，确定企业在计划期间的实际销售总额。

再次，以区域市场指数乘以总销售额。

最后，将实际地区销售额与计划销售额进行比较，计算销售额偏差。

表6.3 某企业5个地区销售额分析

地区	销售目标（万元）	市场指数（%）	实际销售（万元）	实际市场指数（%）	业绩完成率（%）	销售额偏差（万元）
A	3 645	27	2 700	20	74	−945
B	2 970	22	3 690	27.3	124	+720
C	2 025	15	2 484	18.4	123	+459
D	2 700	20	2 556	19	95	−144
E	2 160	16	2 100	15.3	97	−60
合计	13 500	100	13 530	100	100.2	30

从表6.3中可以看到，5个地区实际完成的总销售额是13 530万元，计划销售目标也是13 500万元，企业计划销售目标如期完成。但是，5个地区的实际完成情况却与计划出现了很大的偏差：

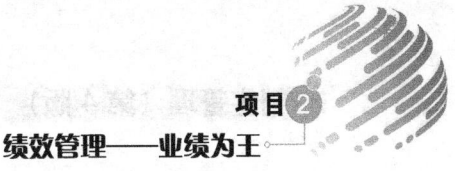

A 地区计划目标为 3 645 万元，实际完成 2 700 万元，完成率仅 74%，销售额偏差为 −945 万元，市场指数计划为 27%，实际为 20%，实际业绩未达标；

B 地区计划目标为 2 970 万元，实际完成 3 690 万元，完成率为 124%，销售额偏差为 +720 万元，市场指数计划为 22%，实际为 27.3%，实际业绩优于计划；

C 地区计划目标为 2 025 万元，实际完成 2 484 万元，完成率为 123%，销售额偏差为 +459 万元，市场指数计划为 15%，实际为 18.4%，实际业绩优于计划；

D 地区计划目标为 2 700 万元，实际完成 2 556 万元，完成率为 95%，销售额偏差为 −144 万元，市场指数计划为 20%，实际为 19%，实际业绩未达标；

E 地区计划目标为 2 160 万元，实际完成 2 100 万元，完成率为 97%，销售额偏差为 −60 万元，市场指数计划为 16%，实际为 15.3%，实际业绩未达标。

总之，B、C 两个地区的销售业绩优于计划，D、E 两个地区的销售业绩略低于计划，A 区的销售业绩明显低于计划目标。业绩未达标的地区，被称为软肋，企业应该通过改进组织中最薄弱的环节，获得可能的最大回报。该企业的销售经理应将主要精力放在 A 区，因为 A 区是企业的软肋，最需要改进。同时，给 B 区和 C 区以重点关注，了解其成功的原因，分析其成功的经验是否适用于改善 A 区的状况。

3. 产品销售额分析

与按地区分析销售额一样，按产品系列分析企业销售额对企业管理层的决策也很有帮助，具体方法如下。

首先，将企业过去和现在的总销售额具体分解到单个产品或产品系列上。

其次，如果可以获得每种产品系列的行业数据，就可以为企业提供一个标尺以衡量各种产品的销售业绩。例如，产品 A 的销售额下降了，而同期行业同类产品的销售额也下降了相同的比例，销售经理就不必过分忧虑了。

再次，进一步考察每一地区的每一产品系列的销售状况。销售经理据此确定各种产品在不同地区市场的强弱态势。例如，产品 A 的销售可能下降了 10%，但其所在地区的销售却下降了 14%，此时销售经理要进一步找出出现偏差的原因，并与地区分析相对应，做出相应的改进。

例如，取表 6.3 中 A、B 两个地区的产品销售进行分析，如表 6.4 所示。

表 6.4　A、B 两地区产品销售业绩分析

单位：万元

产品	A 地区			B 地区		
	销售目标	实际销售	偏差	销售目标	实际销售	偏差
滑雪板	1 629	1 710	+81	1 263	1 620	+357
滑雪裤	900	360	−540	765	1 080	+315
风雪衣	846	396	−450	720	630	−90
附件	270	234	−36	222	360	+138
合计	3 645	2 700	−945	2 970	3 690	+720

A区的销售偏差为-945万元,也就是比计划销售目标低945万元,但4种产品不达标的程度不一样,滑雪裤和风雪衣是影响销售的主要产品,在这两种产品上,企业少销售990万元,而滑雪板的销售实际上超出计划销售目标81万元。

B区的销售偏差为+720万元,也就是比计划销售目标高出了720万元,主要是因为滑雪板、滑雪裤和附件的销售增长,3项超出计划销售目标810万元,只是风雪衣的销售下降了90万元。

从表6.4中可知,按销售目标判定,A区的滑雪裤和风雪衣、B区的风雪衣是企业的软肋,需要改进销售工作;是否放弃这些产品的经营,需要结合其他方面进行更多的分析。同时,还应该看到,A、B两个地区的计划完成情况差别很大,要分析原因,必要时需要重新调整销售计划。

6.4 销售分析模型

销售一旦出现问题,销售经理往往会找出各种各样的原因,但是由于缺乏一定的分析工具,这些问题和原因显得非常杂乱,缺乏逻辑性,从而给问题的解决带来很多障碍。利用鱼刺图模型则可以有效地帮助销售经理对销售工作进行分析,从而加快问题的解决。

鱼刺图是由日本管理大师石川馨先生创造的,故又名"石川图",如图6.1所示。鱼刺图模型是一种发现问题根本原因的方法,所以也可以称它为"因果图"。在销售工作中用好鱼刺图模型,可以让销售管理工作一目了然,明明白白,对各种销售问题的解决大有裨益。

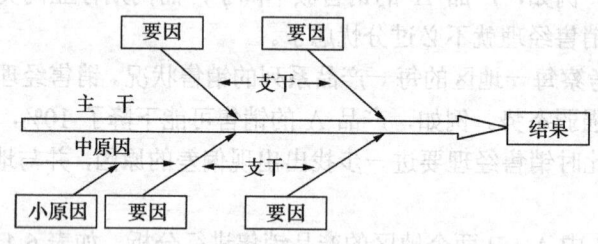

图6.1 鱼刺图模型

在图6.1中,鱼头部分可以填写问题,如"销售目标没有完成"或"市场销量提升太慢";在要因部分填写主要原因(因素),如"产品原因";在支干部分的中原因里填写次原因(因素),如"产品质量不稳定";在小原因里填写次次原因(因素),如"质监人员责任心不强"等。鱼头部分也可以填写目标和结果,如"完成销售目标×××";在要因部分填写主要因素,如"产品";在支干部分的中原因里填写次因素,如"长线产品";在小原因里填写次次因素,如"B产品"等。在做"销售下滑"原因的分析时,可以根据主次把各种与销售相关的因素放在相关位置,做成如图6.2所示的销售下滑鱼刺图分析模型。

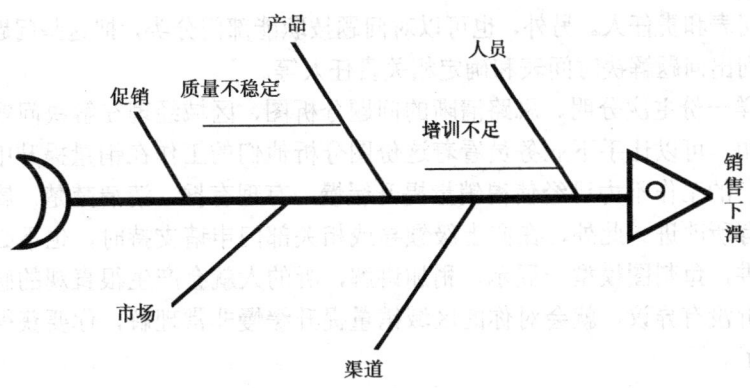

图 6.2 销售下滑鱼刺图分析模型

下面结合一位区域经理利用鱼刺图模型所做的关于"市场销量提升缓慢"的销售分析,具体说明这一工具的运用方法,如图 6.3 所示。

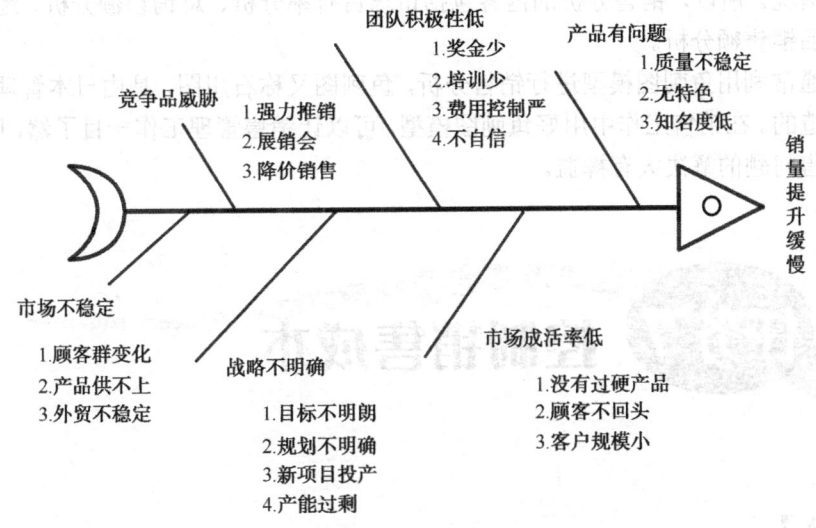

图 6.3 销量提升缓慢鱼刺图分析模型

从图 6.3 中可以看出,该区域经理主要是为了分析该区域市场为什么"销量提升缓慢",所以把它放在了鱼头部分。经该区域经理分析,"产品有问题"、"市场成活率低"、"团队积极性低"等是主要原因,他就把这些因素放在了主因部分;在主因"产品有问题"方面,主要是因为"产品无特色"等,他就把这些因素放在了主因"产品有问题"的支干上;以此类推,一份分析区域市场为什么"销量提升缓慢"的鱼刺图模型就做好了,造成问题的原因一目了然,区域经理就可以针对该市场的问题来确定解决方案了。

在上述分析之后,区域经理还要继续对问题原因进行分类,比如哪些问题是可以马上解决的,哪些问题是需要逐步解决的,哪些问题是需要与高层沟通后解决的,然后列出问题的解决时间表和责任人。另外,也可以对问题按职能部门分类,把这些问题汇总到各个部门,让其列出问题解决时间表和确定相关责任人等。

有了这样一份主次分明、思路清晰的问题分析图,区域经理在解决问题时就会比较顺利了。例如,可以让手下业务员看着这份图分析他们的工作在销量提升中的作用,用事实说明他们的工作不力已经使得销量提升缓慢。有理有据,清清楚楚,属下才会心服口服,真正有所改进。此外,在向上级领导或相关部门申请支持时,也不必再浪费口舌翻来覆去地讲,鱼刺图模型一展示,稍加讲解,听的人就会产生很直观的感受。如果对方对你的分析没有异议,就会对你的区域销量提升缓慢非常理解,你要获得相关支持也会变得容易了。

【任务小结】

销售分析,就是要检查企业的实际绩效与计划目标之间是否存在偏差,然后分析原因,并采取改进措施,以确保计划目标的实现与完成。销售分析,既要分析组织销售目标的达成情况,也要分析企业不同品类销售目标的达成情况,还要分析销售人员不同品类销售目标的达成情况。所以,销售分析的内容包括市场占有率分析、总销售额分析、地区销售额分析和产品销售额分析。

企业通常利用鱼刺图模型进行销售分析,鱼刺图又称石川图,是由日本管理大师石川馨先生创造的。在销售工作中用好鱼刺图模型,可以让销售管理工作一目了然,明明白白,对各种销售问题的解决大有裨益。

任务7 控制销售成本

【任务导入】

如果你在销售总监中做一个调查,询问他们对什么事情最感到头痛,其中必有一个答案是销售费用增长太快!销售费用增长太快而销售额不见增长,老板就会有意见,容易遭到其他部门嫉恨,销售总监的日子当然不好过啦。

其实,销售费用本身是一把双刃剑。一方面,销售费用不仅是费用,更应该看做一种投资。"不会花钱的销售总监不是好的销售总监",在销售人员身上的投入、广告投入、促销品投入都将带来效益,老板乐,销售总监也很风光。另一方面,销售费用如果使用不当,控制不严,不仅不能带来效益,严重时还可能威胁企业的生存,销售总监的压力可就大了。

问题是,大部分销售总监都知道怎么花钱,就是不知道怎么"堵"钱,节流和开源一样重要,这才是生财之道。你知道为什么大部分销售总监都会花钱而不会省钱吗?

项目 2
绩效管理——业绩为王

【任务学习】

7.1 认识销售成本

在销售管理活动中,成本分析是销售额分析的补充。销售额分析着重对已获得的销售成果进行分析,而销售成本分析则侧重于产生这些成果所花费的成本,以及成本与成果是否相称。因此,销售成本分析就是对影响销售额的销售成本的数据进行收集、分类、比较和研究,从而有效控制成本,提升销售效益。

所谓销售成本(也称销售费用),是指在销售过程中发生的,为实现销售收入而支付的各项费用,包括销售人员报酬、广告费用、公关费用、业务费用、售后服务费用和销售物流管理费用。

销售人员报酬是销售费用的重要组成部分,报酬的高低以及报酬形式或构成的不同直接影响销售活动的最终效果。广告费用是企业用于广告活动中的各种费用,包括广告策划费、媒体费、制作费、管理费和杂费等。公关费用是企业用于公关活动的各项费用,分为公关企业费用、公关人员费用、赞助费用、会议费用和庆典活动费等。业务费用是销售人员从事具体业务工作所需的费用,一般包括培训费、差旅费、会议费、业务招待费、销售折扣与折让、坏账损失和印刷费等。售后服务费用一般包括消耗材料与燃料动力费、工资及附加费、顾客损失赔偿费和部分管理费等。如果企业没有将物流外包,则销售物流管理费用一般包括库存费用、包装费用和运输费用。

当今市场竞争日趋激烈,企业对市场的依赖程度越来越高,企业销售活动的中心地位逐步形成。销售环节投入越来越大,"酒香也怕巷子深",企业的广告费用、人员推广费用与日俱增。

从产品本身来看,产品整体概念中的延伸产品,即附加服务和附加利益增多了。产品服务含量的增加,如送货上门、安装和培训等,势必增加销售成本的比重。从消费者角度来看,近些年生活水平的节节提高,消费观念、消费心理和消费方式等都发生了很大的改变,消费者愿意花钱享受购物环境和精美包装,愿意通过广告以更少的时间购买到称心的商品,这些变化也导致了销售成本的增加。当然,整体收入水平的提高和企业追求销售业绩的增长也在一定程度上提升了销售人员的薪酬水平。

但是,有些销售成本的增长是由一些不合理现象所造成的,如不公平的竞争环境、企业销售人员的不规范行为等,这也是销售成本控制的主要内容。因此,企业有必要进行销售成本分析,以提高企业的利润率。

7.2 分析销售成本的目的

销售成本分析的第一步,就是要确定成本分析的目的。企业进行销售成本分析的目的很多,但其主要的目的如下。

99

1. 用以作为拟定企业销售政策的基础

制订销售计划对企业而言非常重要。企业在制订销售计划时，销售预算是基础。而做好销售预算，又必须做好销售成本预算。也就是说，企业整个计划要建立在销售成本分析的基础上。做好销售成本分析，进而规划出一套完整的销售预算，制订每个月预定费用的支出和预期的收入，从目标利润和必要费用的角度来设定销售目标，最后制订企业的年度销售计划以及为完成年度销售计划而应采取的一系列销售措施。

2. 为选择销售途径提供依据

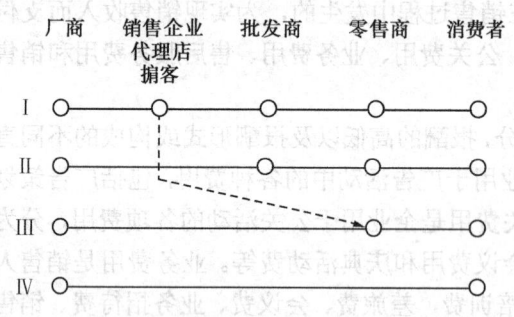

图 7.1　商品的流通途径

当企业把销售的商品投放到市场上时，需要有一定的路径来组织对商品的分销，以便使消费者能在最适当的地点买到所需数量的商品。商品从企业到消费者之间可以经过这样的途径：厂商→销售企业、代理店、掮客→批发商→零售商→消费者。在这一途径中，也有跳过批发商，由销售企业或是代理店、掮客直达零售商的情形。流通途径一般可分为4类，如图7.1所示。

在图7.1中列举的4种基本途径中，企业通常从两方面选择适合自己的途径：一是消费者的购买习惯；二是经济合算。采用不同的销售途径，会涉及不同的配货经费、广告费、事务费、仓库费、货款回收费等费用。选择销售途径所进行的销售成本分析，主要是为了寻求销货量最高而经费最少的方式。具体操作时，可从企业自身的财务状况、产品的种类和单价、销售时期、产品的品质特点、所需服务技术的难易程度以及零售店分布情况等方面进行分析，从而确定最佳销售方案。

3. 为制订价格或计算折扣比率提供依据

一般情况下，企业在制订产品价格时，通常利用"价格＝成本＋利润"来确定。销售成本作为产品成本的一个组成部分，对于产品价格的制订是一个重要的影响因素。做好销售成本分析，制订最佳的价格方案，企业才能获得最大利润。

企业在进行销售时，通常会给销售商一定的折扣，而折扣的比率也需要根据成本分析的结果来制订。给予折扣相当于产品的价格降低了，根据上面价格制订的方法来看，折扣其实也是销售成本的一个组成部分。但如果保持原来的价格，利润就会降低，而折扣的给予会带来销售量的增加。这时，我们要分析销售成本的增加能否带来更多的利润，根据分析结果再确定折扣比率。

4. 用以作为销售活动的管理资料

做完销售成本分析之后，可根据分析结果进行销售预算。在企业进行销售活动时，可以把销售成本分析结果作为销售活动的管理资料。例如，企业进行销售活动，为了获得一定的销售量采取了折扣的方式，这时就可以根据销售成本分析的结果来进行管理，判断是否要采取折扣方式,从而控制费用的支出。

7.3 销售成本控制标准

企业通过对销售成本的分析,可以知道销售成本的组成,从而加强成本控制,减少不能为企业带来利润的成本,增加企业的赢利能力。销售成本分析指标主要包括以下 9 项。

1. 推销费用率

推销费用率,即推销费用占销售总额的比率,其计算公式为

$$推销费用率 = \frac{推销费用}{销售总额} \times 100\%$$

通过分析推销费用占销售总额的比率,可以确定销售费用分配是否得当,结构是否平衡,效率是否优异,并分析其原因以求得改进。各行业推销费用率的标准不一,一般为 10%~20%。

2. 管理费用率

管理费用率,即管理费用占销售总额的比率,其计算公式为

$$管理费用率 = \frac{管理费用}{销售总额} \times 100\%$$

通过分析管理费用占销售总额的比率,可以确定管理费用是否过高,有无浪费。各行业管理费用率的标准不一,一般为 10%~20%。

3. 推销管理费用率

推销管理费用率,即推销管理费用占销售总额的比率,其计算公式为

$$推销管理费用率 = \frac{推销管理费用}{销售总额} \times 100\%$$

通过分析推销管理费用占销售总额的比率,可以确定推销管理费用之效率是否合理,有无浪费。各行业推销管理费用率的标准不一,一般为 10%~20%。

4. 运费与推销费用率

运费与推销费用率,即运费与推销费用占销售总额的比率,其计算公式为

$$运费与推销费用率 = \frac{运费与推销费用}{销售总额} \times 100\%$$

通过分析运费与推销费用占销售总额的比率,可以确定这一费用是否合理,结构是否平衡。各行业对这一费用没有标准,比率越低越好。

5. 折旧费率

折旧费率,即折旧费与销售总额的比率,其计算公式为

$$折旧费率 = \frac{折旧费}{销售总额} \times 100\%$$

通过分析折旧费占销售总额的比率，可以确定每一单位销售额需要多少折旧费。各行业对这一费用没有标准，比率越低越好。

6. 人工费率

人工费率，即人工费与销售总额的比率，其计算公式为

$$人工费率 = \frac{人工费}{销售总额} \times 100\%$$

通过分析人工费占销售总额的比率，可以确定单位销售额需要多少人工费用。比率越低，则销售成本中的人工费用越少。

7. 利息率

利息率，即利息支出与销售总额的比率，其计算公式为

$$利息率 = \frac{利息支出}{销售总额} \times 100\%$$

通过分析利息支出占销售总额的比率，可以确定一单位销售额需要支出多少利息；该比率越低越好。

8. 交际费率

交际费率，即交际费占销售总额的比率，其计算公式为

$$交际费率 = \frac{交际费}{销售总额} \times 100\%$$

通过分析交际费占销售总额的比率，可以确定一单位销售额需要支出多少交际费；该比率越低越好。

9. 广告费率

广告费率，即广告费占销售总额的比率，其计算公式为

$$广告费率 = \frac{广告费}{销售总额} \times 100\%$$

通过分析广告费占销售总额的比率，可以确定每一单位销售额需要支出多少广告费，广告效果是否明显。广告费率的标准不一，但不要太低，企业一般可将其控制在2%左右。

7.4 分析销售成本

本节通过一个实例，介绍怎样通过对企业销售成本的分析控制来增加企业的赢利能力。

M公司A销售部2016年的损益表如表7.1所示。A销售部门2017年出现亏损，亏损额为80 247元。下面按照销售成本分析的4个步骤来进行分析。

表 7.1 M 企业 A 销售部损益表

单位：元

项　目	支　出	收　入
销售收入		2 481 750
销货成本	2 030 500	
毛利		451 250
销售费用和管理费用		
工资	154 500	
佣金	24 818	
广告	127 009	
邮资和办公用品	490	
包装材料	30 420	
运输费用	91 260	
差旅费用	38 000	
租金	65 000	
合计	531 497	
净收益（损失）		(80 247)

分析过程如下。

第一步，确定分析目的。假定销售经理想通过销售成本分析确认这笔损失能否归属于某一特定的销售人员。

第二步，将自然成本账户扩展为职能成本账户。自然成本账户是普通会计循环中使用的成本科目，而职能成本账户则是按成本的功能归属划分的成本科目。为了简化起见，在此对销货成本不进行处理，销售经理只需要将销售费用和管理费用进行扩展，扩展后的成本分配如表 7.2 所示。

第三步，将职能成本分配到每一位销售员，分配标准如表 7.3 和表 7.4 所示。

表 7.2 M 公司销售成本分配表

单位：元

自 然 账 户	职　能　账　户					
	合　计	直　销	广　告	仓　储	单据处理	运　输
工资	154 500	128 500		12 000	14 000	
佣金	24 818	24 818				
广告	127 009		127 009			
邮资和办公用品	490				490	
包装材料	30 420			30 420		
运输费用	91 260					91 260

续表

自然账户	职能账户					
	合 计	直 销	广 告	仓 储	单据处理	运 输
差旅费用	38 000	38 000				
租金	65 000	14 000		47 500	3 500	
合计	531 497	205 318	127 009	89 920	17 990	91 260

表 7.3 分配基本标准（一）

产品	单位售价（元）	单位成本（元）	单位毛利（元）	销售量（件）	销售额（元）	广告费用（元）
A	115	90	25	6 450	741 750	59 985
B	90	75	15	10 060	905 400	40 039
C	60	50	10	13 910	834 600	26 985
合 计	—	—	—	30 420	2 481 750	127 009

表 7.4 分配基本标准（二）

销售人员	销售访问次数（次）	订单数量（件）	销售量（件）			
			产品 A	产品 B	产品 C	合计
甲	75	50	1 400	2 210	3 410	7 020
乙	125	65	1 725	2 725	3 515	7 965
丙	100	50	1 711	2 609	3 506	7 826
丁	100	80	1 614	2 516	3 479	7 609
合 计	400	245	6 450	10 060	13 910	30 420

根据表 7.3 可以计算出 3 种产品的单位广告费用为

产品 A：59 985÷6 450＝9.30（元/件）

产品 B：40 039÷10 060＝3.98（元/件）

产品 C：26 985÷13 910＝1.94（元/件）

第四步，汇总各销售员所分摊的成本，分析其利润率，如表 7.5 所示。

表 7.5 销售人员销售成本分析

单位：元

销售人员	甲	乙	丙	丁	合 计
销售额					
产品 A	161 000	198 375	196 765	185 610	741 750
产品 B	198 900	245 250	234 810	226 440	905 400
产品 C	204 600	210 900	210 360	208 740	834 600
合 计	564 500	654 525	641 935	620 790	2 481 750

续表

销售人员	甲	乙	丙	丁	合　计
销货成本					
产品 A	126 000	155 250	153 990	145 260	580 500
产品 B	165 750	204 375	195 675	188 700	754 500
产品 C	170 500	175 750	175 300	173 950	695 500
合　计	462 250	535 375	524 965	507 910	2 030 500
毛利	102 250	119 150	116 970	112 880	451 250
费用					
直销					
工资	20 000	22 500	23 000	24 000	89 500
佣金	5 646	6 545	6 419	6 208	24 818
旅行	7 125	11 875	9 500	9 500	38 000
广告					
产品 A	13 020	16 043	15 912	15 010	59 985
产品 B	8 796	10 846	10 384	10 014	40 040
产品 C	6 615	6 819	6 802	6 749	26 985
仓储	7 020	7 965	7 826	7 609	30 420
单据处理	100	130	1 100	160	1 490
运费	21 060	23 895	23 478	22 827	91 260
合　计	89 382	106 618	104 421	102 077	402 498
利润贡献	12 868	12 532	12 549	10 803	48 752

从表 7.5 中可以看出，通过销售成本分析，可以发现销售人员丁对利润所做的贡献最少，因此我们有必要对他进行更深入的分析。在此，我们将销售人员丁的利润分析按顾客进一步细分，如表 7.6 和表 7.7 所示。

表 7.6　销售人员丁的销售报告

顾　客	访问次数	订单数目	购买数量			合　计
			产品 A	产品 B	产品 C	
a	50	35	807	1 258	1 567	3 632
b	25	20	645	880	1 043	2 568
c	25	25	162	378	869	1 409
合　计	100	80	1 614	2 516	3 479	7 609

表 7.7 销售人员丁的利润分析

顾 客	a	b	c	合 计
销售额				
产品 A	92 805	74 175	18 630	185 610
产品 B	113 220	79 200	34 020	226 440
产品 C	94 020	62 580	52 140	208 740
合 计	300 045	215 955	104 790	620 790
销货成本				
产品 A	72 630	58 050	14 580	145 260
产品 B	94 350	66 000	28 350	188 700
产品 C	78 350	52 150	43 450	173 950
合 计	245 330	176 200	86 380	507 910
毛利	54 715	39 755	18 410	112 880
费用				
直销				
工资	12 000	6 000	6 000	24 000
佣金	3 000	2 160	1 048	6 208
旅行	4 750	2 375	2 375	9 500
广告				
产品 A	7 505	5 999	1 507	15 011
产品 B	5 007	3 502	1 504	10 013
产品 C	3 040	2 023	1 686	6 749
仓储	3 632	2 568	1 409	7 609
单据处理	70	40	50	160
运费	10 896	7 704	4 227	22 827
合 计	49 900	32 371	19 806	102 077
边际贡献	4 815	7 384	(1 396)	10 803

通过对表 7.6 和表 7.7 的分析，可以看出问题出在顾客 c 身上。尽管销售人员丁每次访问 c 都能获得订单，但订单的规模都很小。因此，可能采取的措施是减少对顾客 c 的访问次数，以节约费用。另外，以上分析还表明尽管顾客 a 购买的产品最多，但顾客 b 才是真正利润贡献最大的顾客。通过上述分析可以发现，尽管销售成本分析并没有直接告诉销售经理应该如何去做，但是它却为销售经理进行决策提供了重要信息。

总之，企业要获得更多的利润，就要增强企业的赢利能力。增强赢利能力就要增加单位销售成本所带来的利润。因此，通过企业销售成本分析，可得出所付出成本的边际贡献；通过减少边际贡献为负数的销售成本，从而增加整体的效益，增强企业的赢利能力。

项目 2 绩效管理——业绩为王

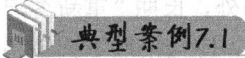

霍英东的"预售楼花，分期付款"

"预售楼花，分期付款"现在是房地产商普遍采用的办法。但是在20世纪50年代的中国香港，房地产交易通常是现金买卖，这对买卖双方都非常不易。如果从事房地产开发，作为卖主一方，需要物业大功告成，持有现房才能收买主的钱。这样一来，在购地和建房的整个过程中，全靠开发商自筹资金来运转。而房地产开发需要大量的资金，少则千万元，多则上亿元。这笔资金从哪里来呢？

1954年12月20日，霍英东花了120万港元，在繁华的铜锣湾购置了一幢大厦，创办了"立信建筑置业有限公司"，开始房地产经营。

当时的房地产交易方式对开发商来说风险巨大，需要先期投入巨额资金。而对于买方来说，需要一次交清房款，不得拖欠，也不能赊账。如果买方手头一时较紧，房子就只能泡汤了。能不能突破这种现金交易一次清款的模式，找到一种更科学的房地产交易方法呢？

经过一番深思熟虑之后，霍英东决定采用"预售楼花，分期付款"的办法。所谓预售楼花，就是将尚未建好的住宅、工商楼宇，分层、分单元预售出去。考虑客户的困难，可以采取分期付款方式进行。

当时一套住宅单元，需要1万至2万港元。对于一般工薪阶层来说，他们要一次拿出那么多钱确实很困难。当时租房子，保证金为房价的一半，以后每月交几百港元就行。而霍英东售楼花，首期只需要交房价的一半，以后每月也交几百港元就行。首期款与租房的保证金差不多，人们当然愿意买房而不愿意租房了。所以霍英东售楼花的这一招一经推出，很受用户的欢迎。

卖楼花加速了霍英东有限资金的周转，实现了他"花小钱办大事"的构想。他的"立信建筑置业有限公司"走上了一条良性循环的发展道路。霍氏首创的预售楼花，被后来许多开发商竞相效仿，他也因此赢得了"香港楼花之父"的称号。

从这个例子可以看出，销售不配合适当的财务金融手段，是很难在市场竞争中获胜的。作为销售经理，掌握必要的财务金融知识并在销售中加以灵活应用，就可以赢得更多的商机。

7.5 控制销售成本的方法

目前，许多企业都面临这样的状况：营业额逐年递增，但利润却在下降，甚至出现只见销量增长不见利润增长的局面。所以，探索科学合理的成本控制对企业的产品销售和未来市场竞争力都具有一定的战略意义。

1. 控制销售间接成本的方法

销售间接成本是指销售辅助性支出，包括差旅费、办公费和广告费等。随着公司销售额的迅速增长，一直沿用的销售模式和业务流程往往使得销售间接成本居高不下，比如经常出现广告支出严重超预算以及驻外销售差旅费、办公费超支等。另外,长期"重新客户开发、轻老客户维护"的做法也导致了一系列相关成本的上升。因此,应当采取下列销售间接成本控制策略。

(1) 严格履行经费审批程序,批准人对经费超支应负管理责任。

(2) 削减不必要的销售人员。实践证明,在市场成熟以后及时调整销售模式以削减销售人员是降低销售费用的重要因素。

(3) 客户管理应权衡客户价值与开发维护成本。加强客户开发审批制度,限制业务员开发客户的盲目性和随意性。另外,应采用"基于客户价值的作业成本法"具体衡量现有的客户和待开发客户的成本,坚决淘汰高维护成本、低收益的客户。

2. 控制售后服务成本的方法

售后服务成本的上升,既有质量管理不到位导致产品退返率上升的因素,更有售后服务管理体制的原因。除了大量的售后服务人员充斥市场,低劣的售后服务还产生了最终顾客流失的成本。

(1) 改革售后服务管理模式。与当地经销商进行战略合作,建立区域服务平台,由战略合作伙伴负责及时处理市场一线的产品服务及质量问题;公司只需要定期派技术人员对战略合作伙伴的售后服务人员进行技术培训,同时监督对公司售后政策的执行情况。

(2) 与公司的技术和质量管理部门加强沟通,组建质量改进团队。产品质量的稳定性直接决定了售后服务成本的下降空间。因此,与技术中心和质量管理部门密切合作,积极减少产品缺陷,也是降低售后服务成本的关键环节。

3. 控制信用损失成本的方法

信用损失成本主要是指企业的坏账损失成本。由于中国市场经济体制的不完善,经济领域失信事件时有发生,所以信用损失一直是困扰多数企业销售部门的难题。关于历史欠款,企业可以成立清欠办公室配合法律顾问,一次性解决,避免继续发生无谓的清收成本损失。此外,严格控制"信用额度",以避免经销商将信用额度变成"合法欠款"。在一些业绩出色的业务员所负责的销售区域内,尝试让经销商及时回款。

典型案例7.2

S公司的销售成本控制策略

S公司是我国铅酸蓄电池行业经营规模最大的企业之一,注册资本1.3亿元,总资产约13亿元,年营业额近20亿元。就目前情况来看,虽然该公司的营业额逐年递增,年平均增幅达到25%,但利润的年增长率却不足20%。前几年该行业竞争激烈时甚至出现过只见销量增长不见利润增长的局面,只是因为近年原材料价格上涨(主要是电铅价格急速上升,2012年上半年平均每周上涨约14%)逼迫很多小规模经营者退出了该行业,这一变化使S公司产品销量大幅增长,从而使其经营情况有所好转。但是,随着该行业强势跨国经营者进入中国市场,加之美国的江森公司收购了美国德尔福(全球最大的汽车零配件制造商)蓄电池业务并全面整合其在华业务,这对S公司的市场地位构成了严重威胁。与

跨国公司先进的管理模式相比，S公司明显处于不利地位，尤其是该公司在成本控制方面的相对落后将直接影响其未来市场竞争力。所以，探索科学合理的成本控制策略，对S公司应对跨国公司的挑战具有重要的战略意义。

长期以来，销售规模的快速膨胀掩盖了S公司在销售成本控制问题上的低效率，而事实上，销售费用一直在不断地侵蚀该公司的利润。因此，S公司提出了销售成本控制问题。

1. 控制销售间接成本

销售间接成本是指销售辅助性支出，包括差旅费、办公费和广告费等。随着S公司销售额的迅速增长，其一直沿用的销售模式和业务流程使得销售间接成本长期居高不下。工作中经常出现广告支出严重超预算以及驻外销售办事处差旅费、办公费用年年超支等现象。另外，S公司长期以来"重新客户开发，轻老客户维护"的做法也导致了一系列相关成本的上升。对此，S公司采取了以下成本控制策略。

（1）严格履行经费审批程序，批准人对经费超支负管理责任。目前S公司的销售公司例外审批问题非常严重，负责经费审批的主管存在为自己支持的地区业务员例外批准经费的现象。这不仅会导致经费使用失控，而且会打乱公司原有的市场开发战略，必须予以禁止。

（2）重新划分销售区域，削减不必要的销售人员。S公司在全国设有12家办事处，负责12个区域市场的销售。由于一直沿用市场开发期的销售组织模式，S公司目前平均每个办事处有业务人员5名，主要负责签合同、发货、按经销商要求为其开具发票以及经销商关系的维护等日常工作，多数情况下存在人员闲置问题。而竞争对手德尔福（中国）有限公司是由一名业务员负责3个省的业务，平均每个业务员的收益贡献远远超过S公司。按照S公司目前的财务制度，驻外的业务人员每人每天有40~60元的补贴，那么每天就要比对手多支出2 400元左右的差旅费补贴。所以，在市场成熟以后及时调整销售模式以削减冗员是S公司降低销售费用的一个重要因素。由于S公司经过多年的经营已经建立了成熟的销售网络，经销商也有直接与厂家接触的愿望，因此适时地减少办事处的数量并重新划分销售区域不失为一个降低人员成本的策略。实践证明，在成熟稳固的经销体系下继续推行"人海战术"是不经济的。

（3）客户管理应权衡客户价值与开发维护成本。长期以来，S公司在维持与老客户的关系方面做法随意。通常某个业务员如果与区域内某个经销商关系恶化了，他就会另外再去开发新客户而不去努力化解矛盾。公司对这一现象持纵容的态度。这样一来，公司的客户管理成本就会很高，所以应加强客户开发审批制度，限制业务员开发客户的盲目性和随意性。另外，应采用"基于客户价值的作业成本法"衡量现有的客户和待开发客户的成本，坚决淘汰高维护成本、低收益的客户。这就需要核算单个客户的收益贡献和相应的维护成本，只有这样我们才能清楚地知道每一位客户为公司创造了多少利润以及产生了多少成本。

2. 控制售后服务成本

目前，S公司的售后服务成本年年上升，这既有质量管理不到位导致产品退返率上升的因素，更有售后服务管理体制落后的因素。长期以来，S公司一直沿用这样一种售后服务管理模式：由总公司为每个销售大区配备1~2名专职售后服务人员，由这些人员定期到市场上巡回处理积压在经销商处的有质量问题的产品。这种模式不仅因处理速度慢（通常需要至少1个月才能解决客户遇到的质量问题）导致顾客的强烈不满，而且直接人工成本高昂。随着近几年S公司产品销量的迅速增长，这种售后服务模式的弊端暴露无遗。为了应对因销量快速增加所引发的售后服务人员不足的问题，S公司销售公司下属的综合服务部采取的策略是，从内部大量招募技术工人充当售后服务人员。从实施的效果来看，这一策略不仅不能从根本上解决售后服务工作滞后的问题，而且使公司的售后服务成本继续上升（主要是直接人工成本）。如果把低劣的售后服务导致最终顾客流失的成本也计算在内，那么现有模式的总成本就更高了。对此，S公司提出了以下对策。

（1）改革目前的售后服务管理模式。通过与当地经销商战略合作建立的区域服务平台，建立这样一种模式：与各地有实力的经销商签订战略合作协议组建地区服务平台，由这些战略合作伙伴负责及时处理市场一线的产品质量问题；S公司则只需要定期派技术人员对战略合作伙伴的售后服务工人进行技术培训，同时监督其对公司售后政策的执行情况。在这一模式下，售后服务费用根据合作经销商的销量按比例给付，以防止其虚报理赔数目。目前，S公司已经在少数地区试点类似的模式。

（2）与公司的技术部门和质量管理部门加强沟通，组建质量改进工作团队。产品质量的稳定性直接决定售后服务成本的下降空间。因此，与技术中心和质量管理部门密切合作积极减少产品缺陷，也是降低售后服务成本的关键环节。

3. 控制信用损失成本

信用损失成本主要是指企业的坏账损失成本。S公司的这一问题非常严重，主要体现在累计历史坏账金额巨大（账龄3年以上的约有2 400万元，一度占到纯利润的40%~50%）。另外，该公司目前所采用的"信用额度"（根据经销商的销量和付款记录按比例给予信用额度，该额度用于确定某个经销商每月可以拖欠的最大货款金额）制度使得公司一年内滚动应收账款余额一直维持在1亿元左右，严重占用公司资金。鉴于此，为有效降低S公司的信用损失成本，公司提出了以下3项措施。

（1）采取果断措施解决历史遗留坏账。为了解决近2 400万元的历史欠款问题，S公司专门成立清欠办公室配合法律顾问的工作，但一直不见成效，应采取果断措施，解决历史遗留问题。

（2）逐步取消"信用额度"制度。鉴于S公司已经确立了在市场上的强势地位，可以考虑逐步取消不合时宜的"信用额度"制度。该制度是以前公司为了迅速打开市场，帮助实力较弱的经销商扩大销量而实施的。而现在，S公司已经占有25%的市场份额，取得了市场领导地位。目前，在一些业绩出色的业务员所负责的销售区域，他们已经可以做到让经销商及时回款而不必使用信用额度。所以，现在是取消这一制度的时候了，以避免经销商将信用额度变成"合法欠款"。

（3）明确呆、坏账形成的责任，做到"赏罚分明"。目前，S公司为了遏制呆、坏账的发生，出台了相关制度，该制度明确了业务员是其辖区内呆、坏账发生的第一责任人，其主管是第二责任人。一旦发生欠款问题，公司财务部门就会按一定比例追究相关人员的责任。

7.6 控制销售人员费用的方法

销售人员的差旅费和业务费是销售费用的重要组成部分,销售费用的多少直接关系销售人员对企业利润贡献的大小。所以,销售经理在进行成本分析与控制时,必须做出销售人员的销售费用控制计划。一般而言,销售经理要决定是由企业支付销售人员在外销售的费用,还是由销售人员自己来支付。

1. 销售人员自己支付费用

如果销售人员是以直接佣金形式取得报酬,企业一般选择由销售人员自己支付费用。企业愿意付出销售收入的一定百分比作为销售人员实际推销的代价,将总的佣金付给销售代表,销售人员在支付了花费之后,剩下的都是自己的。

销售人员愿意自己支付其费用的原因:一是因为这样他们会有更多的运作自由,不必向主管经理解释费用情况;二是销售人员认为自己支付费用会带来所得税上的好处,他们有机会扣除更多的费用;三是从管理层的角度讲,让销售人员自己支付费用,不但计划简单,而且没有操作成本。但是,让销售人员自己支付费用,企业在很大程度上失去了对销售人员活动的控制,他可能不会去拜访和招待暂时不具有销售潜力的新顾客。

2. 无限额支付费用

被企业广泛采用的控制销售人员费用的方法,是报销销售人员所有与企业销售业务有关的合理的业务和差旅费用,没有总费用或单项费用的限额,但前提是销售人员必须呈交开支的详细清单。

无限额费用控制的优点是,费用计划保持一定的弹性,不会因销售区域、销售产品的不同而产生费用之间的差异。假如销售人员诚实、准确地报告发生的费用,这种计划对销售人员和管理部门来讲,都是公平的。而且,这种计划能使销售经理对销售人员的活动实施相当程度的控制,如果销售经理想开发一个新的销售区域或者拜访外地的新顾客,这种费用计划不会成为阻碍。

但是,无限额支付费用的方法,可能使管理部门无法正确预测直接成本,导致一些销售人员挥霍无度或通过不正当的事项虚报费用。而且,销售人员也没有动力精打细算,销售经理则必须仔细分析销售人员的费用报告,判定哪些费用是合理的和实际支出的。

3. 限额支付费用

实施限额支付费用一般有两种方法。一种方法是,企业制订一个针对各个具体费用项目(如住宿、餐饮、招待等)报销的最高限额。例如,企业可以规定住宿费每天 120 元,餐饮费每天 30 元。另一种方法是,企业限制一定时间内的费用总金额,如规定销售人员外出每天的各项支出不得超过 180 元,考虑不同地区的消费差异,销售经理可以规定不同的限额。

限额支付控制费用的方法,特别适用于活动有规律并且出差路线重复的那些销售人员。这种方法的好处是,管理者可以准确地预测费用,从而减少管理部门和销售人员在费用开支上的争议，特别是当限额被认为是公平的时候。

限额支付最主要的问题是，因为销售经理要为每项费用或时间段确定限额，所以就要研究过去的费用报告，计划每天的行程，查阅宾馆的名录，调查不同地区的消费差异等，以确保所制订的限额对销售人员具有公平性。另外，这种方法也会遇到其他一些问题，如能力强的销售人员可能会反对，因为他们认为这是企业对他们的不信任。当销售人员需要支付一些非常规的花费时，如为保住客户而无法避免的招待费用，销售人员可能无法报销。

4. 无限额支付与限额支付费用相结合

限额支付和无限额支付所具有的共同优点，有时可以通过两者的结合使用来实现。例如，销售经理可以在食宿这类项目上实行限额控制，但对交通费用不加限制。管理部门还可以制订一个总费用限额，而最高限额与业绩报告的某些项目相联系。例如，计划月销售额是4 000元，允许销售人员每月报销不超过净销售额5%的费用，所以一个月的费用定额是200元；如果销售人员的费用保持在定额以下，就为其发放奖金。

通过这种方法，销售经理能够将销售队伍费用与净销售额联系起来，从而对直接费用有所控制。而且，这种方法也可以使销售人员在总费用预算之下有一定的灵活性。在这种制度下，具备了费用意识的销售人员是不会浪费的。

【任务小结】

一定销售量的获得总是以一定量的成本付出为代价的。如果一个企业不进行销售成本分析，就很难知道投入与产出之间的关系。投入产出分析，正是销售成本分析的目的所在。销售成本分析就是对影响销售额的销售成本的数据进行收集、分类、比较和研究，从而能够有效地控制成本，提升销售效益。

销售成本分析的主要内容包括：推销费用率、管理费用率、推销管理费用率、运费与推销费用率、折旧费率、人工费率、利息率、交际费率、广告费率等。销售成本分析过程：第一步，确定分析目的；第二步，将自然成本账户扩展为职能成本账户；第三步，将职能成本分配到每位销售员；第四步，汇总各销售员所分摊的成本，分析其利润率。

销售成本控制一般包括销售间接成本控制、售后服务成本控制、销售信用成本控制3项内容，其中关键是对销售人员的费用控制。

项目实施

【项目实施1】 撰写销售计划书

制订销售计划是销售经理的一项基本职责，而且是首要职责，它关系着其他职责的履行。通过销售计划书的撰写，使学生掌握制订销售计划的原则、计划要素及注意事项。该项目的具体要求如下：

（1）分组，每组5~6人，各小组由组长负责任务的执行；

（2）各小组模拟一家公司，设计公司的背景和历史资料；
（3）小组使用 SWOT 分析法，通过组内讨论，为公司制订一个切实可行的销售计划；
（4）细节讨论完毕后，各小组撰写销售计划书，并做成 PPT 文件，以便展示；
（5）各小组抽签决定展示销售计划书的顺序；
（6）各小组分别展示销售计划书；
（7）评价组及教师对各小组所展示的销售计划书进行评价，评价标准如表 7.8 所示。

表 7.8 项目实施 1 评价标准

评价内容	评价标准	赋　分
1. 销售计划书	历史资料与背景设置合理	10
	SWOT 分析合理、准确	20
	组织目标明确	10
	销售策略运用得当	35
2. PPT 文件	制作精良	10
3. 小组表达	小组表达到位，配合默契	15
合　计		100

【项目实施 2】　绘制销售分析鱼刺图

销售经理必须帮助销售人员进行销售分析，找出销售当中存在的问题，并有针对性地提出改进措施。鱼刺图模型是一种很好的分析工具。该项目的具体要求如下：

（1）分组，每组 5~6 人，各小组由组长负责任务的执行；
（2）教师给定某公司背景资料及销售数据，由小组判定销售结论，分析产生这一结果的主要原因和次要原因，并绘制销售分析鱼刺图；
（3）在销售分析的基础上，各小组提出改变现状的措施；
（4）各小组抽签决定展示鱼刺图模型的顺序；
（5）评价组及教师对各小组所展示的鱼刺图模型进行评价，评价标准如表 7.9 所示。

表 7.9 项目实施 2 评价标准

评价内容	评价标准	赋　分
1. 鱼刺图模型	鱼刺图模型的设计合理，布局协调	40
2. 原因分析	原因分析适当，实事求是，具有可信性	30
3. 对策建议	提出的对策具有针对性和可行性	30
合　计		100

项目拓展

销售费用十大"黑洞"

销售人员一般都直接经手公司的多种财物,如汇票、现金、返利和赠品等,所以如果管理不当,就会出现一些"黑洞",公司的财物会不知不觉地从"黑洞"流失。希望各位销售经理能从这些"黑洞"中看到管理的漏洞,反思如何有效管理销售费用。

黑洞一　上下通吃,上吃公司,下吃回扣

"会哭的孩子有奶吃",这是销售团队中时常出现的现象。销售员为了达到个人目的,经常会到上司面前哭诉现在市场竞争激烈、客户不听调度、竞争对手太强势、急需投入等。销售员会把市场说成一片黑暗,仿佛自己是一只在市场上受尽磨难的羔羊,煞是可怜。

销售员一把鼻涕一把泪的倾诉,上司大笔一挥,经销商进货多扣几个点,增加市场终端费用几万元。面对批文,销售员表面上不动声色,心中却在暗暗盘算自己能从此次优惠政策中得到多少好处。

有了这些优惠政策,销售员面对经销商,马上换了一副神情。绘声绘色地向经销商描述自己花费多大代价才得来这些政策,别的区域都没有,就只有我们这个区域才有,意思是让经销商给自己回扣。有些经销商看到能得到这么多好处,当然心领神会,毫不吝啬地给销售员几百元或上千元钱的"辛苦费"。当然,市场上也有得了好处但一毛不拔的经销商,那该经销商从此以后可能再也得不到销售员的优惠政策了。

黑洞二　瞒天过海,虚报军情,躺在地盘上吃空饷

销售员的管理有如平原牧马,易放难收。面对上司,销售员言听计从,而到了市场上却是封疆大吏,所谓"将在外,君令有所不受"。白天游山玩水逛商场,夜晚出入歌厅舞厅按摩房;月初漫不经心,月底频频向经销商催款。如经销商不从,就采取威逼利诱、刚柔相济的手段。一方面,向客户说如不打款,下个月这个经销权可能就会花落别家;另一方面,却欺骗经销商本月打多少款,年底公司可以安排经销商去新马泰旅游。这种现象在大品牌的销售员身上,比比皆是。

而对于小公司的销售员,由于产品的市场基础不好,想玩弄客户很难。但小公司销售员也有一套对付公司的办法,知道市场难开拓,索性不去市场,找一个风景优美之处纵情声色,月底搞一大摞车票、住宿票拿回公司报账。业绩虽然没有,工资、费用却一分都不少。

黑洞三　销售员与上司同流合污,暗做中间商,从中捞好处

一些销售员深深懂得"欲取之必先予之"的道理,对上司使尽招数、百般奉承,与客户讲江湖义气称兄道弟,上下关系顺畅,这也是销售员偷梁换柱的温床。

这样，一旦有管理漏洞，销售员绝不会放过，即使上司知道也会网开一面，因为上司已经得到了销售员的某些好处，那些好处显然不是白得的，这时上司已经与销售员上了同一条"贼船"。销售员在市场上要求经销商按价格表上的价格提货，货款却打进了自己的私人账户，从中当起二传手，赚取差价。

这是大公司销售员的伎俩，而小公司销售员就更加肆无忌惮。由于业务量少，客户分散，销售员管辖的区域就更大，客户可能数年都不与公司领导见上一面；再加上信息沟通渠道不畅，销售员完全是独霸一方的诸侯，自己包揽一切销售事务，差价、返利、补差、赠品完全有可能据为己有。

黑洞四　弄虚作假，私吞终端费用

在平常的销售过程中，除了产品差价和返利存在漏洞，还有更重要的一块是终端促销费用。终端促销费用主要用于终端促销活动、终端形象制作等。

销售员所做的终端促销活动策划方案一旦得到上司的审批，一般都会有一批费用拨付到销售员手里，用于终端活动时宣传材料的制作、赠品购买及临时促销员聘请等。由于销售员在外大权独揽，采购赠品时可以虚报高价或以次充好；临时促销员可以虚报名额，用亲戚朋友的个人资料充在其中，以便销售员自己领取空饷；各种海报、传单、广告牌等宣传材料都可以弄虚作假，好让自己牟利。

一些大品牌厂家，为了保持品牌形象，会投入大量资金对终端形象进行包装。这无疑又是销售员吃回扣的主要来源之一，不仅可以以次充好，还可以弄虚作假。没有专柜，可以找到广告公司进行计算机合成，一个漂亮的专柜照片及发票（当然是假发票）就可以拿到上司面前去报销。

如果上司管理不严，终端费用会给销售员带来滚滚财源。有些销售员曾表示，靠自己那点工资和提成哪够花销，如果不从终端费用中捞一把，根本就没有发财的机会。

黑洞五　乾坤大挪移，私刻印章套取现金中饱私囊

有些销售员不仅会钻销售的空子，而且还善于钻财务的空子。销售员对所辖区域经销商的单位名称、电话号码、负责人了如指掌后，便私刻经销商公章，模仿经销商的签字，遇到公司指派需要确认的任务时，便会坐在宾馆利用私刻的印章把确认书一盖，不仅可以完成任务，而且还到处搞些票据到上司那里报销。

其实，销售员私刻印章还不只是为了图省事套取一点差旅费用，更重要的目的是为了弄到公司给经销商的各种返利补差。例如，一般公司在产品调价时，会对经销商的库存进行补差，当然销售员也不会当面对经销商说是补差，而是称例行盘库。然后销售员会把甲客户的补差金额放在乙客户户头上，然后利用乙客户的名义到公司提货，乙客户提到货后，会暗中按货物平时价格打个折扣返给销售员现金。

补差不常有，返利的机会就多了。一些企业返利多种多样，如月返、季返、年返等。销售员把客户的返利集中在一起，用自己私刻的印章盖好，找到一个比较容易控制的客户集中把所有的返利提出来，客户也能得到好处，销售员更是乐此不疲。

黑洞六　截留贿金，让公司哑巴吃黄连

只要有权力的地方就几乎存在权钱交易，处在这种氛围之下的商业圈更是概莫能外。权钱交易主要发生在国有商业和大型连锁商业单位，只要有权给企业办款，都是销售员行贿的对象。销售员的贿资来自企业，这种权钱交易都属于暗箱操作，双方心照不宣。

面对大把大把的贿金，销售员也会眼红。销售员辛辛苦苦几个月工作的收入，可能还不及一笔贿金。而大家都知道，贿金是不入账的，受贿者也不需要签字，完全是由厂家委派销售员与商业单位领导交易，至于这些贿金是否送达商业单位的领导，只有销售员才清楚；企业领导也不方便询问。于是，有些销售员干脆不送，把贿金放入自己的口袋。

公司领导即使知道了也不敢对销售员采取法律制裁，真是哑巴吃黄连有苦说不出，顶多就是把销售员开除了事。

黑洞七　甲公司入职乙公司兼职，两边拿收入

一般小规模企业产量低，产品单一，为了节约销售成本，在开拓市场渠道时经常会招聘一些兼职销售员，无差旅费用，只提供产品底价，让兼职销售员加价销售，多余的差价就是兼职销售员的提成。一些大公司或有多年销售工作经验的销售员，对当地的销售市场熟悉，有大量的客户资源，为了增加额外的收入，经常会去一些小公司做兼职，利用公司提供的差旅费用，帮助其他一些小公司销售产品，两头拿收入。这实际上也是一种销售费用的变相流失。

黑洞八　抱团逼宫，迫使上司让步

大多数公司的销售员队伍都非常团结，常常在市场上互通有无。如果单个销售员想脱离队伍标新立异，就会成为众矢之的，那个销售员也就无法在团队继续待下去了。

销售人员这样做的目的是什么呢？很多时候，他们是为了团结一致，共同对付上司，迫使上司在销售费用、销售政策等方面做出让步。销售员有了这些优惠政策，到市场上可能不费吹灰之力就能取得比较理想的业绩，还可以利用这些政策大捞一把。团队逼宫，虽然有时会失败，但大多数情况下是成功的。

黑洞九　既当销售员又当老板

有些有过几年销售经历的销售员，为了避免在销售生涯结束后出现生存困境，会利用自己现在的客户资源提前寻找出路。他们拿出自己的储蓄，寻找一些合伙人，去代理一个现有客户能够接受的产品。这样，也许是利益驱动，也许是迫于销售员的私下感情，现有客户多少都会帮助销售员，既做公司的产品，又有可能做销售员自己的产品。这样，最好的情况是销售员既完成了公司下达的销售任务，又为以后创业打下了基础。

有些胆大的销售员，特别是自己手握大品牌产品的销售员，还会索性做自己公司产品的代理。对公司来讲，他是销售员；对客户来讲，他是上家。还有些聪明的销售员，会找一个客户作为挡箭牌，表面上是客户在做代理，实际上是自己在暗中操纵市场。

黑洞十　故意搞乱市场，浑水摸鱼

一些市场经过几代销售员的开拓，客户已经稳定，渠道模式已经成型。但销售员为了自己的私利，看到现有的客户群体和模式自己无法牟取利益，便会故意搞乱市场，如换经销商，换销售模式。市场搞乱之后，销售员会按照自己的意图重新建立新的客户网络和渠道模式，以便控制市场，从中牟利。

不打乱一个"旧世界"，何来一个"新世界"？这样折腾对公司资源是极大的浪费。但在现有的市场布局中，一些销售人员不满足于现状，想方设法兴风作浪，打破原有格局，建立自己的市场结构和独立王国。

不过这样的水平，一般销售员是难以达到的。弄不好原有市场基础被打破了，新的市场模式却无法建立起来，销售员自己不仅捞不到好处，反而会被公司开除。

以上"黑洞"在销售界早已不是什么秘密，只要管理有漏洞，都会出现这些"黑洞"。

项目练习

一、名词解释

销售计划　销售定额　销售分析　销售成本　窜货

二、单项选择题

1. （　　）是销售管理的基石。
   A. 销售计划　　B. 销售组织　　C. 销售激励　　D. 销售指导

2. （　　）目标在销售计划中居于中心的地位。
   A. 销售利润　　B. 销售收入　　C. 销售费用　　D. 客户管理

3. 对任何一家企业而言，（　　）代表了企业的竞争能力和市场地位。
   A. 企业成长率　B. 实质成长率　C. 市场占有率　D. 市场扩大率

4. （　　）规定了销售单位和个人必须实现的最低目标。
   A. 销售计划　　B. 销售定额　　C. 销售利润率　D. 销售访问率

5. （　　）是最常用、最重要的销售定额。
   A. 销售量定额　B. 财务定额　　C. 销售活动定额 D. 综合定额

6. （　　）为销售经理及销售人员提供了一种工作标准。
   A. 销售计划　　B. 销售定额　　C. 销售量定额　D. 激励措施

7. 销售定额既不能太低也不能太高，应体现销售定额的（　　）。
   A. 公平性　　　B. 可行性　　　C. 可接受性　　D. 可控性

8. 根据销售区域的市场潜力、竞争程度以及销售人员的销售能力和经验分配定额，体现了销售定额的（　　）。
   A. 公平性　　　B. 可行性　　　C. 可接受性　　D. 可控性

9. （　　）规定了销售人员销售一定数量产品所需的最高限额。

A．销售量定额　　B．利润定额　　C．费用定额　　D．综合定额

10．（　　）是指具有高市场增长率和高相对市场占有率的业务或产品。
　　A．明星产品　　B．金牛产品　　C．问题产品　　D．瘦狗产品

11．衡量一家企业经营的好坏，主要是看其销售收入的增加和（　　）的提高。
　　A．销售额　　B．利润　　C．市场占有率　　D．相对市场占有率

12．（　　）不属于销售费用。
　　A．广告费用　　B．公关费用　　C．财务费用　　D．业务费用

13．各行业推销费用率的标准不一样，但通常应控制在（　　）。
　　A．2%左右　　B．5%左右　　C．10%左右　　D．10%～20%

14．各行业广告费率的标准不一样，企业一般控制在（　　）。
　　A．2%左右　　B．5%左右　　C．10%左右　　D．10%～20%

15．实行纯粹佣金制度的企业，可以对销售人员费用采用（　　）的方式。
　　A．销售人员自己支付费用
　　B．无限额支付费用
　　C．限额支付费用
　　D．无限额支付和限额支付相结合

16．（　　）又被称为倒货或冲货，是指产品的越区销售或者跨区销售。
　　A．订货　　B．发货　　C．退货　　D．窜货

17．经销商无意中向自己辖区以外的市场销售产品的行为，属于（　　）。
　　A．恶意窜货　　B．自然性窜货　　C．良性窜货　　D．被动窜货

18．以下没有窜货能力的经销商是（　　）。
　　A．总经销商　　B．总代理商　　C．二级批发商　　D．零售商

三、多项选择题

1．销售计划可以按（　　）等标准制订。
　　A．时间别　　B．客户别　　C．部门别　　D．产品别

2．制订销售计划的 SMART 原则包括（　　）。
　　A．可衡量性　　B．可实现性　　C．现实性　　D．时限性

3．SWOT 分析是指对企业的（　　）的分析。
　　A．优势　　B．劣势　　C．机会　　D．威胁

4．在制订销售计划的过程中，（　　）是最重要的两个环节。
　　A．SWOT 分析
　　B．确定目标
　　C．制订销售方案
　　D．撰写销售计划书

5．销售定额为销售单位和销售人员提供了（　　）。
　　A．绩效目标　　B．工作标准　　C．控制手段　　D．行为指南

6．销售定额的特征包括（　　）。
　　A．公平性　　B．可行性　　C．灵活性　　D．可控性

7．销售定额通常有（　　）等类型。
　　A．销售量定额
　　B．财务定额
　　C．销售活动定额
　　D．综合定额

8. 销售人员的销售活动定额包括（　　）。
   A．客户拜访　　B．获得订单　　C．新客户　　D．产品展示
9. 企业在进行销售额分析时一般应分析（　　）。
   A．总销售额　　B．地区销售额　　C．产品销售额　　D．人员销售额
10. 导致销售量提升缓慢的主要原因可能是（　　）。
    A．市场不稳定　　　　　　　B．产品竞争力不足
    C．团队积极性不高　　　　　D．公司战略不明确
11. 下列选项属于销售费用的有（　　）。
    A．广告费用　　　　　　　　B．售后服务费用
    C．财务人员工资　　　　　　D．销售折扣和折让
12. 企业对于销售成本的控制，主要是指对（　　）的控制。
    A．销售直接成本　　　　　　B．销售间接成本
    C．售后服务成本　　　　　　D．信用损失成本
13. 销售间接成本是指一些销售辅助性支出，包括（　　）等。
    A．差旅费　　B．办公费　　C．广告费　　D．人工费
14. 下列选项属于发货管理内容的是（　　）。
    A．备货　　B．检验货物　　C．联系车船　　D．投保
15. 企业处理退货的原则有（　　）。
    A．建立规则　　B．建立工作程序　　C．落实责任　　D．无因退货
16. 按窜货的动机和窜货对市场的影响，可以将窜货分为（　　）。
    A．恶意窜货　　B．良性窜货　　C．自然窜货　　D．搭配窜货

四、简答题

1. 如何理解销售计划的重要性？
2. 制订销售计划的 SMART 原则是什么？
3. 制订销售计划的标准有哪些？
4. 制订销售计划的一般程序是什么？
5. 设计销售量定额时应考虑哪些因素？
6. 设计费用定额时应注意哪些问题？
7. 销售定额分配应遵循什么工作程序？
8. 试分析企业总销售额下降的原因。
9. 试分析企业市场占有率下降的原因。
10. 销售成本控制的主要内容和方法有哪些？

五、论述题

1. 制订销售计划应注意哪些问题？
2. 如何理解"着眼于全局，着手于局部，把定额分配工作做细做透"这句话。
3. 试阐述销售额分析的主要内容。

4. 销售人员费用控制的方法有哪些，并说明其适用范围。
5. 如何增强企业的赢利能力？
6. 在"订单生产模式"下，企业订单流程管理的主要内容有哪些？
7. 企业的退货工作流程包括哪些内容？

六、实务题

1. 某企业 2016 年完成销售额 5 000 万元，2017 年实现销售额 5 500 万元。如果 2018 年的市场仍保持这样的成长态势，那么 2018 年的销售目标值为多少？

2. 某企业 2015—2017 年实现的销售额分别为 100 万元、112 万元、115 万元。计算该企业 2015—2017 年的平均成长率，并确定 2018 年的销售目标值。

3. 某企业 2016 年和 2017 年的销售完成情况以及与行业销售情况的对比如表 7.10 所示。试计算企业成长率、行业成长率、企业市场扩大率以及企业 2018 年的销售目标值。

表 7.10　某企业 2016—2017 年数据

项　目	2016 年	2017 年	成长率（%）
企业实绩（万元）	100	120	
业界实绩（万元）	1 000	1 500	
市场占有率（%）			

4. 某公司销售部有销售人员 15 人，销售部为了制订某种商品的月销售定额，统计了这 15 人某月的销售成绩，如表 7.11 所示。

表 7.11　某公司销售部销售人员的销售成绩

每人销售产品数量（件）	1 800	510	250	210	150	120
人数（人）	1	1	3	5	3	2

（1）计算这 15 位销售人员该月销售量的平均数。

（2）假设销售主管把每位销售员的月销售额定为 320 件，你认为是否合理，为什么？如不合理，请你制订一个较合理的销售定额，并说明理由。

5. 根据表 7.12 中的资料，按市场占有率法确定各区域定额分配指数；如果公司销售目标为 5 000 万元，请确定各区域销售定额。

表 7.12　实务题 5 资料

区　域	市场需求构成比	目标市场占有率	区域实际占有率	区域定额指数
甲	40%	25%		
乙	25%	20%		
丙	20%	10%		
丁	15%	5%		
合　计				

6．根据表7.13中的资料，预测2018年各区域的销售构成比；如果公司2018年的销售目标为7 000万元，请确定各区域销售定额。

表7.13　实务题6资料

区　域	销售构成比					销售构成比预测
	2013年	2014年	2015年	2016年	2017年	2018年
甲	40	38	32	25	28	
乙	25	26	25	26	24	
丙	20	22	25	24	25	
丁	15	14	18	25	23	
合　计	100	100	100	100	100	

7．财务经理非常坚决："那些小客户是亏损的。我认为我们应停止向他们销售。相反，应将我们的资源分配给大、中型客户。""事情并非如此简单"，销售经理解释道，"毕竟，我们的许多大、中型客户以前也是小客户。"

对于处理这个问题你有什么建议？你认为在何种可能的情况下，一个企业应该接受亏损的业务？

8．某企业的东北区经理不赞成对广告成本的分配。这名经理认为，是销售队伍的努力创造了销售业绩，而非广告的功劳。他说："我们的广告是一种浪费，因为它强调了错误的产品特征。当上级将广告成本分配给我们区时，我们的获利性指标就因此而受到影响。"

在这种情况下你认为应该怎样做？你应该对东北区经理说些什么？

在线测试及答案

项目 3 团队管理——打造狼性团队

项目描述

销售组织是企业组织体系的重要组成部分,是企业充分发挥具有销售能力的各要素作用的基本保证。构建销售组织,建立高效的销售团队,是保证企业销售计划能够贯彻执行的基本条件,是企业销售工作顺利进行的保障,是开展销售管理工作的基础,是支撑企业销售目标的平台。

项目分析

团队管理的关键在于充分运用各团队成员的专长,鼓励团队成员积极参与,相互配合,以致力于组织发展,所以团队管理既是一种合作式管理,也是一种参与式管理。销售工作是一项复杂的工作,个人英雄主义的时代已经过去,更多时候有赖于团队合作。在销售管理中若能善用团队管理,就会激发每一位成员的潜能,提升团队销售效率与效能。

项目目标

知识目标:掌握销售组织、销售激励、销售薪酬和绩效考核的含义,理解它们在团队管理中的作用。

技能目标:学会团队管理的思维与方法,激发团队成员的销售潜能,以更好地达成团队目标。

情感目标:团队管理的要旨在于沟通,只有在一个开放、沟通顺畅的环境下,才能发挥团队管理的效能。

项目结构

项目 3 团队管理——打造狼性团 {
- 任务 8 构建销售团队
- 任务 9 招聘并培训销售人员
- 任务 10 设计销售薪酬
- 任务 11 激励销售人员
- 任务 12 考核销售绩效

任务 8　构建销售团队

【任务导入】

狼　性

狼者，猛兽也，群动之族。陆地上生物最高的食物链终结者之一，是群居动物中最有秩序、纪律的族群，狼有以下十大属性。

（1）卧薪尝胆。狼不会为了所谓的尊严而在自己弱小时攻击比自己强大的动物，狼会一直等待时机。

（2）众狼一心。狼如果不得不面对比自己强大的动物，必群起而攻之。

（3）自知之明。狼也很想当兽王，但狼知道自己是狼不是虎。

（4）顺水行舟。狼知道如何用最小的代价，换取最大的回报。

（5）同进同退。狼虽然通常独自活动，但狼却是最团结的动物，你不会发现有哪只狼在同伴受伤时独自逃走。

（6）表里如一。狼很想当一个善良的动物，但狼知道自己的胃只能消化肉，所以狼唯一能做的只有干干净净地吃掉猎物。

（7）知己知彼。狼尊重每个对手，狼在每次攻击前都会去了解对手，而不会轻视它。所以狼一生的攻击很少失误。

（8）狼亦钟情。公狼会在母狼怀孕后，一直保护母狼，直到小狼有独立生活的能力。

（9）授狼以渔。狼会在小狼有独立能力的时候坚决离开它，因为狼知道，如果当不成狼，就只能当羊了。

（10）自由可贵。狼不会为了嗟来之食而不顾尊严地向主人摇头晃尾，因为狼知道，世间没有施舍，只有自己的奋斗。

一个狼性销售团队，一定能表现个体的独特性，以及尊重、鼓励其他成员表现自我，整个团队也一定会变得强大而令人敬畏。

【任务学习】

8.1　认识销售团队

组织是指个体为实现共同的目标结合而成的有机统一体。构成组织成员的个体之间，必须具有共同的目标、协作的意愿和良好的沟通，人、财、物和信息是构成组织的要素。同样，销售团队是指企业为了实现销售目标而将具有销售能力的销售人员、产品、资金、设备和信息等各种要素进行整合而构成的有机体。

销售团队作为企业组织体系的重要组成部分，具有以下特点。

1. 目标明确

销售团队通过各种销售活动完成企业销售目标，实现销售利润，提供令顾客满意的售后服务，并努力扩大产品和服务的市场占有率，为企业发展创造条件。

2. 组织规范

销售团队依据企业的产品特征、市场覆盖范围和流通渠道等因素构成不同的组织形式，如地区型组织、产品型组织、顾客型组织及复合型组织。

3. 顾客导向

销售团队的管理以顾客为导向，对人、财、物和信息等管理资源进行合理组织和充分利用，以顾客满意为宗旨。

4. 动态适应

销售团队是一个开放的系统，它与企业的战略和环境保持动态的适应。随着企业发展战略的调整和环境的变化，销售团队也要进行调整和变革，以保证较高的组织运行效率。

8.2 构建销售团队应遵循的原则

根据销售管理的需要和销售团队的目标特征，在建设销售团队时要遵循 4 项基本原则。

1. 客户导向的原则

在设计销售团队时，管理者必须首先关注市场，考虑满足市场需求，服务消费者。然后以此为基础，建立一支面向市场的销售队伍。

2. 精简与高效的原则

提高效率是组织设计的目的，而要提高组织的运行效率，就必须精简机构。具体地说，精简与高效包含 3 层意思：一是组织应具备较高素质的人和合理的人才结构，使人力资源得到合理而又充分的利用；二是要因职设人而不能因人设职，组织中不能有游手好闲之人；三是组织结构应有利于形成群体的合力，减少内耗。

3. 管理幅度合理的原则

管理幅度是指一个上级直接管理的下属的人数。管理幅度是否合理，取决于下属人员工作的性质，以及上级和下属人员的工作能力。正常情况下，管理幅度应尽量小一些，一般应以 6~8 人为宜。随着企业组织结构的变革，出现了组织结构扁平化的趋势，即要求

管理层次少而管理幅度大。

4. 稳定而有弹性的原则

组织应当保持员工队伍的相对稳定,这对增强组织的凝聚力和提高员工的士气是非常必要的,这就像每一棵树都应有牢固的根系。同时,组织又要具有一定的弹性,以保证不会被强风折断。组织的弹性,短期而言,是指因经济的波动性或业务的季节性而保持的员工队伍的流动性。

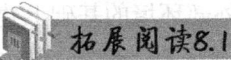

《狼图腾》简介

《狼图腾》,作者姜戎,2004年长江文艺出版社出版。《狼图腾》主要讲述了20世纪六七十年代一位北京知青在内蒙古草原插队时与草原狼、游牧民族相依相存的故事。该书出版后,被译为30种语言,在全球110个国家和地区发行。截至2014年4月,该书已再版150多次,发行近500万册,连续6年荣登文学图书畅销榜。

故事的背景发生在20世纪60年代末,中国大陆内蒙古最后一块靠近边境的原始草原。这里的蒙古牧民仍保留着游牧民族的生态特点,他们自由而浪漫地在草原上放养着牛羊,与成群而强悍的草原狼共同维护着草原的生态平衡。他们憎恨着狼——狼是侵犯他们家园的敌人;他们同时也敬畏着狼——草原狼帮助蒙古牧民猎杀着草原上不能够过多承载的食草动物:黄羊、兔子和草原鼠,草原狼是蒙古民族的原始图腾。

正是蒙古民族的历史和神秘,草原的广阔和浪漫,将本书的主人公、一个叫陈阵的北京青年带进了草原。很快,陈阵发现草原并不全是浪漫和自由。牧民们为了保护自己的财产必须和狼进行战斗。他亲眼目睹蒙古的女人和小孩与偷袭羊群的狼——像豹子一样大的狼——徒手搏斗,也曾误入狼群,并亲眼看见群狼怎样在头狼的指挥下,调兵遣将围猎几百只黄羊。但是,人却抢了狼储存的食物。为了报复人的贪婪,狼利用冬季风雪和夏季蚊灾的掩护,发动了两次大规模的偷袭军马群的残酷而壮烈的战役。于是,人又被激怒了。来自于农耕民族的干部不顾蒙古牧民的反对,开始了大规模的围猎狼群的战斗。狼在死亡前的尊严和牺牲精神震撼了陈阵。陈阵和他的朋友亲自掏了一窝小狼,并且养了其中的一只。他要通过一只小狼的成长,探索狼的习性和狼的哲学。通过一系列的令人陶醉的有趣的故事,陈阵发现狼是动物中唯一不可驯服的、十分神秘的动物。比如,第一次面对食物或者面对大批食物的时候,会举行跑圈,类似现代宗教的感恩仪式或者祭祀;比如,狼一旦离开大地就会颤抖无力,又像希腊神话中的安泰。进而,陈阵又发现蒙古民族不仅将狼作为自己民族的图腾、崇拜的对象,而且,死后又将自己的尸体放到狼出没的地方,实施:"天葬"。蒙古牧民相信狼会将他们的灵魂带上"腾格里"(蒙语:天)。狼是蒙古人敬畏的敌人,也是他们相伴一生、甚至是来生的朋友。

陈阵因为狼的缘故和牧民融为一片。但是,他无法阻挡来自于农耕文化和文革时期的错误政策对草原生态的破坏。他们首先用现代武器杀狼,将仅存的狼驱赶到边境外。进而,大片开垦草原土地。几年以后,草原上鼠害横行,大片的草原沙化。在作品的最后,也就是小说的尾声，来自于蒙古草原的沙尘暴已经遮天蔽日地肆虐北京……

人类失去的不仅是草原不仅是狼，真正失去的是人与自然和谐共存的价值观；失去的是中华民族早期的图腾：自由、独立、顽强、勇敢的精神，永不屈服、决不投降的性格、意志和尊严。这是《狼图腾》的主题和作家悲怆的呼唤。

8.3 构建销售团队的工作程序

构建销售团队是一个过程，是指根据组织的目标，在考虑组织内外部环境的基础上建立和协调组织结构的过程。这个过程的一般步骤为分析客户与市场；确定工作类型；确定工作任务；设计工作内容；建立团队结构。销售团队构建过程如图 8.1 所示。

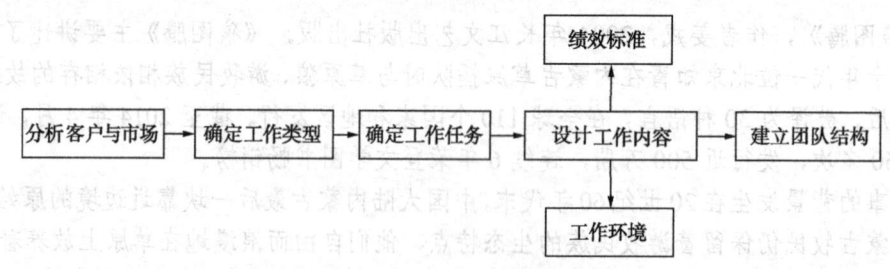

图 8.1　销售团队构建过程

1. 分析客户与市场

一般而言，组织的销售人员在两个市场同时开展工作：消费者市场和组织市场。每个市场具有不同的特征，消费者市场是为了消费而购买的个人和家庭，购买者的数量大，购买的规模小、品种多、频率高。组织市场是指为生产、转卖或公共消费而购买产品的各种组织机构、制造商、中间商、政府等，购买者的数量少，但购买的规模较大，多为专家购买。这些特征意味着在不同市场上从事销售活动的销售人员扮演的角色不同，销售人员必须深刻理解这些市场的具体特征，只有这样，才能明确销售团队应发挥的作用，合理地设计销售团队。

2. 确定工作类型

对销售工作进行分类的一种比较好的方法，是分析它们在销售过程中遇到了什么样的问题，问题的数量有多少，问题的难度有多大，这些因素决定了销售工作的难易程度，并据此可以将销售工作分为以下几种类型。

（1）开发性销售。开发性销售人员是企业销售收入的主要创造者，他们接收客户订单，也创造客户订单。他们所面临的工作难度是最大的，他们必须向新客户说明和展示企业的产品和服务，说服老客户购买更多的企业产品，或者激励老客户购买新产品。这项工作非常具有挑战性，为了从竞争对手那里争取更多的客户，他们必须为客户所面临的问题提供更好的解决方案，这无疑需要销售人员具有高超的解决问题的技巧及较强的创新精神。

(2)支持性销售。支持性销售人员为实际销售人员所进行的销售活动提供支持,他们所从事的主要工作包括进行促销及对客户进行培训和教育。在大多数情况下,支持性销售人员是销售队伍中不可或缺的组成部分,虽然他们并不负责具体的销售。所有支持性销售人员工作的核心都是提供技术帮助和信息服务,并解决顾客所面临的问题,从而满足顾客需要,达到争取新顾客和维系老顾客的目的。

(3)维护性销售。维护性销售人员是对客户订单进行处理及负责产品运输等后勤服务与保障的人员,有时将他们称为司机销售人员或者订单处理人员。例如,可口可乐公司的销售代表的职责就是将产品送到零售商或连锁店。至于销售及销售后所出现的问题,他们不负责任,全部交给组织中更高一级的全国性客户管理人员来处理,地方性销售代表的工作就是保证货架面积和促销工作到位。

开发性销售人员、支持性销售人员和维护性销售人员都是企业销售团队的重要成员。在构建销售团队时,需要考虑不同类型销售人员的规模及比例。

3. 确定工作任务

在实行工作中,虽然不同类型的销售人员之间有着明确的职责分工,但也相互结合或转化,目标只有一个,就是以顾客为中心提升销售效率。

(1)接收订单。在销售类型的划分中,开发性销售人员和支持性销售人员都是订单的接收者,他们大部分的工作内容都是接收来自客户的订单。尽管在工作中,为增加销售额而提供各种附加服务,也需要销售人员做出一定的努力,但很少有人是真正地进行创造性的销售,使原本没有购买欲望的顾客做出购买决定。许多销售业务几乎不需要销售人员做出任何努力就可以成交。

对于订单接收者来说,最主要的问题是要求他们在顾客的心目中强化一个最重要的概念:价格。因此,对于一项已经成交的业务来说,订单接收者很容易受到其他销售人员的影响,包括所有可以向顾客提供低价格产品的销售人员。例如,如果竞争对手降低产品价格,就很可能失去顾客。

(2)创造订单。在一个高度竞争的市场中,运用创造性的推销技巧向顾客销售产品或服务,必须有销售人员的参与。如果没有这些具有一定销售技能的销售人员,顾客就很难接受企业的产品和服务。开发性销售人员是订单的主要创造者。订单创造者不仅需要赢得顾客,留住顾客,还要在这个基础上增加顾客的订货数量。他们运用创造性的销售战略和具有说服力的销售技能不断赢得新的订单,增加新的顾客。因此,他们的工作与支持性销售人员和维护性销售人员相比,难度更大。从某种程度上来说,只有订单创造者才称得上是真正的销售人员,这也正是这类销售人员的薪酬远远高于其他销售人员的主要原因。

这些销售人员在工作中会同时遇到两类问题:首先,销售人员必须让潜在的顾客对他们业已习惯的产品和服务感到有所不满;其次,销售人员经常需要克服巨大的阻力,如潜在的顾客可能从来没有听说过这种产品和服务,因此在开始的时候根本不会有任何购买意向,甚至会有偏见。

此外,顾客可能需要这种产品,但是对现有产品往往会采取很苛刻的态度,在很多情况下顾客会认为产品的价格过高。在这种情况下成功地进行销售,就需要创造性思维的销售技能。

（3）维护客户关系。一个令人振奋的现象是，越来越多的销售人员不再单纯依赖价格赢得顾客。他们的内在个性以及他们在销售过程中所采取的方法具有一种预见性的能力，可使他们不再把大量的时间浪费在毫无效果的访问上，或者片面地创造销售成功纪录方面，而是与现有顾客保持良好的关系。

他们的秘密是什么呢？关键在于他们与顾客之间建立了一种相互信赖的关系。他们知道顾客也需要被人倾听、被人理解，他们已经厌倦了无休无止的推销和千篇一律的产品。尽管价格是一个重要的因素，但是一个好的销售人员必须做出自己的判断，他们需要了解顾客的承受能力以及他们所需要的服务。他们首先要让顾客感到一种亲和力，然后在此基础上判断顾客是否具有真正的购买倾向。

在这个过程中，销售人员不是简单地把产品塞给顾客，而是与他们进行交流，更多的时间是在倾听顾客的心声，而不是夸夸其谈。因此，他们能够真正地了解顾客心理以及他们的需求。他们会向顾客提出一些友善的问题并进行记录。只有在他们感到时机已经成熟的情况下，才会根据顾客的真正需求适时地向他们推荐产品。他们清楚地意识到，被顾客拒绝是销售过程中一个不可缺少的部分，因而他们会把拒绝作为延续话题的一个机会。

由于订单创造者在说服和争取潜在顾客方面更具有技巧性，因此他们的销售拜访往往更有效率。他们从来不去尝试缺乏准备的、冷冰冰的、缺乏人性的拜访。相反，他们会积极寻求现有关系网络的支持，通过现有客户的关系和推介作用扩大产品的影响力。他们在遵循现有销售方式的同时积极开拓新的客户关系。

此外，他们在销售过程中坚持因人而异的原则，因此他们为每一次销售访问都做好了充分的准备。在他们的心目中有一个信条：尊重顾客。因此，他们在收集信息和拜访顾客的过程中始终坚持这一信条。每完成一笔交易，他们会对顾客需求的变化进行认真的评价并做出适当的反馈，从而加深与顾客之间的友好关系。他们从不忘记与顾客保持适当的联系，因为他们清楚地意识到，未来的销售将来自于现有的顾客和他们对产品潜移默化的推广作用。因此，售后跟踪服务对于保持和增加未来的销售具有重要的作用。

通过这些分析，我们可以看到，与过去单纯接收订单相比，今天的销售人员在职业素质方面已经达到了一个新的水准。他们经过良好的培训，并在实践中磨炼和完善自己的技能。他们与自己的顾客以及那些可能对销售产生积极影响的群体之间建立起了牢不可破的关系。他们不仅了解自己的产品，同时也了解自己的顾客。反过来，顾客不仅把他们当做可以信赖的顾问，更把他们当做自己不可缺少的伙伴和朋友。

4. 设计工作内容

销售人员的具体工作内容在各个公司之间有所不同，具体取决于所出售产品的性质、市场的特征以及顾客的地理位置。销售人员的工作，不单是向顾客展示产品，面对面推销，他们更应该是销售区域（根据地理分布形成的一定数量的顾客群体）的管理者。具体地说，销售人员的工作包括以下内容。

（1）解决顾客提出的问题。顾客很可能无法通过购买商品和服务满足自己的需要，或者解决相应的问题。在这种情况下，销售人员需要了解顾客现有的和潜在的需求以及出现的问题，并向顾客说明如何通过购买他们所提供的产品和服务满足这种需求和解决这些问题。

（2）向顾客提供服务。销售人员可以向顾客提供大量的服务，包括处理投诉、返还缺损商品、展示样品、购买建议以及帮助顾客对已购买产品进行升级换代。此外，制造商可以安排针对分销商的销售人员，在向分销商进行推销的过程中，可以协助分销商的销售人员进行销售，并向其提供所需要的支持性服务。

（3）针对老顾客和新顾客进行销售。新顾客对于一个企业来说就是新的血液，他们可为公司带来新的收入。如果一名销售人员要增加所辖区域的销售额或扩大自己的销售区域，就必须不断地获得新顾客。尽管赢得新顾客如此重要，但是销售人员也不能忘记，他们可以通过鼓励老顾客购买同类产品的其他型号或新产品来增加现有的销售额。

（4）帮助自己的顾客进行销售。对于销售人员来说，很多销售工作的一个重要内容是帮助零售商或批发商销售他们所采购的产品。销售人员可以帮助批发商向零售商销售产品，再帮助零售商向最终顾客销售产品。

（5）帮助顾客正确使用产品。达成交易并不意味着销售人员工作的结束，销售人员常常需要指导顾客如何正确地使用产品，从而使顾客能够充分享受产品给他带来的便利。例如，在顾客购买了IBM计算机之后，IBM的销售人员通常会帮助顾客学习如何操作和使用计算机。

（6）与顾客建立良好的关系。销售工作的原则是以人为本，它需要与顾客进行面对面的交流。在某种程度上，很多销售工作是建立在友谊和信任基础之上的。对于每一名能够对最后购买决策施加影响的人，销售人员都需要与他们在互惠互利的基础上建立友好的个人关系。这是一名销售员的销售工作不可或缺的一部分，它要求销售人员在满足顾客需求的过程中真诚地为顾客着想。

（7）为公司提供市场信息。销售人员可以为公司提供有关竞争对手活动、顾客对新产品和原有产品或销售政策的意见、市场中的风险和机遇以及自身工作等方面的信息。由于这些信息对于公司来讲是很重要的，因此销售人员是企业信息反馈系统中一个非常关键的环节。

如果销售人员能够把上述7项工作合理地结合在一起并加以实施，那么他就完全有可能取得良好的业绩。可以说，销售人员每一天的工作都离不开这7项。

5. 建立团队结构

具体内容参见8.4选择销售团队的类型。

8.4 选择销售团队的类型

销售团队类型结构的选择受到企业人力资源状况、财务状况、产品特性、消费者及竞争对手等因素的影响。企业应根据自身的实力及发展战略，选择适合自己的销售团队类型，以便用最少的管理成本获得最大的运营效益。

1. 区域型组织

区域型组织是指在企业的销售团队中，各个销售人员被分派到不同地区，在该地区全权代表企业开展销售业务。区域型销售团队类型的结构如图8.2所示。

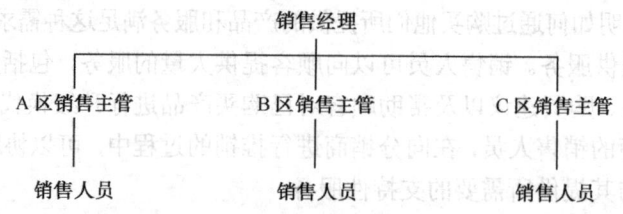

图 8.2　区域型销售团队类型结构图

在该团队类型结构中，区域主管权力相对集中，决策速度快；地域集中，相对费用低；人员集中，易于管理。区域负责制提高了销售人员的积极性，激励他们去开发当地业务和培养人际关系。但销售人员要从事所有的销售活动，技术上可能不够专业，不适应种类多、技术含量高的产品。

我国地域辽阔，各地区差别较大，所以大部分企业都采用区域型销售团队，由各区域主管负责该地区所有企业产品的销售业务。从组织基层开始，经销商向销售人员负责，销售人员则向区域主管负责。

销售区域可以按销售潜力相等或工作负荷相等的原则加以划定，但每种划分都会遇到利益和代价的两难处境。具有相等销售潜力的地区给每个销售人员提供了获得相同收入的机会，同时也给企业提供了一个衡量工作绩效的标准。如果各区销售额长期不同，则可判定为各销售人员能力或努力程度的不同所致。

2. 产品型组织

企业按产品分配销售人员，每个销售人员专门负责特定产品或产品线的销售业务。产品型销售团队类型的结构如图 8.3 所示。

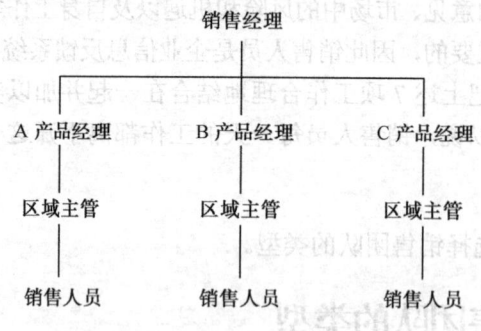

图 8.3　产品型销售团队类型结构图

销售人员对产品的理解非常重要，随着产品管理的发展，许多企业根据产品或产品线来建立销售团队。特别是当产品技术复杂，产品之间联系少或数量众多时，按产品专门化构建销售团队比较合适。例如，乐凯公司就为它的普通胶卷产品和工业用胶卷及医用胶卷配备了不同的销售队伍，普通胶卷销售队伍负责密集分销的简单产品，工业用和医用胶卷销售队伍则负责那些需要了解一定技术的产业用品。

当企业的产品种类繁多时，不同的销售人员会面对同一顾客群。这样不仅使销售成本提高，而且也会引起顾客的反感，产品型组织显示出极大的不足。例如，庄臣公司设有几个产品分部，每个分部都有自己的销售队伍。很可能，在同一天，几个庄臣公司的销售人员到同一家医院去推销。如果只派一个销售人员到该医院推销公司所有的产品，那么可以省下许多费用。

3. 客户型组织

企业也可以按市场或客户类型来组建自己的销售队伍。例如，一家计算机厂商，可以将其客户按其所处的行业（运输行业、金融行业、电信行业等）来加以划分。客户型销售团队类型的结构如图8.4所示。

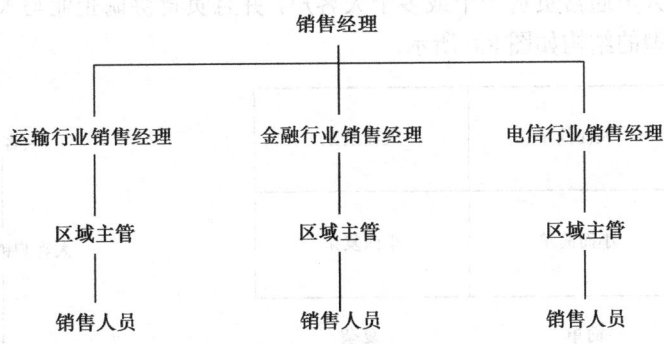

图8.4　客户型销售团队类型结构图

近年来，按行业市场的划分来建立销售团队的企业逐渐增多，而产品型销售团队在某些行业已经开始减少。这种趋势还在蔓延，因为市场专业化与客户导向理念一致，都强调了营销观念。按行业市场划分销售团队的著名公司有施乐、IBM、NCR、惠普、通用食品和通用电气公司等。

按行业市场组织销售队伍最明显的优点是，每个销售人员都能了解消费者的特定需要；有时还能降低销售人员费用，更能减少渠道摩擦，为新产品开发提供思路。但是，当主要客户减少时，这种销售团队类型会给企业造成一定的威胁。

4. 复合型组织

上述3种销售团队建设的基础都是假设企业只基于某一种因素划分销售团队，如按区域、产品或顾客。事实上，许多企业的销售团队是这几种类型的组合。例如，可以按产品和区域划分团队类型，也可以按顾客和区域划分团队类型，还可以按产品和顾客划分团队类型。

当企业在一个广阔的地域范围内向各种类型的消费者销售种类繁多的产品时，通常需要将以上几种类型混合使用。销售人员可以按"区域—产品"、"产品—顾客"、"区域—顾客"等方法加以组织，一个销售人员可能同时对一个或多个产品线经理和部门经理负责。

正如我们所看到的那样，销售团队按行业市场划分的趋势仍在继续，销售团队划分的基础——区域、产品、顾客或者其组合将因企业而异。

5. 大客户销售团队

企业的大部分销售额来自于少数的大客户。这些交易量大的客户对企业显然非常重要，企业在设计销售团队时必须予以特别关注。大客户销售团队是指以客户的规模和复杂性为划分依据的市场专业化销售团队，企业设专门的机构和人员来负责大客户的销售业务。

大客户是指购买数目大且购买情况复杂的客户。大客户识别如图 8.5 所示。

对于大客户销售业务的管理，企业通常实行销售人员负责制。建立一支独立的大客户销售队伍，由专门的销售人员负责对大客户的销售和服务，给大客户提供一些特殊的关照。每位大客户销售人员通常负责一个或多个大客户，并且负责协调企业与大客户的关系。大客户销售团队类型的结构如图 8.6 所示。

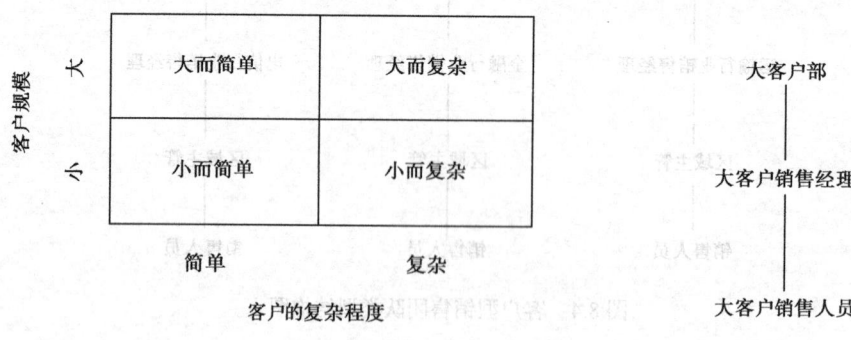

图 8.5　大客户识别图　　　图 8.6　大客户销售团队类型结构图

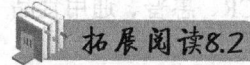

拓展阅读8.2

狼性文化从何而来

自古以来，国人趋向于以物言志，将某种精神特质和追求用有形的物体表达出来。于是，用一种动物的特征形象地表达企业文化，成为中国企业通行的做法，我们不妨将其称为"企业文化的仿生学情结"，如狼性文化。

说狼性文化在中国的风靡，不能不提一本书——《狼图腾》，不能不提一家公司——华为。

《狼图腾》自 2004 年出版以来，至今已经发行 500 万册，荣获畅销书榜单。该书以北京某青年在内蒙古草原上插队的经历为主，由十几个连贯的"狼故事"组成，对"狼文化"做出了描述和定义。该书出版发行后，备受好评，尤其是得到企业家的赞许。

海尔集团 CEO 张瑞敏就无比推崇《狼图腾》，认为"狼精神"是对企业文化无与伦比的超前认识。

而华为，则是中国企业狼性文化的"始作俑者"。任正非将狼的性格融入管理文化，以培养出一批永远处于饥饿状态的"饿狼"为己任。

百度CEO李彦宏也曾"呼唤狼性，淘汰小资"。在李彦宏看来，要让所有员工更明确，如果想找一个稳定工作，不求有功但求无过地混日子，请现在就离开，否则我们这一艘大船就要被拖垮。

8.5 确定销售团队的规模

销售人员是企业的重要资产，企业每年需要在销售人员身上投入大量的资金。销售人员的数目与销售量和销售成本具有密切的联系：人员增多，销售量与成本亦同时增加。但究竟需要多少销售人员才是最理想的数目？这是销售经理必须解决的问题。下面介绍3种决定销售人员数目的方法。

1. 任务分解法

假定企业准确预测销售额是可能的，通过分解预测销售额即可决定所需销售人员的数量，其计算公式为

$$销售团队规模 = \frac{预测的销售额}{销售人员完成的平均销售额}$$

例如，一家公司预测明年的销售额为5 000万元，如果销售人员平均完成的销售额为200万元，那么该公司需要25位销售人员来实现5 000万元的销售额，即

$$5\ 000 \div 200 = 25（人）$$

任务分解法是相对简单的确定销售团队规模的方法。但是，这种方法在概念上是有缺陷的。这种方法的基础是销售额决定所需销售人员的数量，本末倒置了，应该说销售人员的数量是决定销售额的重要因素。销售额应建立在既定的销售队伍规模的基础上，增加销售人员将增加销售预期，而减少销售人员会降低销售预期。

虽然任务分解法有这样的缺陷，但它仍然是最常用的确定销售团队规模的方法。这种方法尤其适用于相对稳定的销售环境，即销售额变化缓慢且可以预测，没有重要的战略调整。

2. 工作量法

以销售工作量确定销售团队规模的方法，主要是利用拜访潜在客户的次数，以相同工作量的原则来决定销售人员的数目。应用这一方法的步骤如下。

（1）选择一个可将客户或潜在客户清楚地分为几个等级的依据。这个依据可能是每年的销售量，或者是从销售量中获得利润的数目或客户的需求，通常较多使用的是销售量。

（2）根据过去的购买形式、销售经验和销售量等，决定每一级客户的数目和相对访问频率——每年对一个客户的访问次数。

（3）计算企业销售访问的总次数。每一类客户数乘以各自所需的访问次数，即可得到销售人员的总工作量。

（4）确定一位销售人员每年的平均访问次数。在确定每位销售人员每年的平均访问次数时，应考虑客户的地理分布和集中情况、每次访问所需的时间和等待的时间以及其他因素。

（5）估计所需销售人员的数目。此数目可通过将访问次数除以每位销售人员的平均访

问次数而得到。

如表 8.1 所示为工作量法设计表，假若平均每位销售人员每年可完成 900 次访问，则所需销售人员的人数是 49 500÷900＝55（人）。

表 8.1　工作量法设计表

客户等级	客户数目	访问次数	总访问次数
甲	300	50	15 000
乙	600	30	18 000
丙	900	10	9 000
丁	1 500	5	7 500
合　计	3 300	95	49 500

3. 销售能力法

销售能力法是指企业通过测量每位销售人员在范围大小不同、销售潜力不同的区域的销售能力，计算在各种可能的销售人员规模下企业的销售额和投资收益率，以确定销售团队规模的方法。

应用销售能力法分析销售团队规模的步骤如下。

（1）测量销售人员在不同销售潜力区域内的销售能力。一般来说，销售潜力越大，销售绩效越高。但销售绩效的增加往往赶不上销售潜力的增加，所以必须通过调查测定各种可能销售潜力下销售人员的销售能力。

（2）计算在各种可能的销售人员规模下的企业销售额，其计算公式为

$$企业销售额＝每人平均销售额 \times 销售人员数$$

（3）依据投资报酬率确定最佳销售人员规模。根据各种可能销售人员规模下的企业销售额（销售收入）以及通过调查得出各种相应情况下的销售成本和投资情况，即可计算各种销售人员规模的投资，其计算公式为

$$投资报酬率 = \frac{销售收入 - 销售成本}{投资额}$$

投资报酬率最高的人员规模即为最佳销售人员规模。这种方法比较复杂，要求必须有足够多的地区来做相同销售潜力的估计，故运用起来比较困难。另外，分析时也忽略了地区内客户的组成、地理分散程度及其他因素的影响，而将销售潜力作为影响销售绩效的唯一因素。所以，只有当其他因素相同，且各种可能销售人员规模的销售潜力资料很容易取得时才使用此法。

【任务小结】

销售团队是企业组织体系的重要组成部分，是企业充分发挥具有销售能力的各要素作用的基本保证。根据市场竞争的要求和企业销售管理实际，建立科学、合理、高效的销售团队，并对企业销售系统的机构及人员进行严密组织，是保证企业销售计划能够贯彻执行

的基本条件，是企业销售工作顺利进行的保障，是开展销售管理工作的基础，是支撑企业销售目标的平台。

销售团队是指企业为了实现销售目标而将具有销售能力的销售人员、产品、资金、设备和信息等各种要素进行整合而构成的有机体。一般来说，影响销售团队设计的因素主要有环境、战略、技术和组织结构。设计销售团队必须遵循客户导向的原则、精简与高效的原则、管理幅度合理的原则、稳定而有弹性的原则。

构建销售团队是根据组织的目标，在考虑组织内外部环境的基础上建立和协调组织结构的过程。这个过程的一般步骤为分析客户与市场、确定工作类型、确定工作任务、设计工作内容和建立组织结构。销售团队的类型有区域型组织、产品型组织、客户型组织、复合型组织和大客户销售团队。确定销售团队规模的主要方法有任务分解法、工作量法和销售能力法。

任务 9 招聘并培训销售人员

【任务导入】

老板的用人之道

一家软件企业用了 10 年时间把销售业绩从 100 万元提高到了 1 亿元，企业规模不断扩大。这时企业很需要人才，于是老板安排人力资源经理组织招聘，寻找适合企业的人才。招聘广告登出不久，就收到了大量简历，人力资源经理先对简历进行了初步筛选，再将相关资料交给老板，由老板直接面试。老板如果感觉不错，就会对应聘人员说："这样吧，现在我手里有个魔方，你试试把 6 面都排成一色的，最迟 3 天后交回，然后我们再谈工作的事情，拜托了。"有 5 个人接到了这项任务。

第一个人很快就来见老板了，他说："老板，我完成了您的任务，请看。"老板一看，不错啊，但是感觉不太对劲。最后弄明白了，原来是这小伙子用油漆把 6 个面重新刷了一遍。老板既兴奋又痛苦。痛苦的是这个小伙子说了谎，兴奋的是他的创造能力非常强。于是，第一个人被留下来做研发。

第二个人是在老板交代任务的当天下午把魔方交回的。"老板我完成任务了，请看。"老板不信他这么快，要求他现场演示。果然只用了 20 分钟，他就完成了。老板很兴奋，这小伙子太聪明了，决定把他留下来做策划。

第三个人很憨厚，他按时在 3 天后交回了魔方。老板问："魔方是你自己排好的吗？"他说："您要求把它排好，但没要求一定要谁做。"小伙子接着说，"我有 3 个大学同学特聪明，晚上请他们泡酒吧，他们就帮我排好了。"老板想想有道理，适合留下来做销售和服务。

第四个人是来自农村的一个女孩子，3天后她对老板说："这份工作我不要了，我把魔方弄得乱七八糟，也不知道它值多少钱，我只有100元，算是赔您的，现在我能不能走了？"老板一听，这样的人留下来做财务最放心，这是第四种人才。

第五个人按时把魔方排好了，老板拿着魔方琢磨了半天，翻来覆去看不出破绽。最后终于明白，这个魔方既不是油漆刷过的，也不是原来的，是新买的。老板心想，要找到优秀的软件开发人员这么困难，这个人一定得留下来给我做盗版业务。

于是，5个人全部留了下来，但是大家一定要注意每个人得到的岗位是不一样的。世界上没有绝对的好与坏，只有合适与不合适的区别。

该案例反映的是一个用人问题，在一个销售组织中，一定要招聘到适合做销售的人。

【任务学习】

9.1 招聘销售人员

1. 招聘途径

招聘销售人员的途径很多，主要有内部招聘和外部招聘两种。

（1）内部招聘。内部招聘就是从企业内部人员中选聘具有销售人员特质的人来充实销售队伍。企业内部某些具有销售能力的人员，尤其是一些年轻人员，可能在其他岗位工作。当销售岗位需要补充人员时，在本人自愿的情况下，可以通过一定的测评方式，把具备销售能力的人充实到销售队伍中，具有明显优势。

① 应聘者熟悉产品的规格与包装、产品的型号与特点，不需要做产品知识培训。
② 招聘成本低，不需要诸如广告费、会务费和代理费等直接费用的开支。
③ 招聘成功率较高，风险较小。
④ 树立企业提供长期工作保障的形象，有助于人员的稳定。

（2）外部招聘。外部招聘是指根据企业的需要，以公开形式通过全面考核录用销售人员。外部招聘对企业有很多好处，它可以利用外部候选人的能力与经验为企业补充新的生产力，而且能够给企业带来多元化的局面，避免近亲繁殖。

外部招聘的方法很多，如广告招聘、校园招聘、员工举荐招聘、人才招聘会招聘、外包招聘和特色招聘等，企业可以根据自己的实际情况灵活做出选择。

① 广告招聘，广告招聘是利用各种宣传媒介发布企业招聘信息的一种方法。
② 校园招聘，校园招聘是录用新员工最常用的一种方法，这种方法可以为企业的长期发展提供人才储备。
③ 员工举荐招聘，员工举荐是一种常见的招聘方式，很有效率。
④ 人才招聘会招聘，这是一种比较传统的招聘方式，效率也相对较低。
⑤ 外包招聘，是指将招聘任务委托给中介机构或者职业介绍所来完成的招聘。
⑥ 特色招聘，是指企业组织一些主题活动以吸引求职者。

2. 招聘原则

招聘销售人员的4项基本原则为喜欢、自信、悟性和德行。招聘优秀销售人才的第一个原则就是他要对销售行业感兴趣，喜欢做销售工作，拥有足够的自信心，具有较强的领悟能力，能听懂客户所讲的话，能理解客户所说的事。当然，选择一个人才加盟销售团队还得考虑他的"德行"是否端正。

（1）喜欢。俗话说，爱一行干一行。一个你根本就不喜欢、不感兴趣的行业，你会去做吗？即使做了，又能做长久吗？所以，在销售行业里不是所有的人都适合做销售，只有喜欢销售的人，才会在销售这一行业里发挥出自己的潜能，做出较大的成绩。

那么，如何去判断一个人是否喜欢销售行业呢？在招聘面试中许多考官所问的问题都是封闭型问题，如"您喜不喜欢销售工作？"我想没有一个应聘者会说："我不喜欢做销售。"而都会说："我很喜欢做销售。"

判断一个人是否真的喜欢销售行业，可以多问他一些关键词如"兴奋"、"舒服"这类问题。当他谈到兴奋时一定会夸夸其谈，眼睛发亮，越说越投入。

（2）自信。销售行业的工作面临许多的困难与挫折，没有自信的人是坚持不到最后的，也就做不了销售行业。一个人是否自信，我们可从与他交流的话题中，他回答问题、处理意外事件时的表现与举动上加以判断。

最重要的是他的眼神，充满自信的人是敢于面对考官眼神的。充满自信的人，其眼神充满了希望的曙光。面试考官要学会观察，才能通过与应聘者的沟通判断其是否拥有自信的元素。

（3）悟性。悟性，即人们常说的灵活性或聪明。沟通中的某些暗语或动作可以帮助人们理解别人的想法，这一点在销售谈判中尤其重要。做业绩靠努力、勤奋即可达到，但做大业绩则要靠一个人的悟性（理解力）方能达到。

销售人员中通常包括4类人：悟性之人不用教，聪明之人用言教，平庸之人用身教，愚钝之人棍棒教。所以，选对悟性之人可以有助于我们管理团队、训练团队和创造销售奇迹。

（4）德行。小胜依己之能，大胜靠己之德。一个人要取得小成就可以凭个人能力去拼搏和努力，但要取得大的成就则离不开一个人的德行。德行端正者可使企业蒸蒸日上，德行不端者则可使企业关门倒闭。可见，德行是选才之重中之重。

当然，世界上没有如此完美的人，想要在一个人的身上找到以上所述的4个条件几乎是不可能的，销售人员只要符合其中两项或是一项就很了不起了！上述4条原则仅仅是作为招聘销售人员的参考。

3. 招聘标准

销售经理在招聘人员之前，要结合公司情况、产品特征和销售难度等确定所需销售人员的条件以及适合自己销售团队的用人标准，将符合标准的人纳入自己的团队。通常，招聘销售人员的标准可分为硬性标准与软性标准两类。

（1）硬性标准（客观存在的事实）。

① 声音，会讲普通话，能准确表达，并以平和亲切的音调传达给对方。

② 学历，销售职业对学历的要求一般是专科以上，具体依产品的技术性、复杂性而定。

③ 工作经验，销售职业对工作经验没有特别要求，有相关工作经验者优先。

④ 外表，对于销售工作而言，人的外表也是一张好的名片。

（2）软性标准。

① 亲和力，在销售工作开展的过程中，亲和力是非常重要的。

② 影响力，影响力决定说服力，一个没有影响力的销售人员，很难适应销售工作。

③ 激励力，面对压力和挑战，良好的自我激励能让销售人员建立积极的心态。

④ 理解力，销售的最高境界就是把一样的产品卖出不一样的感觉，这就要求销售人员了解客户的诉求。

⑤ 自信力，销售人员一定要做到三个相信：相信自己、相信公司、相信产品，并将这种自信传达给客户。

员工资质的冰山

把一个员工的全部才能看做一座冰山，浮在水面上的是他所拥有的资质、知识、行为和技能，这些就是员工的显性素质。这些显性素质可以通过各种学历证书、职业证书来证明，或者通过专业考试来验证。而潜在水面之下的东西，包括职业道德、职业意识和职业态度，我们称之为隐性素质。显性素质和隐性素质的总和构成了一个员工所具备的全部职业化素质。例如，应届毕业生在显性素质方面表现还可以，但在隐性素质方面由于没有得到过培训，所以比较欠缺，这就是很多企业不招聘应届毕业生的真正原因。

一名员工像一座冰山，呈现在人们视野中的部分往往只有1/8，而看不到的则占7/8，如图9.1所示。从图9.1中可以看到，上边的1/8是其资质、知识、行为和技能，下面的7/8则是由职业意识、职业道德和职业态度三个方面形成的基石。要培育优秀的职业化素质，就要重视这三个隐性方面的内容，因为它占员工素质的7/8，同时还深刻地影响着员工1/8的显性素质。

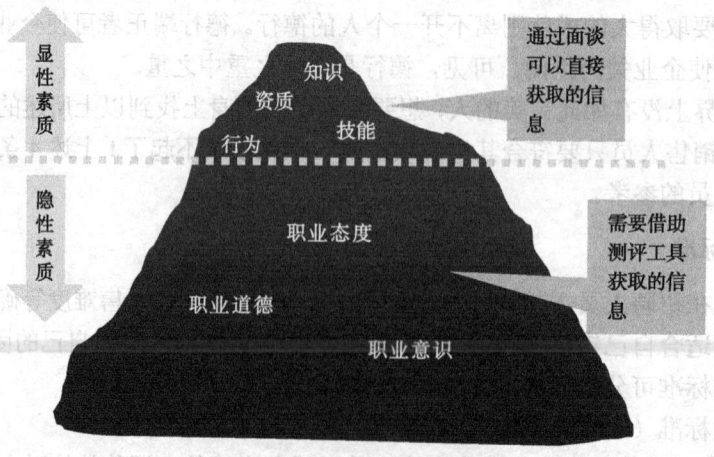

图9.1　员工素质的冰山模型

员工素质"水上部分"的基本知识和基本技能等是显性的，随时可以调用，是人力资源管理中比较重视的方面，它们相对来说比较容易改变和发展，培训起来也比较容易见成效，但很难从根本上解决员工综合素质方面的问题。

员工素质"水下部分"的职业意识、职业道德和职业态度等是隐性的，如果不加以激发，它只能潜意识地起作用。这方面素质处于冰山的下层，是人力资源管理中经常被忽视的。然而，如果员工的隐性素质能够得到开发，那么对员工个人发展的影响将是非常巨大的，同时对企业的影响也将更加深远。

大部分企业非常重视员工显性素质的培训，如职业技能培训等，因为这些培训的效果容易立竿见影。由于企业往往忽视员工隐性素质的培训，忽视职业意识、职业道德和职业态度方面的培训，因此也就很难从根本上提升企业的核心竞争力！全方位职业化素质培训的作用就是要"破冰"，要将被培训者头脑中潜藏的意识和态度挖掘出来，将冰山水面上的和水面下的部分完全协同起来，最大限度地发挥 7/8 水下部分的核心作用。只有重视员工隐性素质的培训，才能够更好地提高员工显性素质培训的效果！

企业员工职业化程度的高低决定了企业未来的发展，也决定了员工自身未来的发展。是否具备职业化的意识、道德、态度和职业化的技能、知识与行为，直接决定了企业和员工自身发展的潜力和成功的可能。具备职业化素质，那么你就拥有了相当的职业竞争力，也就迈出了获得成功的第一步。

4. 招聘工作流程

要组建一支高效率的销售队伍，关键在于选择有能力的优秀的销售人员。一般的销售人员与优秀的销售人员相比，其业务水平有很大的差异。在美国，一项对 500 多家企业调查的结果表明，27%的销售人员创造了 52%的销售额。除销售效率的差别外，选用不当的销售人员还会造成巨大的浪费。在这些企业任职的 16 000 名销售人员中只有 68%的人表示坚持工作到当年的年底，而留下的人中只有 50%的销售人员是企业希望在下一年继续聘用的。虽然各个企业的销售人员招聘工作流程不尽相同，但都必须在上一个步骤筛选通过之后才能进入下一个步骤，以确保选出优秀的销售人员，如图 9.2 所示。

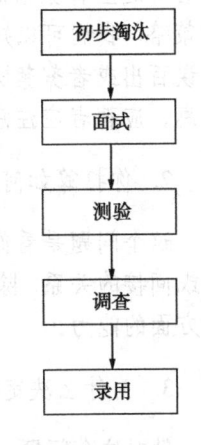

图 9.2　招聘工作流程

（1）初步淘汰。通过多种途径获得的候选人通常比岗位所需要的人数要多，也免不了鱼目混珠。为了防止明显不合格人员继续参加以后各阶段的选拔，以节省时间、费用和提高效率，要对应聘者进行初步淘汰。

（2）面试。面试是一种最普遍，也是最重要的选拔测评方法，是面试官通过与应聘者直接交谈或者置应聘者于某种特定情景中进行观察，从而对其是否具备某些能力、素质和资格条件进行测评的一种方法。

面试结束后，面试官需要对应聘者进行评估，填写销售人员面试评估表，如表 9.1 所示。

表 9.1　销售人员面试评估表

应聘者姓名		性别		年龄	
应聘职位		所属部门		面试日期	
评估项目	测评内容				分数
仪表	端庄整洁，健康状况良好				
语言表达	吐字清晰，用词恰当，逻辑性强				
知识	大专学历，常识丰富				
工作经验	专业工作经验及同类职位工作经验丰富				
沟通能力	亲和力强，富有感染力，能接受别人的观点或对自己的意见				
工作态度	诚恳，有责任心，自律性强				
总体评价					

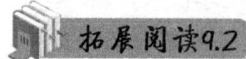

典型销售人员面试问题及解析

1. 请你简要地介绍一下自己

这个问题是为了弄清楚两件事情：一是关于应聘者的一些有意义的背景信息；二是应聘者对这些背景信息的整合能力和陈述能力。通过考察他/她在说明自己的经验时所采用的策略，我们可以知道他/她在绘声绘色地描述我们公司产品时能采用的策略。夸大其词、错误百出或者絮絮叨叨地复述过去的事情，却又与当前的工作毫无关系，这些都是冗余的信息。应聘者应注意避免。

2. 你打算如何把自己以前的经验应用到我们公司的销售工作中

这个问题是看你在证明自己的能力时所使用的例子。这些例子可能跟销售活动有些直接或间接的关系。除了这些明显相关的情节，应聘者还应该突出自己在设定目标和达到目标方面的能力。

3. 为什么决定到我们公司应聘这份销售工作

针对这个问题，用人单位都不希望求职者茫然地凝视或耸肩，然后含糊其辞地说："你们在报纸上打广告，我就来应聘了。"企业希望找到证据证实你对下列情况有些基本的了解：你所要应聘的公司是做什么的？销售对象是哪些客户？为什么说把公司的产品或服务卖给那些客户是对专业水平的挑战？在回答时，尽量表达出内心对于销售这份工作的热情。

4. 请说出一个你遇到的棘手问题，并说明你是如何妥善处理这个问题的

你说明的案例应该可以表现出你的机智、交际手段以及对意想不到的挑战迅速给予回应的能力。应聘者应该知道如何对过去的功绩做有说服力的口头说明。在叙述的过程中，

一定要流利。如果结结巴巴地讲了一个面试官勉强能听懂的故事，很明显，面试官不会相信你会有很强的销售能力。

5. 可以告诉我，你认为你有哪些技能可以让你销售成果显著

对于这个问题会有两个类似的好回答：其一，"我就是那种在任何地方都可以销售成功的人，在这个公司也不例外。"记住，要充满自信，并且需要举例说明。其二，"根据我所了解的关于贵公司的一些情况，我认为可以在这里做得很好，我对此非常有信心。不过，我对这份工作了解得还不够多，在此不能冒昧地告诉您我为什么会取得显著成果的具体理由。坦诚地说，还有许多事情我不知道，我能否问您几个关于这份工作的问题？"根据普通而又可靠的原则，用人单位有时候更愿意雇用那种敢于机智发问和那种不介意纠正他的错误的人。

6. 如果你有机会把事情重做一遍，你的做法会有什么不同

这个问题要考察的是，当不同的方法可能产生更好的结果时，你是否具备后退一步、反复思考的能力。无论销售人员是野心勃勃的新手还是经验丰富的老手，如果不能从诸如一次糟糕的销售会议或者一个没有及时回复的客户电话之类的事情中吸取教训，那么他不大可能会成为我们所想象的那种优秀的销售人员。

7. 你和你的经理或者老板有过意见分歧吗？遇到分歧时，你是如何做的

对于这个问题，不适合说"没有"，因为工作中的意见分歧是在所难免的。首先你可以说明，人并不总能与他人和睦相处，没有任何分歧，并且你知道如何讨论、协商以及如何从工作冲突中脱身。不好的回答是含蓄地或者直截了当地问经理或老板，到底自己做错了什么。最终把分歧的错误一方归于经理或老板。

8. 告诉我一项别人都不相信你能完成但你却完成了的业务

有经验的销售人员至少会有五六个这样的事例。对于这个问题，你应该重点突出你的抗干扰和克服难题的经验和毅力以及思考方式等。

9. 如果我认为你在面试期间的回答表现存在严重问题，你会怎么做

这个问题主要是看你对与客户交流中存在的压力如何反应。大多时候，面试官并没有直接说你有严重问题或者表现很差，只不过是一些暗示。遇到这个问题，关键是要保持冷静的头脑，从容机智地应答。

10. 为取得成功，一个好的销售人员应该具备哪4个方面的素质？你为什么认为这些素质是十分重要的

回答这个问题时，说出你自己的见解即可。

（3）测验。一个人要想胜任销售工作或在销售工作中取得一定的成就，就必须具备相应的能力，如观察能力、记忆能力、理解能力和思维推理能力等。面试只能反映应聘者的

外在表象，测验则能测出应聘者的真实能力和水平。

① 专业知识测验，目的是看应聘者是否具备有关销售方面的基本知识，包括产品知识、客户知识、竞争知识和行业知识等。

② 心理素质测验，主要是对应聘者进行智力、个性和兴趣等心理特征的测验。这些心理特征对销售工作具有重要影响，有时能关系到销售工作的成败。

③ 环境模拟测验，指在模拟的工作环境下，对应聘者在某些销售工作压力之下的反应进行测验，以推测应聘者能否适应销售工作。

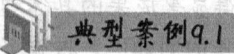

某先生应聘销售部门主管的经历

我到了M公司，一位小姐友好地将我引到一个房间，房间里有一张椭圆形的会议桌，来参加面试的人都围着这张会议桌坐下，总共8位应聘者，分别应聘不同部门的职位。一会儿，几名考官进来了，其中一位先生代表公司向大家问好，并让房间里的人都做了自我介绍。他们没有发给我们考题，而是拿出一盒积木。还是刚才那位先生向我们介绍了活动的规则，原来是让我们8个人一起设计一个公园。我们花了大约一小时建好了一个公园，之后那几位考官问了我们一些问题，这个"节目"就算结束了。休息了一会儿之后，他们给我们发了一些测试题，里面的题目有图形的，也有文字的，好像是心理测验，上午的时间就这样过去了。

午饭后，一位考官对我进行了面试，然后又让我做了一些测验。这个测验与上午的不同，我是被安排在一个单独的小房间里，在一个文件袋里装了一大堆各式各样的文件，我被假设成为一个公司的代理总经理，批阅这些文件。

在我批阅文件的过程中，有一名莫名其妙的"顾客"闯进来投诉。我想，这下糟了，本来批阅文件的时间就很紧张，我快要无法完成作业了。总算把那个难缠的顾客打发走了，我继续批阅那些文件。在我快要批阅完那些文件的时候，一位工作人员进来递给我一张纸条，上面说要求我作为这家公司总经理的候选人参加竞选。竞选将在10分钟后开始，我必须根据文件中得到的关于公司的信息做出一个3~5分钟的竞选演说。于是，我又匆忙准备这个竞选演说。10分钟后，工作人员带我到了另外一个房间。考官们已经在那里坐好了。我就按照自己准备的内容做了演讲。紧张而有趣的一天就这样结束了。

（4）调查。在测验环节通过之后，下一步就是对应聘者所提供的材料进行审核，以确认资料的真实性。调查的主要内容包括：工作经历、品格、信用等。

（5）录用。在运用各种方法对应聘者进行几轮选拔后，我们就得到了他们能否胜任的信息，根据这些信息可对胜任者做出是否录用的决定。在人员录用时应遵循以下基本原则：

① 工作动机优先原则；

② 注重工作能力原则；

③ 公平竞争原则；

④ 慎用超过任职资格条件的应聘者。

9.2 销售培训

1. 认识销售培训

销售培训是指企业为销售人员提供与销售工作有关的知识、技能、态度和行为的学习机会,旨在增进销售人员的工作绩效,更好地实现企业的整体目标。

被誉为销售培训之父的 NCR 公司创始人约翰·帕特森曾说过:"在 NCR 里,我们的销售人员从未停止过学习。"同样,我们的企业也要对销售人员进行系统、全面、综合的培训,并为销售人员制订持续的培训计划,即使是那些成功的销售人员也要完成这些培训计划。

企业培训的目的不应仅仅局限于对销售人员基本技能的开发上,而应将培训看成创造智力资本的途径,创造一个有利于人与企业共同发展的学习型组织。事实证明,那些未经培训的销售人员,工作业绩一般都不太理想,在销售活动中,他们的很多工作是无效的。所以,一些有战略眼光的企业往往把员工的培训作为企业的一件大事来抓。

拓展阅读9.3

销售人员可以享受哪些培训

1. 岗前培训

被企业录用的员工,上岗前需要接受企业组织的岗前培训,包括企业文化培训和销售业务知识与技能培训两部分。

企业文化培训包括:企业的基本情况,如企业发展史、企业核心价值观、企业发展战略、企业经营状况等;企业的机构设置、人员配备及职责范围;企业的各项管理制度及各项业务工作流程。

2. 在岗培训

企业根据工作需要对在职员工组织不定期的不脱产培训,包括品德修养培训、业务知识及技能培训、成功销售人员的经验分享等,企业还将根据工作需要对部分优秀员工进行脱产培训、拓展训练等。

3. 储备人才预备性知识养成类培训

目的是解决企业快速发展过程中核心人才、经营管理人才及新开店店长的后备人选问题,同时打通内部晋升通道,促进员工的职业生涯发展。

4. 中、高层主管管理能力发展类培训

为促进学习型组织升级,导入新型管理思维,加强中、高层管理团队职业素养与专业化提升。

2. 培训原则

企业在培训销售人员时应当注意，务必使培训从形式到内容都与销售工作有关。因此在销售人员的培训过程中，要注意把握好以下原则。

（1）学以致用原则。企业的培训要有针对性，要根据企业的实际需要进行培训，一切从岗位的要求出发，既不能片面强调学历教育，又不能急功近利，追求立竿见影。应该缺什么，补什么；学什么，用什么。

（2）尊重差异原则。从普通的推销员到各级销售主管，他们的工作性质不同，创造的绩效不同，能力与达到的工作标准也不相同。在培训中应充分考虑他们各自的特点，做到因材施教。

（3）有效学习原则。企业的员工都是成年人，成年人学习与未成年人不同，他们在培训中更知道有效地进行学习。第一，有学习欲望时才能学习，没有学习欲望几乎不能学习；第二，通过实践活动较易学习；第三，联系过去和现在的经验时较易学习；第四，联系未来情景且有指导意义的内容时较易学习；第五，在非正式、无威胁的环境中学习，效果更佳。

（4）效果反馈与结果强化原则。在培训过程中要注意对培训效果的反馈和结果的强化。反馈的信息越及时、准确，培训的效果就越好。对结果的强化，不仅应在培训结束后马上进行，还应在培训后的工作中对培训的效果进行进一步强化。

（5）激励原则。培训也是一种激励，目的是让员工参与培训，感受到组织对他们的重视，提高他们对自我价值的认识，增加他们职业发展的机会。

（6）持续培训原则。销售培训必须持续进行。这是因为公司的产品、技术、市场和顾客都在变化，一次培训并不能满足变化的要求，只有制订持续不断的培训计划，才能保证销售人员每次拜访都能发挥最大的效用，使销售人员在面对各种情况时更有信心。客户期望销售人员都是专家，受过良好训练、有问必答的销售人员才能显示出这种专业水准。

典型案例9.2

丰田汽车销售公司的员工培训

丰田公司长期以来一直非常重视对员工的培养和教育。公司认为，推动和发展企业的是人，也就是员工，任何工作、任何事业要想得到发展，最要紧的是"造就人才"。丰田公司实行的全员全过程培训包括以下3方面内容。

1. 新员工培训

新招来的销售人员需要接受为期半年的教育培训，这种培训是以"了解第一线销售人员的处境"为中心内容的全方位的彻底培训，目的是使新员工成为一名真正的"丰田人"。

首先是一般教育，传授销售人员应有的思想认识、丰田集团概况、"神谷"思想，以及丰田汽车销售公司业务内容等，目的是使新员工对企业有一个基本的了解，认识到做一名丰田企业的推销员是幸运的。然后把新员工送到丰田汽车工业公司所属工厂，进行约两周的工厂实习。接着，以现场实物为教材，随维修人员再接受约一周时间的维修实习。

这一过程结束后，进入销售实习阶段，在丰田所属的销售店进行为期3个月的推销员教育和实际销售工作。这样新员工对汽车的生产、维修及销售都有了实际体验。在各销售店，新员工的训练指导由丰田汽车销售公司的老推销员承担。

2. 销售人员的继续教育

具有2年以上销售经验的推销人员，需要到公司进修中心接受继续培训。进修中心根据推销员的工作年限开设内容不同的讲座，如"贸易谈判技术专业讲座"等；利用角色扮演等形式，学习并提高推销技巧。此外，对于晋升为代理经理、副课长、课长、营业所长的人员要进行相应的培训，为期4天左右。

3. 经销店负责人的培训

丰田公司每年都多次举办"经销店负责人讲座"、"经销店负责人研究讨论会"等，使所有经销店负责人都得到培训。经销店负责人研讨会，不采用讲课形式，而是通过对处理各种情况的办法进行研讨，培养经营者的正确判断能力，学习如何果断地进行领导，判断某一事物是否正确。通过讨论会，汽车销售企业希望把经销店的经营者培养成为能够适应经济环境变化的人员，进而加强汽车销售和经销店之间的联系，互相沟通思想。

丰田公司通过坚持这一系列培训制度，对企业全体员工进行系统的教育，从而全面提高了企业的整体素质。丰田公司的每位员工，总是在不断地重复"学习、实践、再学习、再实践"的过程，由此不断地创造更好的工作业绩。

3. 培训工作流程

销售培训流程分为4个步骤：制订培训计划；确定培训模式；选择培训方法；评估培训效果，如图9.3所示。

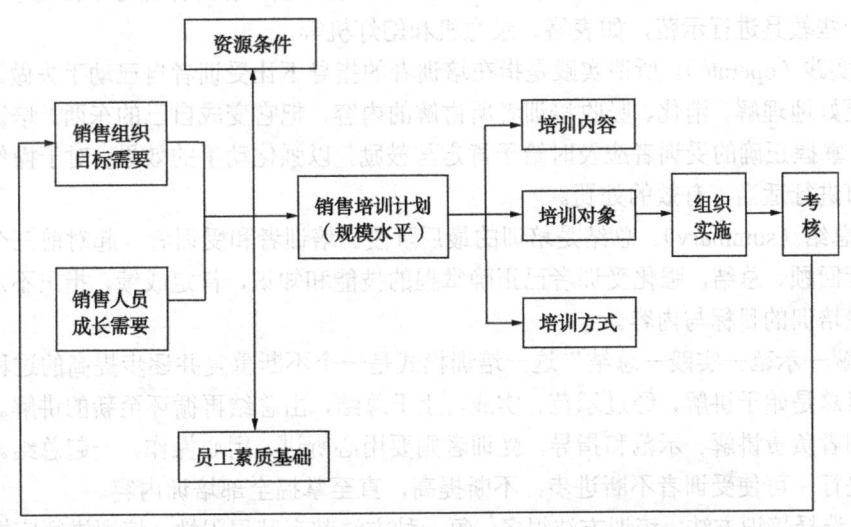

图9.3 销售培训流程图

(1) 制订培训计划。企业的培训计划需要明确以下问题：培训目的；培训时间；培训地点；培训方式；培训师资；培训内容。

① 培训目的。每次培训至少要确定一个培训目的，销售培训的主要目的有发掘销售人员的潜能、增加销售人员对企业的信任、训练销售人员的工作方法、改善销售人员的工作态度、提高销售人员的工作热情、奠定销售人员的合作基础等。培训的最终目的，是提高销售人员的综合素质，以增加企业产品的销售，提高企业的利润水平。

② 培训时间。培训计划中的时间应表达3个方面的内容：一是培训计划的执行期或者有效期；二是培训计划中每一个培训项目的实施时间或者培训时间；三是培训计划中每一个培训项目的培训周期或课时。

③ 培训地点，需要说明具体的培训地点。

④ 培训方式，销售人员培训的方式主要有：课堂培训、现场培训、会议培训、上岗培训和模拟培训等，企业可根据实际情况选择适宜的方式。

⑤ 培训师资。在培训计划中要明确每个培训项目的培训教师由谁来担任，一般来说，销售培训师资有3种主要来源：公司的专职培训人员、正规销售机构的人员、公司外部的培训专家。无论什么形式的师资，培训教师应由学有专长和富有销售经验的专家学者担任。

⑥ 培训内容。培训内容通常依工作的需要及受训人员已具备的才能而异，销售培训的内容涉及面较广，一般包括知识、技能和态度3个方面。

(2) 确定培训模式。销售培训的关键在于培训的有效组织与实施，销售培训运用最为广泛的就是LDOS培训模式。

① 讲解（lecture）。讲解的重点应围绕培训目标展开，每一讲都应有明确的教学目标，应向受训者讲清楚从这一讲中可以学到什么知识、获得什么技能、得到什么回报或利益；应告诉受训者学什么、做什么；更应告诉他们为什么要这样学、这样做，使其知其然又知其所以然。

② 示范（demonstrate）。除了讲解，培训者应有足够的示范来辅助、强化讲解内容。示范应能展示完成一种销售功能的操作与维护的正确方法，培训者既可亲自动手示范，也可利用一些教具进行示范，如表格、录像机和幻灯机等。

③ 实践（operate）。所谓实践是指在培训者的指导下让受训者自己动手去做，通过动手做来更好地理解、消化、吸收培训者所讲解的内容，把它变成自己的东西。培训者对操作认真、掌握正确的受训者应及时给予肯定与鼓励，以强化动手的效果；对于操作错误的受训者可进行适当、有效的处罚。

④ 总结（summary）。总结是培训的最后阶段。培训者和受训者一起对前三个阶段的内容进行回顾、总结，强化受训者已正确掌握的技能和知识，肯定成绩，指出不足，并预告下一轮培训的目标与内容。

"讲解—示范—实践—总结"这一培训模式是一个不断重复并逐步提高的过程，每个培训项目总是始于讲解，经过示范、实践，止于总结，由总结再循环至新的讲解。在此程序中培训者负责讲解、示范和指导，受训者则要用心听讲、用心操作，一起总结。此程序的反复进行，可使受训者不断进步，不断提高，直至掌握全部培训内容。

(3) 选择培训方法。培训方法很多，每一种方法都有其局限性，培训讲师应根据不同的培训目标选择合适的培训方法。

① 演讲法，是指教师以讲述的方式传授课程内容，这是应用最广的培训方法之一，非常适合口语信息的传授。

② 个案研讨法，指教师提供实例或假设性的案例让学员研读，从个案中发掘问题、分析原因、提出解决问题的方案，并最终选择一个最合适的解决方案。

③ 视听技术法，指运用投影、幻灯片及录像进行培训的一种方法。一般而言，这种方法很少单独使用，通常与演讲法或其他方法一同搭配进行。

④ 角色扮演法，是将学员置身于一个故事情节中让其演练，让学员有机会从对方的角度看事情，体会不同的感受，并从中修正自己的态度及行为。

⑤ 行为模仿法，指通过专家示范正确行为，并提供机会让学员通过角色扮演进行行为演练。这种方法适用于态度与行为（如人际关系技巧）方面的培训课程。

⑥ 户外活动训练法，是指利用户外活动来发挥团体协作技巧，以增进团体有效配合的一种培训方法。这些团体活动可增进学员解决问题、加强团队合作的能力。

（4）评估培训效果。培训效果的评估是培训的最后一个环节，由于员工的复杂性，以及培训效果的滞后性，想要客观、科学地衡量培训效果非常困难。所以，培训效果评估也是培训系统中最难实现的一个环节，评估方法如下。

① 目标评价法。培训结束后，企业应将受训者的测试成绩和实际工作表现与既定培训目标相比较，得出培训效果。

② 绩效评价法。绩效评价法要求企业建立系统而完整的绩效考核体系，要有受训者培训前的绩效记录，在培训结束3个月或半年后，对受训者再进行绩效考核，通过对照以前的绩效记录，企业就能明确地看出培训效果。

③ 关键人物评价法。所谓的关键人物（key people）是指与受训者在工作上接触较为密切的人，可以是他的上级、同级，也可以是他的下级或者顾客等。

④ 测试比较评价法。无论是国内还是国外的学者，都将员工通过培训学到的知识、原理和技能作为企业培训的效果，测试比较法是衡量员工知识掌握程度的有效方法。

⑤ 收益评价法。培训收益评价法就是从经济角度综合评价培训项目的好坏，并计算出培训为企业带来的经济收益。

上述所讲的综合性培训评价方法，一般情况下可以多种方法联合使用。企业在具体操作中，可以采用一些常用的工具和方式，如问卷调查、座谈会、面谈、观察等，取得相关数据。取得数据后，再将两组或多组不同的数据进行分析比较。培训效果的评价是一项非常复杂的管理活动，因此，培训评价并没有一个放之四海而皆准的固定模式。企业需要视不同情况，选择合适的方法，才能得到真实、客观的评价结果。

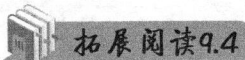

柯氏培训效果评估模型

美国著名人力资源专家唐纳德·柯克帕狄克提出了4个层次评估模型，简称柯氏评估模型，如表9.2所示。

表9.2 柯氏评估模型

评估层次	评估项目	评估重点
一	反应	学员满意度
二	学习	学到的知识、态度、技能和行为
三	行为	工作行为的改进
四	结果	工作所导致的结果

柯氏模型可以作为试金石来检验一场销售培训的效果。

层次一：反应

反应是柯氏模型的最基础评估层次，主要评估内容包括：评估学员对讲师课堂驾驭力、引导力的接受度；评估学员对培训内容安排、培训形式安排的认可度；评估学员对培训场地、仪器设备等后勤工作的满意度。

层次二：学习

销售培训是给受训学员传递实战知识、实战技能，这种知识、技能从成功经验中提炼而来，培训的目的是将这些经验复制给受训学员，加以模仿拿来就可以用。知识、技能的掌握决定了行为及结果的改变程度，所以，进行知识、技能接受度评估是非常重要的。

对学习评估的方法有3种，一是问卷考核，用试卷的形式对学员知识掌握程度进行评估；二是通过实战模拟演练，对销售技能掌握程度进行评估；三是通过调查问卷形式，对知识、技能进行框架型评估。

层次三：行为

销售培训的主要目的是改变销售人员的销售行为，运用成功的销售方法提升销售业绩，这表明了行为评估十分重要。行为评估，对销售培训来讲，就是评估知识、技能的复制程度，也就是知识、技能在销售实战中运用了多少。行为评估对销售培训来讲是一个最复杂、最难操作的评估项目，因为它无法及时量化。

反应评估和行为评估在培训结束时就可立即进行，但行为评估需要跟踪销售行为，是一个需要耗费大量时间的评估过程。销售行为评估的关键点是时间的选择，重要环节是评估内容的选择。销售评估时间的选择要考虑两方面：一方面，很多销售培训结束后，诸多因素可能导致销售人员对知识、技能没有运用空间，或者不能及时运用；另一方面，很多销售技能的熟练使用，需要有一定的"磨合期"。

层次四：结果

销售培训以结果为导向，销售的结果就是销量。销售培训的结果评估十分简单，只需将受训前与受训后的销量进行对比，就能直观评估本场培训的效果。对于企业内部讲师的绩效考核，可以直接用销量的增长进行考核。销售培训的结果评估还可以用利润直接体现：利润＝培训后销售额－培训前销售额－追加投入金额－培训费用。

【任务小结】

在销售活动中销售人员既代表企业，又联系顾客；既要取得销售利润，又要为用户尽责。要完成如此艰巨的任务，就要求销售人员具有较高的素质，而高素质销售人员的获得首先要通过招聘这个环节。在招聘工作中，招聘人员要本着公开、竞争、全面、能级、效率的原则，认真履行工作职责，把握招聘工作的要点。

销售人员的销售技能不是天生的，而是后天形成的，所以销售人员必须接受培训。销售人员培训是指企业为销售人员提供与销售工作有关的知识、技能、态度和行为的学习机会，旨在增进销售人员的工作绩效，更好地实现企业的整体目标。在销售人员的培训过程中，要注意把握好如下原则：学以致用原则、尊重差异原则、有效学习原则、效果反馈与结果强化原则、激励原则、持续培训原则。销售培训流程分为4个步骤：制订培训计划、确定培训模式、选择培训方法、评估培训效果。

任务10 设计销售薪酬

【任务导入】

主人、猫与老鼠

主人带着猫去屋子里抓老鼠，猫终于看见了一只老鼠，一直追赶它，追了很久仍没抓到。主人看到这种情景，讥笑道："大的反而抓不住小的。"猫回答说："你不知道我们两个的'跑'是完全不同的吗？我仅仅是为了一顿饭而跑，而它却是为性命而跑啊！"

主人想，猫说得也对，我要想抓到更多的老鼠，就得想个好办法，让猫也为自己的生存而奋斗。主人思前想后，觉得有必要引入竞争机制，在竞争中表现优秀的猫会得到非常丰盛的奖赏，而竞争中表现很不好的猫则没有奖赏。

于是，主人就多买了几只猫，并规定凡是能够抓到老鼠的，就可以得到5条小鱼，抓不到老鼠的就没有饭吃。刚开始，猫们很反感和不适应，但随着时间的推移，也渐渐适应了这种机制。这一招果然奏效，猫们纷纷努力地追捕老鼠，因为谁也不愿意看见别的猫有鱼吃，而自己没有吃的。因此，主人也轻松和安宁了许多，不再日夜睡不着觉了。

过了一段时间，问题又出现了。主人发现虽然每天猫都能捕到五六只老鼠，但老鼠的个头却越来越小。原来有些善于观察的猫，发现大的老鼠跑得快，逃跑的经验非常丰富，而小老鼠的逃跑速度相对比较慢，逃跑的经验也少，所以小老鼠比大老鼠好抓多了。而主人对于猫的奖赏是根据其抓到老鼠的数量来计算的，而不管老鼠的大小，那些观察细致的猫最先发现了这个窍门。

主人对猫说:"最近你们抓的老鼠越来越小了,为什么?"

猫说:"反正大小对奖赏又没有什么影响,为什么要去抓大的呢?"

主人决定改革奖惩办法,按照抓到老鼠的重量计算给猫的食物。这样,改革后,猫都尽量去抓大的老鼠,这一招起到了很好的效果。

又过了一段时间,主人发现邻居家的猫和自己家的猫一样多,可抓到的老鼠却比自己多得多。主人很奇怪,就去问邻居。邻居介绍说:"我的猫中有能力强的,也有能力差的。我就让能力强的去帮助能力差的,让它们相互学习;另外,我将猫编成了几组,每一组猫分工配合,这样,抓到老鼠的数量就明显上升了。"

主人觉得这样的方法非常好,回家后也决定让自己的猫互相学习,互相配合,并将猫编成了几个小组。实行一段时间后,主人发现效果一点也不好,猫们根本就没有学习的积极性,每个小组抓到的老鼠的数量反而没有以前单干时抓到的多了。是哪里出了问题呢?

主人决定和猫开会讨论,主人对猫说:"我让你们互相学习,提高抓老鼠的技能,你们为什么不愿意学习呢?另外,为什么配合起来还不如单干的时候成绩好呢?"

猫说:"抓老鼠已经很辛苦了,学习还要占据我们的时间,抓到的老鼠当然少了,但分鱼还是按照以前的分配方法,你让我们怎么愿意去学习呢?另外,你将我们编成几组,分鱼的时候却没有考虑到我们是怎样分工合作的,我们每个小组内经常为分鱼而打架,你让我们怎么合作?"

主人觉得猫说得也有道理,决定彻底改革分鱼的办法。不管猫们每天能否抓到老鼠,都给固定数量的鱼,抓到老鼠后,还有额外的奖励。

但仔细一想,还有很多问题。现在按照小组工作,小组中有的猫负责追赶,有的负责包抄,有的负责外围巡逻。每个小组应该按抓到的老鼠数量来分配,但小组内部如何分配呢?是鱼的数量永远不变,还是过一段时间调整一次?分工不同的猫得到的鱼的数量是否应该一样呢?

面临这一系列的问题,主人这回又犯难了。

故事中的主人,面临的正是目前许多企业曾经碰到过或正在经历的以下绩效管理问题。

(1)怎样根据行业的薪资状况和水平制订企业的薪资体系。

(2)如何结合企业的特点构建企业的学习型团队。

(3)团队中的岗位责任制如何制订才能更好地发挥个人英雄主义同时又能有效地促进团队的发展。

【任务学习】

10.1 认识销售薪酬

销售薪酬是指销售人员通过从事销售工作而取得的利益回报。企业销售人员的薪酬通常包括以下几个部分。

1. 工资(底薪)

工资是相对稳定的薪酬部分,通常由职务、岗位及工作年限决定,它是销售薪酬的基础，是确定退休金的主要依据。

2. 津贴

津贴是工资的政策性补充部分，如对销售人员给予的职务津贴、岗位津贴、工龄津贴、地区补贴、国家规定的价格补贴等。

3. 佣金（提成）

佣金又称为销售提成，是根据销售人员的销售业绩给予的薪酬。对销售人员来讲，佣金一般是销售薪酬的主体。

4. 福利

福利通常是指销售人员均能享受，与其贡献关系没有直接关系的利益，如企业的文化体育设施、托儿所、食堂、医疗保健、优惠住房等。

5. 保险

保险是指企业在销售人员受到意外损失或失去劳动能力以及失业时为其提供的保障，包括工伤保险、医疗保险、失业保险等。

6. 奖金

奖金是指根据销售人员的业绩贡献或根据企业经济效益状况给予的奖励，有超额奖、节约奖、合理化建议奖、销售竞赛奖、年终综合奖和荣誉奖等。

由此可见，销售人员的薪酬不仅限于薪金，而且还包括其他方面的回报。企业销售薪酬的实施对其销售竞争优势有长远的影响。

10.2 销售薪酬设计原则

即使一家企业建立了一套比较好的薪酬制度，但经过一段时间之后也应进行适当的调整。也就是说，目前情况下令人满意的薪酬制度，一年或两年之后可能就变得无效或不那么有效了。但是如果经常对销售薪酬制度加以调整，不但实施起来比较困难，费用较高，而且也会令销售人员感到无所适从，因此销售人员薪酬制度的建立必须遵循一定的原则。一个理想的销售人员薪酬制度应体现以下原则。

1. 公平性原则

销售人员薪酬制度应建立在比较客观的基础之上，使销售人员感到他们所获得的薪酬公平合理，而企业的销售成本也不至于过大。也就是说，既不让销售人员感觉到企业吝啬，又要不给企业造成浪费。只有这样才能使销售费用保持在既现实又节省的程度上。销售人员薪酬制度要使销售人员的薪酬与其本人的能力相称，并且能够维持一种合理的生活水准。此外，销售人员的薪酬必须与企业内其他人员的薪酬适当相称，不能有任何歧视之嫌。

2. 激励性原则

销售人员薪酬制度必须能给销售人员一种强烈的激励作用，以便促使其取得最佳销售业绩；同时又能引导销售人员尽可能地努力工作，对公司各项工作的开展起到积极作用。当销售表现良好时，销售人员期望获得特别的薪酬。企业除赋予销售人员稳定的岗位收入以外，还要善于依据其贡献大小在总体薪酬上进行区分，并给予数额不同的额外薪酬，这是销售人员薪酬制度真正实现激励作用的关键。当然，至于额外薪酬的多少，要依据综合因素进行评定，绝不能采取简单化的做法，认为奖励越高，激励也就越大。激励性原则还表现在销售人员的薪酬制度必须富有竞争性，给予的薪酬要高于竞争对手的规定，这样才能吸引最佳的销售人员加入本企业的销售组织。

3. 灵活性原则

销售人员薪酬制度的建立应该既能满足各种销售工作的需要，又能比较灵活地加以运用。也就是说，理想销售人员薪酬制度应该具有变通性，能够结合不同的情况进行调整。实际上，不同企业的组织文化、经营状况、期望水平、市场风险存在很大的差异，这种差异导致了不同行业或企业之间薪酬要求的不同。因此企业在具体薪酬方式的选择上，应对各种相关因素进行综合评估，并进行科学的决策。

4. 稳定性原则

良好的销售人员薪酬制度能够保证销售人员有稳定的收入，这样才不至于影响其正常的工作和生活。因为销售量常常会受到一些外界因素的影响，销售人员通常期望自己的收入不会因这些因素的变动而下降至低于维持生计的水平，所以企业要尽可能解决销售人员的后顾之忧。除了正常的福利，企业应为销售人员提供一笔稳定的收入，而这笔收入主要与销售人员的销售岗位有关，而与其销售业绩没有直接联系。

5. 控制性原则

销售人员的薪酬制度应体现工作的倾向性，并能对销售人员的工作指引方向，能使销售人员发挥潜能，提高其工作效率。同时，薪酬制度的设立应能实现企业对销售人员的有效控制。企业所确立的销售人员薪酬制度，不能以牺牲必要的控制能力为代价，这是企业保持销售队伍稳定性并最终占有市场的关键。为了实现这一点，企业必须承担必要的投入风险，而不能把绝大部分的风险转嫁给销售人员。

10.3 影响销售薪酬设计的因素

为了设计一套比较好的销售人员薪酬体系，首先要明确其影响因素。这些影响因素主要包括企业因素、客户因素、市场因素和员工因素。

1. 企业因素

企业因素是影响薪酬设计的主要因素，它包括企业的支付能力、产品特性、培训成本、销售管理和员工退出机制。

（1）支付能力。企业在初创期，由于受支付能力的制约，它们更加倾向于完全佣金制，将企业风险完全转嫁到销售人员身上；随着企业的不断发展壮大，实力和支付能力都不断发展，销售人员的薪酬体系则朝"佣金＋工资"的方向发展，以降低和规避销售人员风险；企业的支付能力充裕后，企业销售人员的薪酬体系就应该根据自身的人事战略——吸引和保留什么样素质的销售人员——进行确定。

（2）产品特性。企业的产品特性决定了企业面向的客户群和企业的交易模式，从而影响了销售难度，并在相当大的程度上影响着企业对销售人员素质的要求。例如，当产品的技术含量较高时，单位产品价值也很高，企业的销售模式基本上为"团队销售"模式，分成售前、售中和售后，这就对行使这三部分职能的人员提出了不同的素质要求，而且对销售人员的素质要求相对较高。当产品的单位价值很低，产品的技术含量也比较低时，不需要销售人员对客户仔细地讲解技术问题，企业普遍采用广泛分销模式，基本上面向广大批发商进行销售，相对来讲对销售人员的素质要求就比较低。

（3）培训成本。培训成本是指一名刚刚入职的销售人员成长为一名成熟的销售人员企业所必须花费的成本，如工资成本、差旅成本、销售损失风险等。如果所销售的产品是一个低端产品，对销售人员的技术、技巧的要求不高，那么企业付出的培训成本就很低，销售人员的可替代性就很强。

（4）销售管理。企业销售管理的规范和成熟程度，在很大程度上影响着企业对外部人才的吸引，从而影响企业从外部招聘合适人员的难度。证据表明，新毕业的大学生在选择销售作为他们的职业时，更加关注的是企业销售管理的规范程度，而不是薪酬高低、升迁机会等因素。

（5）员工退出机制。在传统国有企业中，企业员工缺乏退出机制的约束，这也是影响销售人员薪酬设计的一个因素。如果使用了一名较差的销售人员，在当前缺乏员工退出机制的情况下，企业就没有适当的办法来令其退出。在这种情况下，假如企业付出的基本工资较高，一方面对其他员工很不公平，另一方面企业也付出了不必要的人工成本。

2. 客户因素

进行薪酬体系设计时必须考虑客户因素，它一般包括客户爱好、交易行为、管理水平和客户期望等内容。

（1）客户爱好。要考虑客户爱好，首先要对客户进行分类，找出它们的共性。例如，家电生产商可以将客户分为商场、大客户和普通经销商。商场经理喜欢与在性格上成熟、稳重的人打交道；大客户喜欢和谈判能力、管理经验比较高的人打交道；普通经销商可能喜欢斤斤计较，选派耐心、仔细的销售人员与其打交道就有了很多优势。

（2）交易行为。交易行为对销售人员薪酬的影响主要体现在，不同的交易行为要求不同素质、不同层次的销售人员，而不同素质、不同层次的销售人员的市场薪酬价位是不同的。

（3）管理水平。在很多情况下，客户或经销商选择厂商时经常会考虑厂商的管理能力和水平，了解厂商能否在销售管理上给予相应的支持。这时，经销商的管理水平就成了衡量厂商管理水平和销售人员管理经验的标杆，经销商不愿意与在管理能力方面比自己差的厂商交易。这一点反映到销售人员薪酬体系中，就是具备一定管理能力的销售人员的价值问题。

（4）客户期望。与管理水平类似，客户对厂商和销售人员均具有一定的期望期。销售人员是企业的窗口，销售人员的形象代表了企业的形象。销售人员的实际表现如何，以及通过销售人员的实际表现推断出厂商如何，这些都在影响着客户的满意度。

客户因素在总体上均可影响企业对销售人员素质的选择。不同素质的销售人员其价值也不相同，因而导致企业应该支付不同水平的薪酬。

3. 市场因素

市场是影响企业薪酬体系设计的重要因素，它具体包括以下3个方面。

（1）稀缺程度。稀缺程度表明企业在人才市场上获取同类人才的难易程度。如果企业所需要的销售人员在市场上较难招聘到，那么企业就应该提高销售人员的固定工资；相反，如果企业很容易在市场上招聘到销售人员，那么就应相应地提高其佣金的比例。招聘销售人员虽然是一件十分简单的事情，但是一定要注意是否你目前的销售人员能够达到企业要求，你是否要招聘类同于你目前销售人员水平的人员。

（2）市场薪酬水平。市场薪酬水平基本上决定了企业该职位的薪酬水平，这是一个涉及外部公平的问题。如果外部不公平，所导致的直接结果就是销售人员离职率高或他们会通过降低绩效来平衡他们所获得的报酬。

（3）竞争对手行为。竞争对手的销售人员的薪酬体系如何？他们是如何设定各部分的比率的？竞争对手有没有采取非正常的，诸如挖墙脚之类的措施？这个时候，设计具有竞争力的薪酬体系对于稳定员工队伍可起到相当重要的作用。否则，企业将以丧失销售队伍和市场机会作为代价。

4. 员工因素

在进行薪酬体系设计时必须考虑员工的因素，它具体包括以下两个方面。

（1）员工期望。企业应该了解销售人员对自己薪酬的期望值。如果达不到自己的期望值，那么即使他在企业工作，也仅仅是权宜之计。而且在这种状态下，销售人员的积极性肯定欠缺，不利于企业的长远发展。

（2）员工绩效。销售员工的薪酬一定要与其业绩相结合，只有这样才能体现"多劳多得"的原则。在有的企业或行业中，员工业绩其实是很难衡量的，因为大多数商品都有一个自然销量（除非是未上市商品），也就是说，在业绩中有多大比例是由于销售人员的个人努力来实现的难以衡量。

拓展阅读

如果唐僧是老板，怎么给3个徒弟发奖金

《西游记》里的师徒4人是一个团队，唐僧的3个徒弟都有明显的性格特点，对团队做出的贡献也有多寡。如果唐僧是老板，会给谁发最多的奖金呢？

一种分配方案是孙悟空最多，沙僧次之，最后是猪八戒；另一种分配方案是沙僧最多，孙悟空次之，最后是猪八戒。当然，还有第3种方案，沙僧最多，猪八戒次之，最后是孙悟空。你赞成哪一种分配方案？

孙悟空型的职员毫无疑问是人才，他有能力，也有事业心。能为企业创造价值，是绝对的绩优股，但孙悟空锋芒毕露，个性突出，这样的人往往不太懂得合作，有点个人英雄主义。孙悟空最看不上的，就是猪八戒这样耍小聪明，把精力放在拍老板马屁上的人。这两种人在一起往往是要闹矛盾的，公司内部不和谐，最头疼的还是老板。这时候，就要沙僧发挥作用了。

沙僧这种类型的员工，虽然工作能力没有孙悟空那么强，但懂得协调人际关系，在整个公司中能起到融合的作用。沙僧身上可贵的一点就是他有很强的团队意识，这也正是老板看重此种职员的原因。

很多初入职场的年轻人，有优异的知识背景和很强的工作能力，同时也有点不知天高地厚，团队协作的意识薄弱。严格地讲，算不上一个优秀的职业人。沙僧这一类型，在有一定工作经验的人当中比较普遍。

10.4 销售薪酬设计的程序

一套优良的薪酬制度，在理论上能够顾及企业和销售人员双方的利益，但在实务上却很难完全顾及。虽然如此，只要在设计薪酬制度时从实际出发，遵循一定的程序，还是可以建立一套比较令人满意的薪酬制度的。销售人员薪酬体系设计程序如图10.1所示。

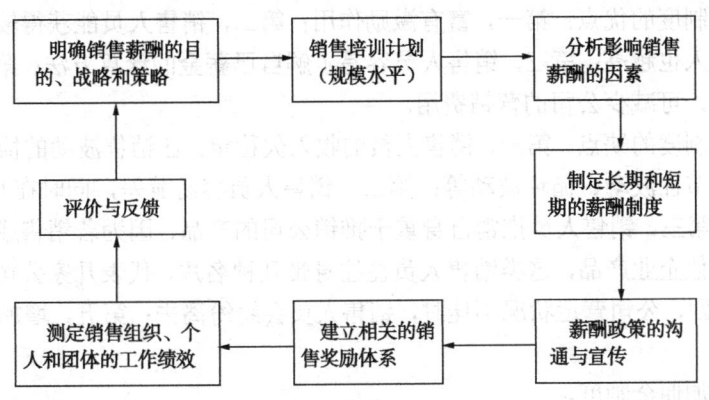

图10.1 销售人员薪酬体系设计程序

1. 选择薪酬类型

根据企业的实际经验，销售人员薪酬制度的类型大体有以下几种。

（1）纯粹薪金制度。

纯粹薪金制度是指无论销售人员的销售额是多少，其在一定的工作时间之内都获得固定数额的薪酬。

纯粹薪金制度适用于销售人员从事例行销售工作，如驾驶车辆分送酒类、饮料、牛奶、面包和其他类似产品的情况。当企业生产的是大众化的产品而且容易推广时，企业也会偏向于采用没有佣金的固定薪金制度。或者，当企业销售人员需要为顾客提供技术或咨询，或需要负担很多销售推广工作时，纯粹薪金制度也常常被企业所采用。

纯粹薪金制度的优点：第一，易于操作，且计算简单；第二，销售人员的收入有保障，易使其有安全感；第三，当有的地区进行全新的调整时，可以减少敌意；第四，适用于需要集体努力的销售工作。

纯粹薪金制度的缺点：第一，缺乏激励作用，不能持续扩大销售业绩；第二，就薪酬多少而言，有薄待绩优者而厚待绩差者之嫌，显失公平。若不公平的情形长期存在，则销售人员流动率将增高，而工作效率最高的人将首先离去。

（2）纯粹佣金制度。

纯粹佣金制度是指与一定期间的销售工作成果或数量直接关联的一种薪酬形式，即按一定比率给予佣金。这样做的目的是为了鼓励销售人员，其实质是奖金制度的一种。如果公司的销售重点是获得订单，而销售以外的任务不太重要时，佣金制度常被广泛采用，如服装业、纺织业、制鞋业，以及医药品、五金材料的批发等。有些没有实际产品的行业，如广告、保险和证券投资业，也采用纯粹佣金制度。

纯粹佣金制度的最大优点是对业务人员提供了直接的金钱鼓励，可以促使他们努力提高销售量。采用纯粹佣金制度时，销售能力高者可较纯粹薪金制获得更多的薪酬，而销售能力低者也可获得与其能力相适应的薪酬。虽然采用佣金制初期，销售人员的流动率可能很大，但仔细分析，离开的大都是能力较低的销售人员。这种制度适应性大，可为多种类型的企业采用。

纯粹佣金制度的优点：第一，富有激励作用；第二，销售人员能获得较高的薪酬，能力越高的人收入也越高；第三，销售人员容易了解自己薪金的计算方法；第四，销售成本的控制较容易，可减少公司的营销费用。

纯粹佣金制度的缺点：第一，销售人员的收入欠稳定，在销售波动的情况下其收入不易保证，如季节性波动、循环波动等；第二，销售人员容易兼差，同时在几个企业任职，以分散风险；第三，销售人员推销自身重于推销公司的产品，因为若销售成功，下次可以向客户销售其他企业产品，这类销售人员往往身带几种名片，代表几家公司，销售不同种类的产品；第四，公司营运状况不佳时，销售人员会纷纷离去；第五，增加了企业管理方面的困难。

（3）薪金加佣金制度。

纯粹薪金制度缺乏弹性，对销售人员的激励作用不够明显；纯粹佣金制度令销售人员的收入波动较大，销售人员缺乏安全感。而薪金加佣金制度则避免了前两种薪金制度的不足，是一种混合型薪酬制度。

薪金加佣金制度是指以单位销售金额或总销售金额的一定比例作为佣金，每月连同薪金一起支付，或年终时累积支付。

薪金加佣金制度的优点：与奖金制度相类似，销售人员既有稳定的收入，又可获得随销售额增加而增加的佣金。

薪金加佣金制度的缺点：佣金太少，激励效果不大；佣金太多，又不利于留住人才。

（4）薪金加奖金制度。

薪金加奖金制度是指销售人员除了可以按时收到一定的薪金，如果销售业绩好还可以获得奖金。奖金按销售人员对企业做出的贡献发放。

薪金加奖金制度的优点：可鼓励销售人员兼做若干涉及非销售和销售管理方面的工作。

薪金加奖金制度的缺点：销售人员不重视销售额的多少。

（5）薪金加佣金再加奖金制度。

薪金加佣金再加奖金制度兼顾了薪金、佣金、奖金的优点，是一种比较理想的薪酬制度。薪金用来稳定销售人员，而利用佣金和奖金可以加大对销售人员的激励程度，以促进工作总体成效的提高。目前，这种方法被许多企业所采用。

薪金加佣金再加奖金制度的优点：第一，给销售人员提供了赚取更多收入的机会；第二，可以留住有能力的人员；第三，销售人员在取得佣金和奖金的同时还可领取固定薪金，生活较有保障；第四，奖励的范围加大，使目标容易依照计划达成。

薪金加佣金再加奖金制度的缺点：第一，计算方法过于复杂；第二，除非对渐增的销售量采用递减的佣金，否则会造成销售人员获利不成比例；第三，销售情况不好的时候，底薪太低，往往留不住有才能的人；第四，实行此制度需要较多有关的记录报告，因此提高了管理费用。

（6）特别奖励制度。

特别奖励制度是指除规定薪酬以外的奖励，即额外给予的奖励。这种特别奖励在国外多以红利的形式出现，它可以和前面任意一种基本薪酬制度结合使用。

特别奖励可根据销售人员超出销售定额的程度、控制销售费用的效果或所获得新客户的数量等来决定，它一般有以下3种形式。

① 全面特别奖金。全面特别奖金是指企业在特殊的时间，如圣诞节、春节或年底，不计盈利发给所有销售人员的奖金。企业可以付给每名销售人员同样数额的奖金，也可以根据现在的工资和在本企业工作时间的长短支付不同数额的奖金。例如，美国普强公司向那些在公司工作了一两年的销售人员发放一份相当于他们年薪1.5%的圣诞红利，工作了两三年的销售人员得到的则是年薪的2%。这种奖励是单独支付的，与员工的业绩无关。

② 业绩特别奖励。这是一种与业绩相关的奖励，有多种形式。按照奖励给个人还是奖励给集体，可以把它们分为个人业绩特别奖和集体业绩特别奖两大类。集体业绩特别奖的发放是为了培养团队销售精神，一般按照销售区域发放。发放给一个销售地区的奖金数额，是把它的业绩同组织内其他销售地区的业绩相比较后确定的。然后，地区销售经理会按业绩再分发给每个销售分区一定数额。分区经理或者把这份奖金平均分发给全体销售人员，或者根据销售人员的个人业绩按比例分发。

③ 销售竞争奖。这是一种特别的销售计划，通过给销售人员提供奖励，促使他们实现短期销售目标。这些奖励包括证书、现金、物品或旅游等。有时竞争时间会长达一年，这种奖励是除正常薪酬外给予的。美国每年花在销售竞争上的奖金数额巨大，整个行业通常会把奖金的35%用于销售竞争奖励；其中的78%用在商品奖励上，22%用在旅游奖励上。销售竞赛是一种有效的激励方式，它能够促使销售人员更加坚持不懈地去努力工作。

上述几种薪酬制度可供销售经理参考选用，具体选用哪一种要视企业的现实状况而定。

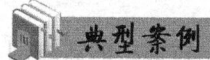

典型案例

某公司销售部薪酬与补助管理制度

1. 销售人员试用期月薪 2 000 元/月，车补 200 元。
2. 为了有效激励销售人员，在销售人员试用期内，如销售人员试用第一个月成交额高于 5 万元，奖励 300 元。
3. 销售人员试用期两个月，完成销售额 5 万元转正，转正工资 2 500 元/月，车补 200 元。
4. 在计算底薪的情况下，销售人员提成比例为月度回款额的 5%，销售回款到账计算销售人员提成。
5. 销售人员当月应得工资与提成在次月发放工资时一并发放。
6. 销售人员出差应经部门经理批准并备案。
7. 在成交客户的过程中，如销售人员需业务招待费用支出，应征得部门经理同意，客户招待费用标准一般为 80 元/人（按照参与的人数）以内。
8. 销售人员出差的差旅费用，实报实销。
9. 销售人员销售产品过程中，高于公司规定价格以上成交部分，按照公司得 50%，销售人员得 50% 的分配方式处理，鼓励销售人员维护产品价格。
10. 为鼓励销售人员不断开发客户，提升销售业绩，公司规定对超额完成任务的销售人员另有奖励。月销量在 5 万元以下的，按照上述规定进行提成；月销量在 5 万元～10 万元之间，另给予 500 元的奖励；月销量在 10 万元～20 万元之间，另给予 800 元的奖励；月销量 20 万元～50 万元之间，另给予 1 200 元奖励；月销量 50 万元～100 万元之间，另给予 3 000 元奖励；月销量 100 万元以上，给予 5 000 元奖励。以上奖金不累计，且只有销售回款到账后方可兑现奖金。

2. 明确薪酬设计的目标模式

薪酬制度是影响销售人员流动率的最主要因素之一，要想留住销售人员，并使其创造良好的销售业绩，除企业内部要有发展远景规划外，还要通过"薪金"与奖励的巧妙搭配建立适当的薪酬目标模式。企业销售薪酬目标模式大体有 4 种类型，适合于不同的企业或企业的不同经营时期，企业可以根据实际情况或发展进展，选择不同的销售薪酬目标模式。

（1）高薪金与低奖励目标组合模式。这种模式比较适合于实力较强的企业或者垄断优势明显的企业。采用这种目标模式的企业通常已经形成了良好的企业文化氛围，并为销售人员提供了良好的福利和各项保证，从而使销售人员在社会公平的比较中获得明显的优越感、归属感和荣誉感。正因为如此，即便企业所提供的额外奖励幅度较小（通常相当于岗位工资的 20%～50%），该薪酬方式也能具有较大的激励作用。

（2）高薪金与高奖励目标组合模式。这种模式通常适合于快速发展型企业。这种企业发展迅速，市场扩张快，需要不断加强对销售队伍的激励力度，以扩大对市场的占有率和击败竞争对手。同时，处于发展中的企业又必须加强对销售人员行为的控制，以确保企业战略的实现。实行这种薪酬模式的企业往往具有较大的凝聚力和团结作战的能力,因而要求销售人员具有较高的文化素质,能够准确理解企业的战略意图。该模式除了其岗位工资高于其他行业或企业(甚至高于企业内其他岗位的员工)外,其额外奖励的幅度通常也大于岗位工资的 50%,甚至数倍。

（3）低薪金与高奖励目标组合模式。这种模式具有准佣金制的性质,销售人员的薪水不仅低于其他行业或企业,也可能低于公司内其他岗位的职工。这些薪金主要用于弥补正常的生活开支,甚至仅仅相当于部分促销补贴。在一些企业,其数额仅仅相当于企业平均工资的 1/4～2/3。但这种模式的奖励幅度比较大,可以达到员工销售额的 3%～10%。该薪酬模式通常适合于保险、汽车、房地产、广告等服务行业,也适合处于衰退期的企业或产品,它有助于企业收回应有的收益或减少可能的损失。在市场竞争比较激烈、企业具有一定优势而管理力量薄弱的情况下,企业也可以采用这种模式。

（4）低薪金与低奖励目标组合模式。推行这种薪酬模式的企业,其经营状况一般不是太好,或者正处于企业创业的困难时期。尽管从社会的角度来看,这种薪酬方式处于劣势,但由于该模式很可能是依据企业的实际情况而确定的,因而如果做好宣传说明工作,也会得到销售人员的谅解。但需要说明的是,企业推行这种模式的时间不宜太久,在条件改观时要适时进行调整,否则会使销售人员失去耐心而转向为其他企业效力。许多企业创业或困难时销售人员没有流失,反而在企业好转或壮大时销售人员才离开,其原因之一就是没有及时转变销售薪酬模式。

总之,薪酬模式要处理好薪金与奖励的关系。因为薪金的作用在于保证销售人员的基本生活,使其无后顾之忧,因而它对销售额的增加作用不大。奖励的作用在于激励销售人员,它影响销售人员的销售业绩和销售额。所以销售经理应处理好薪金与奖励的关系,确定合理的薪金与奖励比例。

3. 考察薪酬设计的效果

考察薪酬制度的目的是检验经过试行的制度或固有的制度是否有效。任何新制订或修正的薪酬制度经过一年或一定支付期间的试行后,该制度所产生的结果如何,必须认真进行分析与考察,以确定是否可以正式实施或有无修正或调整的必要。考察的标准包括以下内容。

（1）销售人员的绩效。销售人员薪酬制度不同,销售人员的绩效自然会有显著的差异。应考察一项薪酬制度实施后,销售人员的销售绩效是提高了还是降低了。

（2）预算销售费用比率及毛利情况。将拟定薪酬制度的预算数字与实际发生值加以比较。如果实际发生值比预算的要大,说明薪酬制度有问题。要分析原因所在,提出改进建议。

（3）对客户的影响。如果企业的薪酬制度不是很合理,常常会出现销售人员怠慢客户的现象。一项新的奖酬制度实施后,如果客户投诉增加了,说明新制度可能存在问题,要分析导致客户投诉增加的原因,并提出改进建议。

10.5 销售薪酬设计常出现的问题

任何事情都存在这样或那样的问题。同样,在销售人员的薪酬设计中也会出现相应的问题。我们只有去发现问题,才能不断地进行改正并完善。在销售人员薪酬设计中经常出现的问题如下。

1. 薪酬体系缺乏战略性

说到薪酬的作用,通常强调的往往是对人才的吸引、保留、激励以及开发。但是吸引、保留、激励以及开发人才的最终目的是什么?显然是为了促进企业文化建设,帮助企业实现战略目标和远景规划。因此,薪酬体系的设计以及管理必须围绕企业战略和远景目标进行,并与企业文化的类型相适应,而不能自行其是。

2. 薪酬体系的建立和管理不科学

很多企业的薪酬体系建立具有很大的随意性,这种随意性表现在以下3个方面。

(1)薪酬体系由老板定夺。老板凭借自己的行政权威和管理经验,硬性规定企业销售人员的薪酬,缺乏民主性。

(2)缺乏系统的薪酬调查和分析。有的公司在制订销售人员薪酬体系时闭门造车,或者照搬、照套理论模型,或者盲目模仿其他企业的薪酬方案,不对本行业、本地区和相类似的企业进行调查,不具体分析本企业的特点,具有很大盲目性和教条性,缺乏自身特点和适用性。

(3)薪酬管理过于死板,不注意适时调整,这一点在国有企业和小企业中尤为明显。

3. 薪酬体系缺乏应有的职位评估和绩效考核基础

职位评估、绩效考核和薪酬管理这三大系统被称为人力资源管理的"3P"模型。职位评估系统通过对员工职位价值的衡量,为制订员工薪酬奠定基础;绩效考核评估结果是给员工支付薪酬的基本依据;薪酬与职位评估和绩效考核挂钩,才能体现其科学性、合理性。但事实上,许多企业对销售人员的薪酬管理并未与职位评估和绩效考核相结合。

4. 薪酬的效率性与公平性处理不当

薪酬管理应当将效率与公平相结合。企业在这方面存在的主要问题如下。

(1)对销售骨干的激励乏力。我国许多企业的薪酬制度一直把收入分配的公平性作为首要目标,有时甚至以牺牲企业效率为代价。事实上,对企业而言效率无疑是第一位的,以牺牲效率为代价换来的公平不可能长久。企业中 80%的销售任务是由 20%的销售骨干完成的,但是大多数企业并未在薪酬分配上贯彻这一法则。因为收入拉不开档次,销售骨干的满意度普遍较低。企业并未认识到,让那些真正给企业创造价值的人满意才是最重要的,因为企业无法让所有的人都满意。

(2)在薪酬上对特殊员工的倾斜不够,人文关怀较差。首先,在企业中一般对新进销售人员采用与原有人员一样的薪酬制度。这样,在底薪较低、市场推广较难的情况下容易

打击新进人员的积极性。

（3）有些为企业服务多年且有家庭负担的已婚销售人员，往往学历相对较低，在有些一味追求学历完美的企业，他们对自己的薪酬势必有种不公平感。

【任务小结】

销售人员的薪酬问题，是销售管理中的一个重要课题。从管理人员的角度看，企业力求销售成本的降低；从销售人员的角度看，希望获得较高的收入；从客户的角度看，则希望以较低的价格获得自己所需要的商品。这三者所追求目标的矛盾性，使得管理者想建立一套完整、有效的薪酬制度成为一件比较困难的事情。

销售人员薪酬是指销售人员通过从事销售工作而取得的利益回报。企业销售人员的薪酬通常包括基础工资、津贴、佣金、福利、保险和奖金。理想的销售人员薪酬制度应体现公平性原则、激励性原则、灵活性原则、稳定性原则和控制性原则。销售人员薪酬设计应考虑企业、客户、市场和员工等因素。

在设计薪酬制度时应从实际出发，遵循一定的程序，以建立一套令人满意的薪酬制度。根据企业的实际经验，销售人员薪酬制度类型大体有纯粹薪金制度、纯粹佣金制度、薪金加佣金制度、薪金加奖金制度、薪金加佣金再加奖金制度和特别奖励制度。当前企业销售薪酬目标模式大体有4种类型，适合于不同的企业或企业的不同经营时期，企业可以根据实际情况或发展进展，选择不同的销售薪酬目标模式。任何新制订或修正的薪酬制度经过一段时间后要进行考察，看其是否具有合理性和激励性。

任务11 激励销售人员

【任务导入】

推一块石头上山

在古希腊神话中，有一个关于西齐弗的故事。西齐弗因在天庭犯了法，所以被天神惩罚到人世间受苦。

天神对他的惩罚是要推一块石头上山。每天，西齐弗都费了很大的劲把那块石头推到山顶，然后回家休息。可是，在他休息时，石头又会自动地滚下来。于是，西齐弗就要不停地把那块石头往山上推。

这样，西齐弗所面临的是永无止境的失败。天神要惩罚西齐弗，也就是要折磨他的心灵，使他在"永无止境的失败"命运中，受苦受难。可是，西齐弗不肯认输。每次，在他推石头上山时,他就想:推石头上山是我的责任,只要我把石头推上山顶,我的责任就尽到了。

天神因为无法再惩罚西齐弗,就放他回天庭了。

销售人员在销售过程中,会不断地碰到各种困难、挫折等,所以也要像西齐弗一样,调整好心态,坚持下去。心态决定成败。碰到了问题,应冷静思考,沉着应对,只有这样才能解决问题。

【任务学习】

11.1 对销售人员期望的认知

激励的最大难点是如何保持激励的有效性,往往对某个人有效的激励对别的人可能就不起作用,或者在一个时期很好的激励措施过了一段时间就没有什么效果了。导致出现这一问题的主要原因,就是没有考虑激励的针对性和持续性。激励的关键是要与被激励者的期望相符,否则再好的激励也没有作用,而每个人的期望又都不同,在每个阶段的期望也不相同。所以,在实施激励措施时,特别是在销售管理中对销售人员进行激励时,首先要清楚销售人员的期望。

1. 物质回报

对所有的工作人员而言,物质待遇无疑都是第一个基点,毕竟每个人都是要生活的。销售人员的工作需要更大的自主性和主观性,其价值也是他人所不能替代的,同时销售人员的工作又极为辛苦和孤寂。因此,公司通常给予销售人员的待遇都会高于其他职位的人员,销售人员本身也对此有着强烈的愿望。给予销售人员满意的物质回报,自然关系到销售人员自主能动性的发挥,也与销售业绩的取得有着直接的关系。

物质回报要建立在合理的基础上,同时要及时兑现。有的公司事先给予过高的许诺,而事后又经常不予兑现,这样的许诺还不如没有。如果企业不能处理好销售人员的物质回报,那么再谈什么销售管理都是没有意义的,况且这也关系到企业的诚信。

2. 工作愉快

没有合理的物质回报,工作肯定不会愉快,不过工作愉快的含义要远远广于物质回报。每个人愉快的标准可能不同,但一般应该包括身心的愉快、环境的良好和工作的顺利。身心的愉快主要是指个人情绪的调节,同时也包括很多工作以外的东西。没有愉快的身心,工作上也不会愉快,然而身心的愉快并不是完全由企业决定的。环境的良好与企业的文化、工作条件、直接领导者密切相关,良好的工作环境除了工作所需要的硬件,工作氛围和内部关系更为重要,直接领导者的领导素质和领导能力往往也起着决定性的作用。工作是否顺利是由很多事情综合决定的,有客观的,也有主观的,销售人员的个人努力在其中起主要作用。

3. 不断进步

任何人都渴望自己能够不断进步,这种进步既有外在的待遇和地位,也包括自身的素

质和能力。销售从业人员一开始都很年轻,有时不太重视自己的长期发展而更看重短期的物质回报,这是不正确的,销售人员更应看重自己职业的升迁。职位的升迁是对销售人员成绩和能力的肯定,无疑也是大多数销售人员的职业目标和理想,自然也能带来更多的物质回报。销售工作本身需要广博的知识,所以只要销售人员踏实工作,就能够不断地丰富和更新自己的知识。任何人的职业生涯都是一个经验积累的过程,销售人员同样希望除销售经验之外,拥有更多的其他经验,以便为今后的工作打下良好的基础。

4. 适当减压

压力对销售人员是必要的,没有压力,动力也会不足。压力除了体现在销售定额上,还应体现在日常制度的执行和监督上。在销售工作中,销售人员的业绩决定公司的兴衰,因此他们所承担的责任和压力本身就是巨大的。给销售人员减压不仅仅是指给他们创造一个良好的工作氛围,最重要的是要让他们保持一个良好的心态,能够始终如一地面对自己的销售工作。任何人在压力之下都容易丧失冷静,经常不能客观、正确地分析问题和采取行动。由于销售人员对公司是如此的重要,所以更要避免这种情况的发生。

对于不同的销售人员,所谓的减压也是不同的。对那些过于乐观的人,恐怕还要给他加压。所以销售经理绝不是简单地执行规章制度和制订统一的标准,而是要针对不同的人采取不同的措施,这也是销售管理的难处之一。减压应当在团队建设和销售管理中充分体现出来。企业仅靠思想工作是不够的,帮助销售人员解决实际问题和困难才是切实可行的办法。

5. 提供帮助

销售人员虽然独立工作,但他们的行为并不是个人的。销售人员的任何错误都是企业的损失,销售经理要帮助销售人员并与他们成为一体去完成销售工作,这也是销售管理的重要意义所在。不能给销售人员有益的帮助,销售管理也就没有什么价值了。

解决销售人员遇到的问题和困难是对他们最直接的帮助。这些问题和困难可能是多种多样的,有技术上的,有销售上的,可能还有心理上的和行为上的。有些销售人员不愿意主动让人帮忙,有些问题可能是他们自己都没有意识到的。因此,作为销售经理要把对销售人员的关心和帮助提到相当的高度,还要配套以相应的机制。

为销售人员创造条件和提供更多的资源是对销售人员的重要帮助。销售人员本身的能力不应当仅限于面对客户,还要善于处理好与之有关的所有的事情。如果企业能够创造一个良好的环境和条件,销售人员就可以把更多的时间和精力放到客户身上,这对销售业绩的提高无疑是有益的。

对销售人员的工作进行必要的检查和监督也是对他们的一种帮助。不要把销售管理中的检查和监督消极地视为对销售人员发生错误时的惩罚,而是应该把它视为一种提醒和预警机制,以尽量避免销售人员可能发生的失误和错误。

11.2 分析销售人员的期望

销售人员随着从事销售工作时间的增长,其心态和期望一定会产生变化,所以相应的激励措施也必须随之调整,如表11.1所示。

表 11.1 销售人员不同阶段期望的分析

阶段	从业时间	特点	通常的期望	激励的重点
I	1年以内	销售人员刚开始从事销售工作,热情高涨;没有工作经验,缺乏物质基础	迅速掌握销售技能,在工作上迅速取得成绩和得到认可	他们代表了公司的潜力,公司应当给予他们有效的帮助,使他们较快地具有独立工作的能力
II	1至3年	工作热情仍在上升,但速度相对变缓;逐步积累了一定的工作经验,开始获得物质回报	进一步扩大销售业绩,拥有稳定的工作和收入	他们是公司的希望,在有效帮助的同时,应不断激励,使其尽快成为业务骨干
III	3至5年	工作热情达到顶峰,并能相对保持,有时也会有所下降;已有大量的工作经验,并取得了相当的物质回报	保持销售的持续性,得到升级或升职	他们是公司的中坚力量,激励的同时要适当减压
IV	5年以上	工作热情逐渐下降,并保持在一定的程度上;拥有丰富的工作经验,物质回报也达到了较好的程度	得到升职、认同感及成就感	他们是公司的元老,还要继续激励;同时让他们帮带新的销售人员,发挥其更大的作用

拓展阅读11.1

唐僧该如何激励几个徒弟

唐僧算不算一个好领导？我想很多人都会说不算，因为作为取经团队的领导，他基本上不了解几个徒弟的真实需求，也几乎没有提供过任何激励。那么，就让我们帮唐僧分析一下，3个徒弟的真实需求及动机是什么吧。

先说孙悟空。孙悟空自认为神通广大，在花果山占山为王，但他的心病是一直没有摆脱"妖猴"的身份。用今天的话来说，就是没有体制内的"编制"！因此，当太白金星代表玉帝宣他上天"拜受仙班"时，孙悟空笑逐颜开。后来得知"弼马温"官位太低，还不如自己在花果山称王称霸，于是私自下界，跑回花果山，自封"齐天大圣"。玉帝再次接受太白金星的招安建议，同意了齐天大圣的名分，但没有安排任何具体事务，其实就是一个虚职。在参加取经团队之后，孙悟空碰到神仙妖怪时，开口闭口就是"俺老孙是五百年前大闹天宫的齐天大圣"。本来，大闹天宫之后，他被如来打趴下了，换个人肯定不提这档子事情，但孙悟空偏偏将它挂在嘴边，可见他其实对名分非常在乎，生怕别人不知道他"齐天大圣"的名号。总之，孙悟空的需求就是两个字：名分。

再说猪八戒。猪八戒错投猪胎之后，先是在云栈洞跟了卵二姐过日子，其实就是倒插门的女婿。卵二姐死后，猪八戒坦然继承了老婆的遗产，又跑到高老庄强行做了高太公的倒插门女婿，继续过着小康日子。可见，猪八戒是个非常务实的人，从不管什么名分道义，只要实际利益。他脸皮也厚，在取经路上，为了吃饱可以挨骂，为了保命可以受辱。因此，猪八戒的需求也是两个字：实惠。

最后说沙僧。沙僧应该是草根出身，没有上层关系，仅仅因为打破了一个玻璃杯就被贬到流沙河，还要每隔7天承受百剑穿心的极度痛苦。对他来说，能够刑满释放，然后恢复原职就是最大的福分了。因此，当观音菩萨找到他时，承诺"功成免罪，复你本职"时，他毫不犹豫地答应了。因此，沙僧的需求还是两个字：编制。

明白了3个徒弟的各自需求，唐僧应该怎么激励他们呢？

对于孙悟空，唐僧第一要充分授权，第二要适时表扬。孙悟空神通广大，足智多谋，颇有主见。因此，唐僧应该给孙悟空话语权，并且按他说的让他去具体执行。如果事情成功，功劳当然首先是唐僧领导有方，孙悟空执行得力；如果事情失败，唐僧可以问责孙悟空。另外，孙悟空要面子，唐僧就给他面子。打跑了妖怪，要及时当众表扬，满足孙悟空的自尊心和荣誉感。

对于猪八戒，就要处处以利益为引导，以实惠换取他的勤勉。例如，要派猪八戒去化缘，唐僧可以规定：在保证师徒四人食量的前提下，猪八戒可以多吃一点。换句话说，猪八戒弄到的饭菜越多，他自己吃的就越多。这样，好吃懒做的猪八戒就只会"好吃"而不会"懒做"了！如果是打妖怪，可以让八戒打前阵，悟空保护师傅。因为妖精的先头部队一般法力不高，八戒容易取得成果，他就有十足的动力。

对于沙僧，其实不需要额外的激励，因为沙僧是典型的"内在动力"驱动型。为了赎罪，他心甘情愿加入取经团队。他忠厚老实，不动心眼，也不会开小差。因此，只要按工作业绩给他正常的回报就行了，他要的回报就是一个体制内的编制，最好是官复原职。

11.3 销售人员激励常出现的问题

我们常说，客户是企业的上帝，而销售人员就是将上帝请回来并要上帝掏腰包的人。对销售人员激励的目的就是激发他们为企业请来更多的上帝，回收更多的资金，从而实现企业的最终目的——利润最大化。但很多企业在销售人员的激励问题上认识不清，措施不到位，导致销售人员流失率居高不下。

1. 销售人员培训不力，不能适应市场竞争的需要

有些企业没有对销售人员进行产品知识、销售技巧、职业道德、企业结构、企业文化等方面的系统培训，或者只是流于形式上的培训，就急切地把他们推到工作岗位上去了。这样不但造成销售人员能力的参差不齐和对职业的本能恐惧，更缺乏对企业文化等方面的认同感和归属感，不利于团队精神的形成，也不利于企业战略目标的实现。面对市场的激烈变化，企业管理者没有意识到销售人员的知识结构、能力结构需要更新以顺应变化，应对竞争，从而出现销售人员知识老化，不能积极有效地制订相关的市场策略和应对多变的市场竞争，企业市场销售力日渐降低。

2. 管理人员与销售人员缺乏有效沟通

管理人员不进行或不注重与销售人员的日常沟通，缺乏有效的信息交流渠道，同时对销售人员的责、权、利划分不清，在其工作中不进行有效授权，在管理人员与销售人员之间形成了"我要求你去干什么、怎么干，取得怎样的销售业绩"的"雇佣关系"，不注重销售过程中问题的解决和指导，不注重销售人员能力的提升。销售人员只能根据市场情况自由发挥，"摸着石头过河"，畏首畏尾，最后不但无利于销售人员销售能力的提高，甚至可能导致销售活动的失败。

3. 薪酬制度设计得不合理

有些企业对销售人员实行以"底薪＋提成"为主要形式的薪酬激励制度，物质回报成为衡量销售人员工作业绩的标准，成为激励他们的主要手段甚至唯一手段。在对销售人员业绩的月度和年度考核中，管理人员不注重对实际市场中相关因素的分析，诸如不同市场的地理位置、市场成熟度、竞争者状况、消费者的消费文化、开拓和维护市场的难易程度等，仅以销售业绩论英雄，这样就无形中促成了销售人员错误观念的形成，助长了销售人员的消极情绪和抵触情绪，甚至造成销售人员之间的恶性竞争，最终将不利于企业整个销售队伍的建设，以至于影响企业的发展。

4. 缺乏"以人为本"的企业文化，销售人员成了"经济人"

虽然许多企业都在宣传"以人为本"的企业文化，但在实际工作中都或多或少地存在某些错误的理解，缺乏积极有效的执行。对销售人员的管理和对其他人员的管理相似，把销售人员"经济人化"、"单纯雇用化"，不能很好地尊重、关心他们，缺乏人性的关注和信任，让销售人员认为是靠自己的知识、能力甚至血汗来与企业所有者、管理者进行单纯的金钱交换，从而导致了销售人员对企业"家"的荣誉感、归属感的缺乏、淡薄和丧失，以至于最终离开企业，造成企业人才的流失，人员转换成本的提高。

11.4 销售人员的激励方式

激励销售人员可以从不同的角度出发，采取不同的激励方式。通过环境激励、目标激励、物质激励和精神激励等方式，可提高销售人员的积极性。

1. 环境激励

环境激励是指企业创造一种良好的工作氛围，使销售人员心情愉快地开展工作。这里，企业对销售人员的重视程度有很大差异。有些企业认为销售人员不怎么重要，有些企业则认识到他们是实现企业价值的人，给他们提供无限的机会。事实证明，如果对销售人员不重视，其工作绩效就差，离职率就高。企业可以召开定期的销售人员与公司领导座谈会，给予他们在更大群体范围内结交朋友、交流感情的机会。

2. 目标激励

目标激励是指为销售人员确定一些拟达到的销售指标，以目标激励销售人员上进。企业应建立的主要目标有销售定额、毛利额、访问客户数、新客户数、访问费用和货款回收等。其中，制订销售定额是企业的普遍做法，即规定他们一年内应销售产品的数量，并按产品分类确定。制订销售定额的实践经验表明，销售人员对销售定额的反应并不完全一致，一些人受到激励，因而能发挥出最大潜能；也会有一些人感到气馁，导致工作情绪低落。一般来讲，优秀的销售人员对精心制订的销售定额会做出良好的反应，特别是当薪酬水平按工作业绩作适当调整时更是如此。

3. 物质激励

物质激励是指对做出优异成绩的销售人员给予晋级、奖金、奖品和额外薪酬等实际利益的激励，以此来调动销售人员的积极性。物质刺激往往与目标激励联系起来使用。研究人员在评估各种可行激励价值的大小时发现，物质激励对销售人员的激励作用最为强烈。

4. 精神激励

精神激励是指对做出优异成绩的销售人员给予表扬、颁发奖状、授予称号等，以此来激励销售人员不断进步。对于多数销售人员来讲，精神激励也是不可缺少的。精神激励是一种较高层次的激励，通常对那些接受过高等教育的年轻销售人员更为有效。销售经理应深入了解销售人员的实际需要，他们不仅有物质生活上的需要，而且还有诸如理想、成就、荣誉、尊敬等方面的精神需要。尤其当物质方面的需要得到基本满足后，销售人员对精神方面的需要就会更加强烈。例如，有的企业每年都要评选"冠军销售员"、"销售状元"等，效果很好。

5. 情感激励

利益支配的行动是理性的。理性只能使人产生行动，而情感则能使人拼命工作。对于销售人员的情感激励就是关注他们的感情需要、关心他们的家庭、关心他们的感受，把对销售人员情感的关心直接与他们的生理和心理需要有机地联系起来，使其情绪始终保持在稳定的愉悦状态，促进销售成效达到较高水准。

6. 民主激励

实行民主化管理，让销售人员参与营销目标、顾客策略、竞争方式、销售价格等政策的制订，经常向他们传递企业的生产信息、原材料供求与价格信息、新产品开发信息等；企业高层定期聆听一线销售人员的意见与建议，感受市场脉搏，向销售人员介绍企业发展战略。这些都是民主激励的方法。

11.5 销售人员的激励原则

1. 因人而异原则

根据人本管理的基本原理，不同人的需求是不一样的，同一个人在不同时期的需求也是不一样的。

一个销售团队中大致有以下 3 类员工。

（1）老资格员工。年龄较大、收入较高的老资格员工，其生活相对比较舒适。他们的需求往往是工作上的安全性、成就感和被人尊重，相应的激励因素就是给他分配挑战性的工作，让其指导其他员工的工作，参加一些高层次的决策会议。

（2）追求机会者。因为他们的收入不高，所以首先是提高收入的需求，再就是对他能力认可的需求，还有就是满足工作的安全性等，对这类人最主要的激励因素是提高薪金待遇，鼓励其努力工作；要进行有效的沟通，帮助他们克服孤独感，沟通对他们是一个好的激励；另外通过销售竞赛，可使他们的技能得到提高，还能多得奖金。

（3）追求发展者。因为年纪较轻，这一类人最主要的需求不是获得更高的工资，而是想学到更多的东西，以满足将来更好的发展。对这类员工的激励因素最主要的就是良好的培训，建立一种良好的培训机制，是对这类人最大的激励。不同类型员工的需求与激励因素如表 11.2 所示。

表 11.2　不同类型员工的需求与激励因素

员 工 类 型	主 要 需 求	激 励 因 素
老资格员工	安全性；成就感；被人尊重	挑战性工作；参与高层管理
追求机会者	提高收入；能力认可	薪金待遇；有效沟通
追求发展者	个人发展	良好培训

2. 奖惩适度原则

有的销售经理在奖惩员工的时候不按照规章制度办事，奖得过多，罚得过重，或者奖得过少，罚得也轻，这都达不到真正的激励效果。奖励适度才能对激励效果产生重大影响。如果奖励过重，会使员工飘飘然，失去了进一步提高自己的动力；反之，奖励过轻起不到激励的作用，甚至还不如不奖励。同样，惩罚过重，员工就会失去对公司的认同；如果惩罚过轻，员工又会轻视公司的规章制度，轻视管理的威严性，导致重犯同样的错误，起不到警戒的作用。

3. 公平公正原则

一忌待遇不公。待遇不公，极易引起员工的不满，造成员工对公司的不信任，并且这种情绪很容易在公司中扩散，造成整体工作积极性的低落及工作效率的低下。二忌一碗水端不平。取得同样成绩的员工一定要获得同样的奖励。同理，犯了同样错误的员工也应当受到同等层次上的处罚。管理者就是宁可不奖励、宁可不处罚，也不要一碗水端不平。管理者在处理员工的问题时，一定要有一种公平的心态，不应有任何的偏见和喜好，不能有任何不公的言语和行为。

4. 奖励正确原则

管理学家米切尔·拉伯夫经过多年的研究，发现一些管理者常常奖励一些不合理的工作行为。他根据这些常犯的错误，归结出应奖励和避免奖励的 10 个方面的工作行为：奖励彻底解决问题，而不是只图眼前利益的行为；奖励承担风险而不是回避风险的行为；奖励善用创造力而不是愚蠢的盲从行为；奖励果断的行动而不是光说不做的行为；奖励多动脑筋而不是一味苦干的行为；奖励使事情简化而不是使事情不必要地复杂化的行为；奖励沉默而有效率的人，而不是喋喋不休者；奖励有质量的工作，而不是匆忙草率的工作；奖励忠诚者而不是跳槽者；奖励团结合作而不是互相对抗。管理者奖励不合理的工作行为较之不奖励往往危害更大，必须奖励正确的事情。

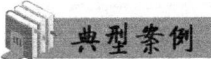

公司应该如何面对第二次工作热情回落的员工

小屈在刚进 A 公司参加岗前训练时，冲劲十足，工作热情非常高。差不多 3 周后，进入到"放单飞"的状态，她的冲劲仍然十足。公司早上八点半开早会，八点左右她就来到了会议室，公司会议室的门还没有开，她就在那儿坐着，把前面所讲的产品知识赶紧看一遍，把自己的工作计划也赶紧梳理一遍。

但是这种工作状态维持的时间不是很长，大概只维持了 3 周时间。她的工作热情为什么会发生变化呢？原因在于：真正的市场环境状况超出了她的预料，而且某些竞争对手的产品在性能和价格上确实已超过公司的产品；她听到了一些反对意见，同时她也渐渐体会到了来自公司内部的压力，公司部门之间的配合也存在很大问题。诸多的因素使她的工作热情急剧下降。

看到这种情况，细心的王经理找她进行了一次交流。交流后，小屈开始正确认识市场上的困难和公司内部现有流程上存在的问题。她的心态开始改变，对市场情况的考虑更加现实。她以这种平和的心态工作了 3 个月后，迎来了她的第一次丰收，她签了第一张单子，一共卖了 80 套产品。

每一名销售人员都很难忘记自己在公司签的第一张订单，开第一张订单时的情形也许一辈子都忘不了。小屈签单的那天，她抑制不住内心的喜悦，请朋友狂欢到深夜。第二天上班时，她仍然神采奕奕，毫无倦意。接下来的一段时间，她的工作热情又恢复到了刚入职时的状态。这种工作热情维持了比较长的时间，她找到了市场的感觉后，后面的订单就如芝麻开花——节节高了，同时客户也比较稳定了。

一年后，她的工作热情又开始慢慢地回落了。为什么呢？她已经工作一年多了，每天都是同样的拜访过程，每天都是那几个相对稳定的客户，每天都是收货、发货、回款、催款、协调各部门的关系等。日复一日，她感到疲惫厌倦，工作热情也就明显下降了。

面对第二次工作热情的回落，销售经理又该如何去调整呢？

11.6 对不同销售人员的激励

任何一个销售群体都是由各种类型的销售人员组成的，他们中的一部分人会有各种各样的问题。销售主管应密切注意下属人员的动向，及时了解销售人员的问题，这样可以在心理上有所准备，并在实际行动中有正确的应对措施。

1. 对明星销售人员的激励

难以驾驭销售高手是销售主管普遍遇到的问题。但只要用心去做，还是有规律可循的。明星销售员一般都有些特长，或者善于处理与客户的关系，或者精通销售技巧，总之能取得优秀的销售业绩。对明星销售员的激励措施有以下几种。

（1）树立形象。明星销售员通常追求地位，希望给予肯定与表扬；很注意自己的形象，并希望得到他人的认可，热衷于影响他人。

（2）给予尊重。因为他们需要别人的尊重，特别是主管的重视，希望别人把他们当做事事做得好又做得对的专家，并且，他们乐于指导别人。

（3）赋予成就感。明星销售人员物质上的满足一旦实现，他们就更需要精神上的满足。此时，对他们赋予成就感能起到更重要的作用。

（4）提出新挑战。明星销售员一般都有充沛的精力，他们会不断地迎接新的挑战，去创造销售纪录。因此，不断提出新的目标，会激发他们的斗志。

（5）健全制度。明星销售员大都希望有章可循，不喜欢被别人干预或中途放弃。制度要保证他们能够充分发挥自己的潜力。

（6）完善产品。所谓"巧妇难为无米之炊"，再能干的销售员也要以优质的产品作为后盾。明星销售员一般对自己的产品具有高度的信心，如果公司的产品品质失去信誉或对产品有所怀疑，他们就可能跳槽。因此，应不断地完善和发展企业的产品。

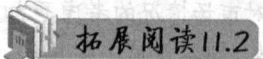

拓展阅读11.2

麦克利兰的成就激励理论

成就激励理论认为，几乎每个人都认为自己有"做出成就的动机"，追求成就感的人被高标准的工作和在竞争中取胜的愿望激励着。自我激励的高成就者具有以下3个主要特点。

（1）高成就者喜欢设置自己的目标，他们总是想有所作为。高成就者喜欢研究、解决问题，而不愿意依靠机会或他人取得成功。

（2）高成就者在选择目标时会回避过分的难度，他们喜欢中等难度的目标。

（3）高成就者喜欢能立即给予反馈的任务。目标对于他们非常重要，所以他们希望尽快知道结果。

2. 对问题销售人员的激励

一个销售队伍中总会出现一些问题成员，这些成员会有较为明显的缺点或者会遇到较大的困难，常常需要主管予以协助和监督才能改掉缺点，克服困难。问题成员的常见特征主要有恐惧退缩、缺乏干劲、虎头蛇尾、浪费时间、强迫销售、惹是生非、怨愤不平和狂妄自大等。

（1）对恐惧退缩型成员的激励。恐惧退缩型销售成员多是因为自信心受到打击，缺乏自信。解决办法：培养其信心，消除恐惧；肯定其长处，也指出问题所在，并提供解决办法；陪同销售和训练，使其从容行事，由易到难，再渐入佳境；培训其产品知识与销售技巧。

（2）对缺乏干劲型成员的激励。缺乏干劲型销售成员多是因为企业对其缺乏有效的激励。解决办法：强化对他的激励，对他的工作任务提出挑战。如更换业务销售区域、提高业务配额、提供加薪晋升的机会及短期休假奖励等。

（3）对虎头蛇尾型成员的激励。虎头蛇尾型销售成员主要是对销售工作缺乏计划性，或者在计划执行过程中缺乏有效监督和控制。解决办法：要求参加销售计划的制订或销售资料的收集整理；对其进行阶段式考核并规定各阶段的明确销售目标。

（4）对浪费时间型成员的激励。在销售活动中浪费时间，主要是销售人员的客户拜访计划不周密或销售技能运用不当造成的。解决办法：帮助其制订拜访客户的时间表及线路图，分析拜访客户的次数及对客户解说的最低时间；对其严格要求，制订工作时间表及时间分配计划书。

（5）对强迫销售型成员的激励。强迫销售型成员的急功近利容易导致客户不满，需要对销售人员加以引导。解决办法：给销售人员指出强迫销售的危害及渐进式销售的好处，加强服务观念教育；教授更多的销售技巧，开展多层次的销售竞赛。

（6）对惹是生非型成员的管理。惹是生非型的组织成员，不论是无心还是有意，都会给团队制造不稳定因素，影响团队的合作。对这种人和事要妥为管理与引导。解决办法：指出谣言对个人及团体的危害；追查谣言的起源并孤立造谣者；对造谣者予以教育，教育无效予以辞退。

（7）对怨愤不平型成员的激励。怨愤不平型成员大多心里感到不平衡，或者对某人某事有意见。解决办法：给予劝导及安慰，使他们换个角度看问题；引导他们多参加团体活动并充分发表意见；用事实说话，在销售绩效上比高低，使其心悦诚服；检查公司制度有无不合理之处，有则改之，无则加勉；若完全是成员无理取闹，则必须予以制止，尽量化冲突为理解，维系双方的关系。

（8）对狂妄自大型成员的引导。狂妄自大型成员往往是团队中的业绩优秀者，需要对其加以引导，否则会对组织发展造成不利影响。解办办法：告之山外有山，天外有天，强中更有强中手，不可学井底之蛙，夜郎自大；以具体事例说明骄兵必败；提高销售配额，健全管理制度；肯定其成绩，多劳多得，不搞特殊化。

3. 对老化销售人员的激励

销售人员业绩停顿，心态老化，是销售主管经常遇到的又一难题。有些销售人员工作了一段时间后，突然业绩停顿甚至不断下滑，在竞争激烈、企业环境动荡的时候尤其如此。这种现象严重困扰着企业的发展。不断提升销售业绩，防止销售人员心态老化是销售人员激励必须面对的问题。

（1）鼓励参加销售培训课程、聚会等。有时，年资愈久，在推销做法上偏离基本做法可能会愈远，如不加注意，很快就会疏略所有的推销基本技巧和方法。让老化销售人员多参加销售培训课程或聚会，如销售俱乐部、联谊会等，他们看到别人怎么做后，再把自己过去的作风和目前自己的表现相比较，就会发现自己的颓落程度。

（2）做好销售人员的人生规划。指导老化销售人员重视并做好自己的人生规划，规划期限一般为3～5年，规划内容除了设计事业、职业及收入的目标外，也应该把其他事业性的目标列入，如设法在几年内成为百万推销俱乐部的会员，学会如何使用现代通信工具提高工作效率等。

（3）负债经营，鞭策其努力工作。向老化销售人员灌输新的消费理念，鼓励其采用分期付款的方式买房、买车等，鞭策自己努力工作，赚更多的钱来支付这些费用。

（4）把销售工作当事业而不是职业。当一个人把工作当职业时，工作只是一种谋生的手段，付出自己的努力取得应有的回报；当一个人生活无忧时，才会有自己的事业，事业是一个人所热爱并为之终身奋斗的自觉行动。有工作的职业人是快乐的，有事业的人是幸福的，当职业和事业一致时，人们是既快乐又幸福的；当职业和事业矛盾时，人们就会感到痛苦，就像两只眼睛不能看到一个东西一样。

【任务小结】

激励的关键是要与被激励者的期望相符，否则再好的激励也是没有作用的，而每个人的期望又都是不同的，在每个阶段的期望也是不同的。所以，在实施激励措施时，特别是在销售管理中对销售人员进行激励时，首先要清楚销售人员的期望。销售人员的期望主要有物质回报；工作愉快；不断进步；适当减压；提供帮助。

很多企业在销售人员的激励问题上认识不清，措施不到位，导致销售人员流失率居高不下。激励销售人员可以从不同的角度出发，采取不同的激励方式，通过环境激励、目标激励、物质激励和精神激励等方式来提高销售人员的积极性。同时在激励时把握以下原则：因人而异；奖惩适度；公平公正；奖励正确。

任何一个销售群体都是由各种类型的销售人员组成的，他们中的一部分人会有各种各样的问题。销售主管应密切注意下属人员的动向，及时了解销售人员的问题，这样可以在心理上有所准备，并在实际行动中有正确的应对措施。例如，对明星销售人员、问题销售人员和老化销售人员的激励问题。

任务12 考核销售绩效

【任务导入】

倒霉的八戒

唐僧团队是一个知名的团队，但是这个团队的绩效管理似乎做得并不好。下面我们来看一下他们是如何进行绩效考核的。

一次，唐僧师徒4人乘坐飞机去旅行。途中，飞机出现故障，需要跳伞。不巧的是，

4 个人只有 3 把降落伞。给谁呢？为了做到公平，师傅唐僧决定对各个徒弟进行考核，考核过关就可以得到一把降落伞；考核失败就自由落体，自己跳下去。

于是，师傅问孙悟空："悟空，天上有几个太阳？"悟空不假思索地答道："一个。"师傅说："好，答对了，给你一把降落伞。"接着又问沙僧："天上有几个月亮？"沙僧答道："一个。"师傅说："好，也对了，给你一把降落伞。"八戒一看，心里暗喜："啊哈，这么简单，我也行。"于是，摩拳擦掌，等待师傅出题。师傅的题目刚提出来，八戒却跳下去了。大家知道为什么吗？师傅提的问题是，"天上有多少颗星星？"八戒当时就傻了，直接就跳下去了。

过了些日子，师徒 4 人又乘坐飞机旅行，结果途中飞机又出现了故障，同样只有 3 把降落伞。师傅如法炮制，再次出题考核大家。师傅先问悟空："中华人民共和国哪一年成立的？"悟空答道："1949 年 10 月 1 日。"师傅说："好，给你一把降落伞。"又问沙僧："中国的人口有多少亿？"沙僧说是 13 亿，师傅说："好的，答对了。"沙僧也得到了一把降落伞。轮到八戒，师傅的问题是，"13 亿人的名字分别叫什么？"八戒当时晕倒，又一次以自由落体结束旅行。

第 3 次旅行的时候，飞机再一次出现故障，这时八戒说："师傅，你别问了，我跳。"然后纵身一跳。师傅双手合十，说："阿弥陀佛，殊不知这次有 4 把降落伞。"

这个故事告诉我们，绩效考核指标值的设定要在员工的能力范围之内，员工跳一跳可以够得着。如果员工一直跳，却永远也够不着，那么员工的信心就丧失了，考核指标也就失去了本来的意义。

【任务学习】

12.1　认知销售人员绩效考核

对销售人员绩效考核的基本目的，是确定各销售人员的工作表现。

1. 保障销售目标的完成

销售目标是销售管理过程的起点，它对销售组织、销售区域的设计以及销售定额的制订起着指导作用。这些工作完成之后，销售经理开始招聘、配置、培训和激励销售人员，促使他们朝着销售目标努力。同时，销售经理还应当定期收集、整理和分析有关销售计划执行情况的信息。这样做一方面有利于对计划的不合理之处进行修改，另一方面也有利于发现实际情况与计划的差异，以便找出原因并寻求对策。可见，有效的绩效考核方案如同指南针，可保证销售人员实现企业的销售目标。

2. 为销售人员的奖酬提供依据

科学的考核，公平的奖酬，对激励销售人员有着重要的影响。有效的绩效考核方案是对销售人员的行为、态度、业绩等多方面进行全面而公正的考核，考核的结果不论是描述性的还是数量化的，都可以为销售人员薪酬的调整、奖金的发放提供重要的依据，使企业能够在客观评价的基础上给予销售人员合理的报酬或待遇，激励销售人员继续努力。

3. 通过考核发掘销售人才

通过绩效考核能够查明销售人员的实际销售能力及效果。绩效考核的结果能够对销售人员是否适合销售岗位做出客观、明确的评判。如果发现他们缺乏某一方面的能力，可以对之补充和加强；如果发现他们在某方面的能力没有得到充分的发挥，可以给予其更具挑战性的任务，为他们提供尽展才华的机会。另外，一个具有敏锐观察力的销售管理者，通过绩效考核也可能发现具有某方面潜能的销售人才，从而采取措施发掘和培养他们。

4. 加强对销售活动的管理

在销售管理过程中，销售经理一般每月对销售人员进行一次考核。有了每月的考核，各销售区域的业务活动量会有所增加，因为销售人员都希望获得较好的考核成绩。同时，销售活动的效率也会提高，因为绩效考核会让销售人员周密思考和谨慎行动，他们会用更理智的方式做事。绩效考核还能让销售经理监控销售人员的行动计划，及时发现问题。

5. 让销售人员清楚企业对自己的评价和期望，引导销售人员的发展

虽然销售经理和销售人员经常见面，并且可能经常谈论一些工作上的计划和任务，但是销售人员还是很难清楚地明白企业对自己的评价和期望。绩效考核是一种正规、周期性的销售评价系统，绩效考核的结果是向员工公开的，员工有机会了解企业对他们的评价，从而正确地估计自己在组织中的位置和作用，减少不必要的抱怨。绩效考核是一个导航器，它可以让员工清楚自己需要改进的地方，指明了员工前进的方向，为员工的自我发展设计了道路。

上述这些不同的绩效考核目的影响着企业的整个绩效评估过程。例如，确定物质奖励及奖励进步者的绩效评估应该把重点放在销售人员当前的工作及与销售相关的活动上；把销售人员提升到管理职位的绩效评估应侧重于其作为销售经理的潜在效率上，而不只是看其当前的工作绩效。所以，销售人员绩效评估必须谨慎地开展与实施，以便为完成既定目标提供必要的信息。

12.2 销售人员绩效考核的原则

1. 实事求是原则

实事求是要求绩效考核的标准、数据的记录等要建立在客观、实际的基础之上，对销售人员进行客观考核，用事实说话，切忌主观武断。如果缺乏事实依据，宁可不做评论，或者注上"无从考察"、"待深入调查"等意见。按客观标准进行考核，可以引导成员不断地改进工作，避免人与人之间的摩擦破坏组织的团结。

2. 重点突出原则

为了提高考核效率，降低考核成本，并且让员工清楚工作的重点，考核内容应该选择岗位工作的主要方面进行评价，突出重点；同时，考核内容不可能涵盖岗位工作的所有内容。考核的主要内容以影响销售利润和效率的因素为主，其他方面为辅。

3. 公平公开原则

绩效考核应该最大限度地减少考核者和被考核者双方对考核工作的神秘感，绩效标准的制订应通过协商进行；考核结果应公开，使企业的考核工作制度化、规范化。

4. 重视反馈原则

在绩效考核之后，企业要组织有关人员进行面谈讨论，把结果反馈给被考核者。同时，考核者应注意听取被考核者的意见及自我评价。对于考核中存在的问题应及时修改，以便在考核者与被考核者之间建立一种互相信赖的关系。

5. 工作相关原则

绩效考核是对销售人员工作的评价，对不影响工作的其他任何事情都不要进行考核。例如，员工的生活习惯、行为举行、个人癖好等内容都不宜作为考核内容，更不可涉及销售人员的个人隐私。在现实的绩效考核中，往往分不清哪些内容和工作有直接联系，结果将许多关于人格问题的判断掺进评判的结论，这是不恰当的，考核过程应就事论事。

6. 重视时效原则

绩效考核是指对考核期内的所有成果形成综合的评价，而不能将本考核期之前的行为强加于当期的考核结果中，也不能以近期的业绩或比较突出的业绩代替整个考核期的绩效进行评估，这就要求绩效数据与考核时段相吻合。

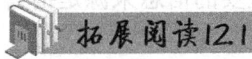

销售绩效考核万象

1. 企业高层管理者和人力资源管理者对销售绩效考核的困惑

（1）重视有丰富实战经验的销售人员，但是不知如何留住他们。

（2）实行绩效考核，主要是为了发奖金，好像起不到考核的作用。

（3）人力资源部门在设计考核指标时，往往抓不住主要的考核点。

（4）人力资源部门采用的360度考核、平衡计分卡等先进的考核方法，往往得不到销售部门的认同。

（5）在考核过程中，我们设计了很多的过程考核指标，但是考核的信息点很难收集到，最终还是按照主观判断打分。

（6）销售人员对绩效考核不重视，还是按照既有思路开展工作，没有改进。

2. 企业在设计绩效考核指标时经常出现的问题

（1）只注重考核结果，考核财务指标，没有过程指标考核，以结果论英雄。

（2）盲目追求考核指标的"全面性"，从结果到过程，考核指标过多，员工无所适从。

（3）所有层级人员的考核指标都是一样的。

（4）考核指标长期不变，不能体现公司发展阶段的特殊要求，不符合公司发展战略的要求。

3. 实施考核过程中经常出现的问题

（1）片面追求绩效考核流程的规范性和全面性，考核成本上升。

（2）考核不够严肃，面子现象严重。

4. 绩效考核完成以后企业容易出现的问题

（1）考核流于形式，只用于发奖金，不重视绩效沟通。

（2）有绩效沟通，但是后续工作缺乏持续跟进，工作没有实质性进步。

12.3　销售人员绩效考核的工作程序

销售人员的绩效考核工作应严格按照一定的程序进行，具体包括：收集考核资料；建立绩效标准；选择考核方法；实施绩效考核；反馈考核结果。只有按照考核程序进行，才能对销售人员的业绩做出合理、全面的科学评定。

1. 收集考核资料

对销售人员考核资料的收集必须全面、充分。资料的来源主要有销售人员的销售报告、企业的销售记录、顾客意见以及企业内部员工的意见等。其中，最重要的信息来源是销售报告。

2. 建立绩效标准

要评估销售人员的绩效，一定要有科学而合理的标准。所谓绩效标准，是指企业希望销售人员所能达到的绩效水平和标准，以及如何对具体的标准进行衡量。无论是销售人员的工作结果，还是他们实际的工作行为都应该作为绩效标准的组成部分。绩效考核标准分为客观性绩效标准和主观性绩效标准两类。

（1）客观性绩效标准。

在绩效标准中，客观性绩效标准是指按职务标准进行的量化考核，因而也称职务考核。职务考核能够有效地对销售人员的业绩进行评价。客观性绩效标准一般包括以下几个方面。

① 销售量。大多数销售经理考核销售人员绩效的第一个标准是销售量。抛开其他因素，销售量最大的销售人员，业绩就是最好的。但是，销售量不能完全说明企业销售人员对企业利润和客户关系贡献的大小。为了使销售量评估更有价值，在实际考核时，一般将销售人员的总销售量按产品、客户或订单规模分类研究，并与产品、客户的分类定额指标相对比。

② 毛利。除了考核销售量，销售经理应该更多地关心销售人员创造的毛利。毛利是销售人员工作效率的一个更好的考核标准，因为它在某种程度上显示了销售人员销售高利

润产品的能力。个人对利润的直接贡献理所当然是考核销售人员绩效的重要标准。

③ 订单数量和订单平均规模。销售人员获得的订单数量和订单平均规模是销售人员绩效考核的重要标准。由于这方面的考核分析按客户类型划分，所以更能了解销售人员的客户销售效率。例如，有的销售人员得到了太多的小批量、非盈利的订单，尽管总销售量因为几个大的订单而令人满意；有的销售人员很难从某类客户处得到订单，只能从其他类型的客户那里取得订单来弥补。

④ 平均每天访问顾客的次数（日访问率）。销售绩效的一个关键因素是访问客户的数量，销售人员如果不访问客户，就无法销售产品。通常访问次数越多，产品卖得越好。如果某销售人员每天访问3次客户，而合理的企业销售人员日访问客户的平均水平是4次，那么就有足够的理由相信，销售人员将日访问率提高到平均水平之上，其销售业绩一定会上升。

⑤ 平均访问成功率。访问成功率是指收到的订单数与访问次数之比。作为绩效标准的考核内容之一，访问的平均成功率显示了销售人员选择和访问潜在客户的能力和成交能力。将平均访问成功率和日访问率进行结合分析更有意义。如果日访问率高于平均水平，但是订单数量低于平均水平，那么可以推断销售人员没有在每位客户身上花足够的时间。或者，如果日访问率和平均访问成功率都高于平均水平，而平均订单数量很小，说明销售人员的销售技能有待提高，应学会如何有效地访问客户。

⑥ 直接销售成本。直接销售成本是指销售人员所发生的销售费用之和，如出差费用、其他业务费用、奖酬等。绩效考核的成本标准一般采用销售费用率或访问费用率。如果销售人员的销售费用率或访问费用率高于平均水平，可能表示该销售人员的工作表现较差，或者销售地区缺乏潜力，或者面对的是新的销售区域。平均访问成功率低的销售人员，通常单位访问成本较高；日访问率低的销售人员，单位访问成本一般也较高。

⑦ 路线效率。路线效率即访问客户的单位平均里程，是指出差里程与访问次数之比。路线效率可以显示销售人员所在地区的客户密度或者用来衡量销售人员的出差效率。如果销售人员服务的市场规模和客户密度大致相同，那么单位访问里程就是显示路线效率的重要标准；如果销售人员的单位访问里程相差较大，销售经理就应该考虑控制那些较差人员的拜访路线了。

（2）主观性绩效标准。

主观性绩效考核也称职能考核，是指销售经理使用定性因素对销售人员的销售能力进行的评价。职务标准对应于"工作"，职能标准则对应于"能力"。对一个组织来说，不仅要追求现实的效率，还要追求未来可能的效率，这样就需要把有能力的人提升到更重要的岗位，同时希望现有岗位上的人都能发挥其能力。

主观性绩效标准主要包括以下内容。

① 销售技巧标准：包括发现卖点、产品知识、倾听技巧、获得客户参与、克服客户异议、达成交易等。

② 区域管理标准：包括销售计划、销售记录、客户服务、客户信息的收集与跟踪等。

③ 个人特点：包括工作态度、人际关系、团队精神、自我提高等。

需要注意的是，在主观性绩效考核中，考核者的主观因素得到了最大的发挥，考核者成了关键角色,因此在考核中使用行为等级表是非常必要的。通过对个体行为的详尽描述,从而指导考核者对被考核者做出尽可能客观的等级评价,销售人员行为等级考核表如表 12.1 所示。

表 12.1 销售人员行为等级考核表

行为等级	等级分值	行为描述
出色	10	能够做到比一般所期望的更好,帮助团队更好地实现销售目标
比较出色	8	总是能够如期望的那样合作,并为团队目标做出贡献
一般	5	通常愿意合作,并参与团队努力之中
比较差	2	只能在一定程度上参与团队努力,对团队活动没有主动性
很差	0	不愿参与,有时甚至与团队目标背道而驰

3. 选择考核方法

根据考核内容的不同,考核方法也可以采用不同的形式,从而有效地减少考核误差,提高考核的准确度。常用的考核方法主要有以下几种。

(1) 横向比较法。

横向比较法是指一种把各位销售人员的销售业绩进行比较和排队的方法。这里不仅要对销售人员完成的销售额进行对比,而且还应考虑销售人员的销售成本、销售利润、顾客对其服务的满意程度等。

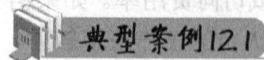

典型案例 12.1

横向比较法在销售人员绩效考核中的应用

选择销售额、订单平均批量和每周平均访问次数 3 个因素,应用横向比较法分别对销售人员 A、B、C 进行绩效考核,如表 12.2 所示。

表 12.2 销售人员业绩考核表——横向比较法

考评因素		销售人员	A	B	C
销售额		权数	5	5	5
		目标(万元)	50	40	60
		完成(万元)	45	32	57
		达成率(%)	90	80	95
		绩效水平(权数×达成率)	4.5	4.0	4.75
订单平均批量		权数	3	3	3
		目标(万元)	800	700	600
		完成(万元)	640	630	540
		达成率(%)	80	90	90
		绩效水平(权数×达成率)	2.4	2.7	2.7

续表

考评因素	销售人员	A	B	C
每周平均访问次数	权数	2	2	2
	目标（万元）	25	20	30
	完成（万元）	20	17	24
	达成率（%）	80	85	80
	绩效水平（权数×达成率）	1.6	1.7	1.6
绩效合计		8.5	8.4	9.05
综合绩效（绩效合计/总权数）（%）		85	84	90.5

由于销售额是最主要的因素，所以把权数定为5；订单平均批量和每周平均访问次数的权数分别定为3和2。针对3个因素分别建立销售额目标。由于存在地区差异，所以每个因素针对不同地区的销售人员建立的销售额目标是不一样的。如销售人员C的销售额目标定为60万元，高于销售人员A的50万元和B的40万元，这是考虑C所在地区的潜在客户较多，竞争对手较弱而决定的。由于销售人员A所在地区内有大批量的客户，所以其订单平均批量也相对较高。每个销售人员每项销售目标的达成率等于其所完成的工作量与销售目标之比，将达成率与权数相乘就得出了各个销售人员的综合效率。从表12.2中可以看出，销售人员A、B和C的综合效率分别为85%、84%和90.5%，销售人员C的综合绩效最好。

（2）纵向分析法。

纵向分析法是指将同一销售人员的现在和过去的工作实绩进行比较，包括对销售额、毛利额、销售费用、新增客户数、流失客户数、每个客户平均销售额、每个客户平均毛利等数量指标进行分析的方法。

利用纵向分析法对销售人员R的绩效考核如表12.3所示。

典型案例12.2

纵向分析法在销售人员绩效考核中的应用

从表12.3中可以看到，R的总销售量每年都在增长，但这并不一定说明R的工作有多出色。对不同产品的分析表明，R销售产品B的销售量大于销售产品A的销售量。对照产品A和产品B的定额达成率，结果表明R在销售产品B上所取得的成绩很可能是以减少产品A的销售量为代价的。根据毛利额可以看出，销售产品A的平均利润要高于产品B，R可能以牺牲毛利率较高的产品A为代价，销售了销量较大、毛利率较低的产品B。销售员R虽然在2012年比2011年增加了8 000元的总销售量，但其销售毛利总额实际却减少了700元。

R的销售费用率虽然基本上得到了控制，但销售费用却是不断增长的。销售费用上升的趋势似乎无法以总访问次数予以说明，因为总访问次数还有下降的趋势，这可能与取得新客户的成果有关。但是，R 在寻找新客户时，很可能忽略了现有客户，这可从每年流失客户数的上升趋势中得到说明。最后，每个客户平均销售额和每个客户平均毛利要与整个企业的数据进行对比才具有意义。如果 R 的这些数值低于企业的平均数据，也许是他的客户存在地区差异性，也许是他对每个客户的访问时间不够。此外，也可用他的年访问次数与企业销售人员的年平均访问次数相比较，如果他的年访问次数比较少，而他所在销售区域的距离与其他销售人员的平均距离并无多大差别，则说明他没有整个工作日都在工作，或者是他的访问路线计划得不合适。

表12.3 销售人员绩效考核表——纵向分析法

年份 考评因素	2009	2010	2011	2012
① 产品 A 的销售额（元）	376 000	378 000	410 000	395 000
② 产品 B 的销售额（元）	635 000	660 000	802 000	825 000
③ 销售总额（元）（③=①+②）	1 011 000	1 038 000	1 212 000	1 220 000
④ 产品 A 的定额达成率（%）	96.0	92.6	88.7	85.2
⑤ 产品 B 的定额达成率（%）	118.3	121.4	132.8	130.1
⑥ 产品 A 的毛利（元）	75 200	75 600	82 000	79 000
⑦ 产品 B 的毛利（元）	63 500	66 000	80 200	82 500
⑧ 毛利总额（元）（⑧=⑥+⑦）	138 700	141 600	162 200	161 500
⑨ 销售费用（元）	16 378	18 476	18 665	21 716
⑩ 销售费用率（%）（⑩=⑨/③）	1.62	1.78	1.54	1.78
⑪ 销售访问次数（次）	1 650	1 720	1 690	1 630
⑫ 每次访问成本（元）	9.93	10.74	11.04	13.32
⑬ 平均客户数（个）	161	165	169	176
⑭ 新增客户数（个）	16	18	22	27
⑮ 流失客户数（个）	12	14	15	17
⑯ 每个客户平均销售额（元）（⑯=③/⑬）	6 280	6 291	7 172	6 932
⑰ 每个客户平均毛利（元）（⑰=⑧/⑬）	861	858	960	918

(3) 360 度考核法。

传统的绩效考核方法仅仅从一个角度对销售人员进行考核，这容易导致考核不够全面，甚至不够公平，在一定程度上失去了绩效考核原有的意义。如果由直接上级、其他部门上级、下级、同事和客户对销售人员进行多层次、多维度的评价，则可以综合不同评价者的意见，得出一个比较全面、公正的评价结果，这就是 360 度考核体系，也称为全视角考核法。

在360度考核体系中，除了传统的上级评价，还包括自评、同事评价、委员会评价、客户评价和下级评定。360度考核体系如图12.1所示。

360度考核体系的特点如下。

① 企业销售工作越来越多地是由团队而不是由个人完成的，个人更多的是服从领导小组的管理而不是服从单个领导的管理。这样，员工的工作表现就不应只由一名上级来评价，而应是了解销售员工作表现的所有领导都可以参与对销售员的绩效考核。

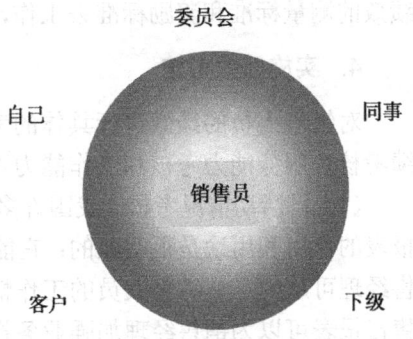

图12.1　360度考核体系示意图

② 360度绩效考核可以使销售人员对管理者施加一定的压力，而不是完全处于被动。

③ 360度绩效考核可以更为全面、客观地反映销售员的贡献、长处和发展的需要。

实施360度考核的注意事项如下。

① 上级担心员工利用360度考核体系发泄自己的不满，而下级则担心如实反映情况会被上级报复。因此，360度考核体系最为关键的是建立考核者和被考核者之间的相互信任，而且要做好考核结果的保密工作。

② 为了保证考核的全面性，而且为了避免透露考核结果来源于哪一个体，考核最少需要4～5名参与者。

③ 上级、下级、同事和客户对销售人员的各个方面不可能具有同样准确的观察，所以不同评价者的评价表格应该是不相同的，而且在综合整理各方面的评价结果时要特别注意以事实为依据。

（4）关键绩效指标考核法。

关键绩效指标考核（key process indication，KPI）是指通过对销售人员工作绩效特征的分析，提炼出最能代表绩效的若干关键绩效指标，并以此为基础进行绩效考核。确定哪些关键绩效指标十分重要，这些指标必须与企业目标建立紧密的联系，并能突出强调那些在吸引、扩张和保留客户方面最有效的做法。如果企业跟踪的数据过多，必然造成考核成本的上升，影响考核工作的效率。

关键绩效考核常用指标如下。

① 客户满意度，如客户满意度提高率或客户投诉量；

② 平均销售订单数额，如平均销售订单额或销售订单额增长率；

③ 货款回收，如货款回收额或货款回收目标完成率；

④ 销售费用，如直接销售费用率或直接销售费用降低率。

此外，依据销售人员的业务现状，还可加入团队合作、市场分析、客户关系等定性关键绩效指标。

由于关键绩效指标与一般绩效指标相比，可将个人和部门的目标与公司整体的成败联系起来，因此更具有长远的战略意义。关键绩效指标体系集中测量我们需要的行为，而且其简单明了，容易控制与管理。对于销售人员而言，关键绩效指标体系可使销售人员按照绩效的测量标准和奖励标准去工作，真正发挥绩效考核指标的牵引和导向作用。

4. 实施绩效考核

对销售人员的绩效进行具体的考核，一般包括对销售人员的日活动情况考核、月度业绩考核、服务能力考核和工作能力考核等。

（1）日活动情况考核。我国许多企业还没有推行销售人员日报管理制度，其实销售日报表的作用和用途是很明显的：它能提供有关客户、市场和竞争者等许多方面的信息；销售经理可从中了解销售人员的工作情况及目标的达成情况，并发现问题和不足。而且，销售日报表可以为销售经理加强业务指导、提高销售效率提供依据。

（2）月度业绩考核。此项考核主要考核销售人员的月度和年度销售业绩，包括各类财务指标，如销售额、毛利率、回款率等。销售月报表如表 12.4 所示。

表 12.4 销售月报表

单位： 年 月

客户编号	客户名称	销售额	退货折扣	收款金额			收款余额	债权余额	回款率	毛利	毛利率	计划达成	
				现金	票据	扣除						销售额	毛利润

（3）服务能力考核。当今各企业之间销售的竞争从某种意义上说是服务的竞争，包括售前、售中和售后的服务。因此，所有的销售人员都必须做好对客户的服务工作。销售人员服务能力的考核取决于客户当月和全年投诉率，所有销售人员的投诉率不应高于 5%。销售人员的服务不仅可在客户投诉率上得到体现，还应在为其他部门提供的服务上得到反映，此项考核由各部门分别完成。

（4）工作能力考核。工作能力考核是指通过对销售人员工作行为的观察和分析，评价其所具备的工作能力。此项考核可结合销售人员职业生涯规划和当月工作计划，从其工作的计划性以及目标完成的情况考核销售人员的工作效率和工作质量。工作能力考核主要有以下几项：第一项，沟通能力。作为销售人员，将经常与客户进行沟通和交流。可以说，销售人员的交流和沟通能力在一定程度上决定着销售人员的销售业绩。第二项，创新能力。销售人员应该经常进行自我启发，对自己的销售方法、工作方式进行创新。第三项，信息能力。作为销售人员,必须具备极强的信息收集和利用能力,对客户的相关情况都应有所了解和掌握,如客户的生日等。

5. 反馈考核结果

销售人员的绩效考核结束后,销售经理应该将考核结果反馈给销售人员,并针对每个考核因素向他们解释绩效考核的结果,指出与标准的差距。然后,销售经理与销售人员一起分析绩效优于或低于标准的原因,为下一期销售目标的设定和规划提供指导。

因为人们不喜欢批评,所以当面指出他人的缺点有时并不适合。为了达到考核的目的,在防止销售人员的弱点损害企业利益的同时,应最大限度地发挥销售人员的优点和特长。所以在反馈考核结果时应注意以下几点。

(1) 试探性的反馈。销售经理可以提出建设性的意见,而不是指令性的意见。

(2) 乐于倾听。销售人员对自己的工作最有经验,对于自己的能力和工作表现方面的不足也最清楚,所以最好让销售人员自己发表意见。销售人员在工作中可能会有一些意见和抱怨,最好能让他们表达出来,否则带着情绪很难全身心地投入工作。

(3) 尊重销售人员。销售经理要尽量对销售人员的意见表示理解和接受,不要轻易否定他们的人格和价值。

(4) 全面反馈。销售经理应明确指出销售人员的优点和缺点,而不能只强调一个方面。

(5) 提出建设性的意见。向销售人员提供能解决问题的建议比批评和指责有效得多。

(6) 不要过多地强调缺点。过多地强调缺点只会导致销售人员的抵触情绪,使销售人员处于一种自我保护的状态而不愿意表达自己的观点。

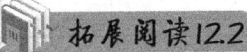
拓展阅读12.2

A公司销售人员绩效考核方案

1. 考核原则

(1) 业绩考核(定量考核)+行为考核(定性考核)。

(2) 定量做到严格以公司收入业绩为标准,定性做到公平和客观。

(3) 考核结果与员工收入挂钩。

2. 考核标准

(1) 销售人员业绩考核标准为公司当月的营业收入指标和目标,公司每季度调整一次。

(2) 销售人员行为考核内容:

① 遵守公司各项工作制度、考勤制度、保密制度和其他规定的行为表现;

② 履行本部门工作的行为表现;

③ 完成工作任务的行为表现;

④ 遵守国家法律法规、社会公德的行为表现。

其中:当月行为表现合格者为0.6~0.8分,行为表现良好者为0.8~1.0分,行为表现优秀者为满分 1 分；如当月能有少数表现突出者，突出表现者可以最高加到 1.2 分；如当月有触犯国家法律法规、严重违反公司规定、发生工作事故、发生工作失误者，行为考核分数为 0 分。

3. 考核内容与指标

考核的具体内容与指标如表 12.5 所示。

表 12.5　A 公司销售人员绩效考核内容与指标

考核项目		考核指标	权重	评价标准	评分
工作业绩	定量指标	销售完成率	35%	实际完成销售额÷计划完成销售额×100%；考核标准为 100%，每低于 5%，扣除该项 1 分	
		销售增长率	10%	与上一月度或年度的销售业绩相比，每增加 1%加 1 分，出现负增长不扣分	
		销售回款率	20%	超过规定标准时，以 5%为一档，每超过一档，加 1 分，低于规定标准为 0 分	
		新客户开发	15%	每新增一个客户，加 2 分	
	定性指标	市场信息收集	5%	在规定的时间内应完成市场信息的收集，否则为 0 分；每月收集的有效信息不得低于 5 条，每少一条扣 1 分	
		报告提交	5%	在规定的时间内将相关报告交到指定处，未按规定时间交者为 0 分；报告的质量评分为 4 分，未达到此标准者为 0 分	
		销售制度执行	5%	每违规一次，该项扣 1 分	
		团队协作	5%	因个人原因影响整个团队工作的情况出现一次，扣除该项 5 分	
工作能力		专业知识	5%	1 分：了解公司产品基本知识 2 分：熟悉本行业及本公司的产品 3 分：熟练掌握本岗位所需的专业知识，但对其他相关知识了解不多 4 分：熟练掌握业务知识及其他相关知识	
		分析判断能力	5%	1 分：较弱，不能及时做出正确的分析判断 2 分：一般，能对问题进行简单分析和判断 3 分：较强，能对复杂的问题进行分析和判断，但不能灵活运用到实际工作中 4 分：强，能迅速对客观环境做出较为正确的判断，并能灵活运用到实际工作中，取得较好的销售业绩	
		沟通能力	5%	1 分：能较清晰地表达自己的思想 2 分：有一定的说服能力 3 分：能有效地化解矛盾 4 分：能灵活运用多种谈话技巧与他人进行沟通	
		灵活应变能力	5%	应对客观环境的变化，能灵活采取相应的措施	

续表

考核项目	考核指标	权重	评价标准	评分
工作态度	员工出勤率	2%	月度出勤率达到100%得满分，迟到一次扣1分（3次及以内） 月度累计迟到3次以上者，该项得分为0分	
	日常行为规范	2%	违反公司规定，一次扣2分	
	责任感	3%	0分：工作马虎，不能保质、保量地完成工作任务且工作态度极不认真 1分：自觉完成工作任务，但对工作中的失误有时推卸责任 2分：自觉完成工作任务且对自己的行为负责 3分：除了做好自己的本职工作，还主动承担公司内部额外的工作	
	服务意识	3%	出现一次客户投诉，扣3分	

4. 考核方法

（1）考核时间：下一月的第一个工作日。

（2）考核结果公布时间：下一月的第三个工作日。

（3）考核挂钩收入的额度：月工资的20%；业绩考核额度占15%；行为考核额度占5%。

（4）考核挂钩收入的计算公式为

$$Z = A \times \frac{X}{C} + B \times Y$$

公式中具体指标含义如表12.6所示。

表12.6 考核挂钩收入计算公式中的指标及其含义

指标	含义
A	不同部门的业绩考核额度
B	行为考核额度
C	当月业绩考核指标
X	当月公司营业收入
Y	当月员工行为考核分数
Z	当月员工考核挂钩收入的实际所得

（5）考核挂钩收入的浮动范围：当月工资的80%~140%。

（6）挂钩收入的发放：每月考核挂钩收入的额度暂不发放，每季度一次性发放3个月考核挂钩收入的实际所得。

5. 考核程序

（1）业绩考核：按考核标准由财务部根据当月公司营业收入情况统一执行。

（2）行为考核：由销售部经理进行。

6. 考核结果

（1）业绩考核结果每月公布一次，部门行为考核结果（部门平均分）每月公布一次。

（2）行为考核结果每月通知到被考核员工个人，员工之间不应互相打听。

（3）每月考核结果除与员工当月收入挂钩外，其综合结果也是公司决定员工调整工资级别、职位升迁和人事调动的重要依据。

（4）如对当月考核结果有异议，请在考核结果公布之日起一周内向本部门经理或人力资源部提出。

12.4 考核销售人员绩效应注意的问题

绩效考核的根本目的是为了充分发挥它的积极作用，对销售人员的过去进行总结和评价，激励销售人员不断提高自己的销售效率，并以加薪、升职的形式对于那些表现良好的销售人员予以奖励。在实际考核工作中，销售经理需要进行充分的思考和分析以及书写大量的文字，清晰、明确和公正地组织考核，并把考核结果作为一种管理工具。在对销售人员进行绩效考核时应注意诸多问题：考核要客观、公正；科学设计考核指标；规范考核操作过程；建立绩效考核档案。

1. 考核要客观、公正

尽管在日常生活与工作中人们会经常用个人的观点去评价别人的言行，但是在绩效考核中销售经理却不能用个人观点取代客观标准。销售经理所说的每一件事情都必须围绕着销售人员的工作表现以及与工作有关的情况，而对个人性格、宗教信仰和工作风格（无论是消极的还是积极的），只要不影响销售人员的工作表现，就不应该成为绩效考核的内容。

对销售人员的考核要做到客观、公正，必须做到以下几点。

（1）以共同的利益、共同的理想与道德标准为基础，强调管理的科学性与人性化的结合、科学管理和全员管理的结合。

（2）业绩考核与素质考核相结合，既考察销售人员目前的工作业绩，又着眼于销售人员的发展，强调企业产出与人才造就的结合、销售业绩与企业文化的结合。

（3）在考核环节上，实行长短结合，强调过程控制与目标控制的结合。如果只顾目标考核，如只是年终集中考核一次，考核就会流于形式，得不到人们的重视。

（4）在考核过程中实行上下结合、纵横结合，使上级评议、下级评议、同级评议、内部评议、客户评议等多种评议方法相结合。

（5）在考核方法上，定性考核与定量考核相结合，并最大限度地量化各项考核指标，使之易于把握和衡量，从而使考核结果更加公平和准确。

（6）考核结果与工资、奖金的分配以及人员的任用挂钩，强调奖罚兑现。否则，考核不会引起人们的重视，最后导致考核名存实亡。

2. 科学设计考核指标

在对销售人员进行考核以前，销售经理必须给他们设定目标和期望，并制订标准来衡量他们的绩效。所以，绩效考核指标的设计在企业绩效考核中具有十分重要的位置。

（1）绩效标准必须具有战略导向性。绩效考核不坚持战略导向，就很难保证其能有效地支持公司战略。绩效考核的战略导向性是通过绩效指标来实现的导向。要使绩效指标具有战略导向性，就要抓住关键绩效指标（KPI）。每个销售人员都可能承担很多的工作目标与任务，有的重要，有的不重要。如果对销售人员的所有方面都进行考核，势必造成销售人员把握不住工作的重点与关键，从而也就无法实现绩效指标对其工作行为的导向作用。绩效考核必须从销售人员的绩效特征中定性出关键成功因素，然后再去发现哪些指标能有效监测这些定性因素，从而确立量化的关键绩效指标。

（2）绩效考核标准的水平要适度。考核标准要达到这样一种水平，即大多数人经过努力是可以达到的。这样的标准所形成的压力，会使销售人员更好地挖掘自己的潜能，更有效地完成任务。事实表明，在这样的绩效标准驱使下，他们比没有标准、没有压力的情况下干得更多、更好。同时，考核标准又不能定得太高，令人感到遥不可及。如果这样，销售人员很可能产生沮丧、自暴自弃的情绪。压力太大，精神始终处于过度紧张，结果导致工作变形，思维迟钝，效率下降。因此，考核标准的水平要适当，标准产生的压力以能提高工作绩效为限。

（3）绩效考核标准要有一定的稳定性。绩效标准是考核销售人员工作绩效的标尺，因此需要具有一定的稳定性，以保证标准的权威性。当然，由于时代的变迁，技术的进步，知识的更新，销售人员的考核标准也要更新。在这种情况下，有必要对标准进行适当的修订。一部好的考核标准，这种修订也往往只是部分的，只是一种量的修订，而不可能进行大的改动。

3. 规范考核操作过程

绩效考核是企业对被考核者的工作行为和工作业绩做出合理而正确的评价，并以此为依据给予被考核者合理而公正的待遇。绩效评价过程会受到许多因素的影响，加之操作过程不规范，可使得考核结果与被考核者的实际工作绩效出现误差，如考核指标理解误差、首因效应误差、晕环效应误差、近因效应误差、暗示误差、定势误差、压力误差和对照误差等。

要避免绩效考核过程中的误差，将绩效考核误差降低到最小程度，就必须规范绩效考核的过程。

（1）确保考核者对在业绩评价工作中容易出现的问题有清楚的了解，只有弄清楚问题才有助于考核者避免问题的出现。

（2）选择正确的绩效考核工具。每一种考核工具，不论是横向比较法还是纵向分析法，不论是360度考核法还是关键绩效指标考核法，都有各自的优点和不足。例如，等级排序法能避免居中趋势，但是所有员工的业绩确实都应该被评定为"高"的情况下，这种评价法就会引起销售人员的不满。

（3）对考核人员进行如何避免绩效考核误差问题的培训。在培训中，为考核者设计一个关于销售人员实际工作情况的案例，要求他们对这些销售人员的工作业绩做出评价，并将不同考核者的考核结果进行分析，指出在绩效考核中容易出现的问题。

（4）减少外部因素对绩效考核所带来的限制。在实际绩效考核过程中，外部因素也会对考核结果产生影响。例如，绩效考核结果在多大程度上与工资联系在一起，工作压力的大小，员工流动率的高低，时间约束的强弱以及对绩效评价公正性要求的高低等。因此，应尽量减少外部因素对绩效考核所带来的不利影响，使绩效考核工作力争公正、实际。

4. 建立绩效考核档案

为了减少绩效考核过程中的矛盾和摩擦，需要企业建立绩效档案，以记录员工在绩效管理过程中的表现，为绩效考核提供依据和参考。销售经理要为每名员工建立一份有效的绩效档案，记录销售人员的绩效目标、绩效能力、绩效表现、绩效考核结果以及需要改进的绩效缺陷等。

这个工作做起来可能会耽误经理的一些时间，也会比较麻烦。但是这个工作又是必须做的，在批评、处罚、解雇或提升某一名销售人员时，如果没有相应历史材料的记录，就无法让其他人信服。一旦所采取的措施涉及争议、纠纷时，这些记录和档案就成了有力的证据。没有完备的考核档案或档案记录混乱不清，都有可能给企业带来不必要的麻烦。

【任务小结】

销售人员的绩效考核与其他岗位的员工相比有一些不同的特点。首先，量化的业绩指标一般要占到整体考核的60%以上，而且这种业绩指标与公司整体战略目标挂钩。然而单纯的业绩指标会造成销售人员的短视行为，甚至为完成业绩不惜牺牲公司利益，所以需要加入定性指标来约束其日常行为；另外，从团体角度出发，其考核体系里一定要加上内部沟通与协调的考核指标，包括团队协调能力、信息系统建立情况和工作态度等。

销售人员绩效考核的基本目的，是确定各销售人员的工作表现。销售人员绩效考核应坚持的原则包括实事求是原则、重点突出原则、公平公开原则、重视反馈原则、工作相关原则和重视时效原则。销售人员的绩效考核工作应严格按照一定的程序进行，具体包括收集考核资料、建立绩效标准、选择考核方法、实施绩效考核和反馈考核结果。

绩效考核的根本目的是为了充分发挥它的积极作用，对销售人员的过去进行总结和评价，激励销售人员不断提高自己的销售效率，并以加薪、升职的形式对于那些表现良好的销售人员予以奖励。在实际考核工作中，销售经理需要进行充分的思考和分析以及书写大量的文字，清晰、明确和公正地组织考核，并把考核结果作为一种管理工具。这就需要在考核过程中注意诸多问题：考核要客观、公正；科学设计考核指标；规范考核操作过程；建立绩效考核档案。

项目 3
团队管理——打造狼性团队

项目实施

2002年,刘总从国营企业下海创办了一家工业自动化设备生产企业——H公司。

创业初期,刘总培养了几名销售骨干,这其中有他的亲戚,也有他的同学。这些年来,这几个骨干跟他一起打市场、跑客户,没少卖力,所以刘总对他们如亲兄弟一般,没事几个人在一起打打麻将、玩玩扑克,倒也轻松自在。

近几年,市场竞争越来越激烈,产品同质化导致各个厂家打起了价格战,H公司也深陷其中。不但销售额和市场份额迅速下滑,产品利润也持续下滑。刘总这才意识到必须马上提高企业的销售管理水平和新产品研发能力,否则公司将难以为继。

为此,刘总高薪聘请了一位资深的职业销售经理人张先生,并任命张先生为公司销售总监,公司的销售团队管理全权交给张总监负责。张总是一位精通销售管理之道的职业销售经理人,他上任后做的第一件事就是确立销售团队的价值观、目标和愿景。

在系统地回顾了H公司的创业历程,并充分与刘总沟通之后,张总归纳出了H公司销售团队的价值观:对生活和销售工作永远充满激情,不断向自我挑战,向第一挑战;坚持以客户为中心,为顾客创造价值,为投资人创造利润,为员工创造机会;公司利益高于团队利益,团队利益高于个人利益;与团队共呼吸,与公司共荣辱;适应变革,不断学习,努力创新。

随后,张总又开始实施新的销售布局:重新划分销售区域,招聘业务员,制订销售人员管理制度,制订绩效考核办法,实施目标管理,实施销售流程管理……

新的销售布局缩小了H公司原来几位业务骨干的地盘,考核制度更加严格,规章制度也非常细化,而且剥夺了这几位业务骨干在公司内部的特权。这些做法引起了他们的极大不满,于是他们几个人串通一气,准备联手搞垮张总。

随后的几个月里,这几位业务骨干在公司到处散布不利于张总的消息,而且还故意违反纪律,当面顶撞张总,公开抵制张总。

这样的局面其实张总在进入公司之前就预料到了,他并没有着急,而是处处忍让,不与他们计较,而且积极地培养后备力量,并尽量依靠这些新人来完成新的销售布局。

虽然这些业务骨干们极力在刘总面前散布不利于张总的消息,甚至以集体辞职要挟刘总辞掉张总。刘总却无动于衷,自始至终没有参与销售方面的管理。因为他觉得公司在销售管理方面的问题已经非常严重,不可能再走回头路,与其原地等死,还不如让张总放手去干。

接下来的一年时间里,几位业务骨干的地盘被陆续削弱,业绩持续下降。与此同时,十几位新销售员却通过系统的培训迅速成长起来,成为销售部的中坚力量。年底结算时公司的销售额比上年增长了两倍,销售利润也大幅度上升。

2012年年初,张总邀请刘总进行了认真的交流:"如今我们销售团队正面临一个难题,那就是公司的元老们,他们一直不认同团队价值观。我原来一直容忍这些骨干,一方面希望他们能有所改变,另一方面去年公司也确实需要他们的业绩。如今新人已经成长起来了,我决定不再容忍,请您赐我尚方宝剑。我要以价值观管理体系来管理咱们的销售团队,只有这样才能使销售团队彻底脱胎换骨,迅速壮大。"

此时刘总已经明白了张总的意思:"一切全听你的,我全力支持你!所有的个人利益都要服从团队利益,不要过分顾虑我的同学和亲戚,我已经为他们准备好了后路,将来他们离开公司时我会送给他们一些公司股权的。"

迫于压力,有3名元老级销售骨干认识到了自己的错误并有悔改之意,张总让他们继续留任,并重新给他们划分了销售区域,这些人还同时得到了刘总送给他们的公司股权。有2名元老级销售骨干被劝退,尽管他们也得到了刘总送给他们的公司股权,却失去了与公司一同发展的机会。

这是一个真实的案例,请总结张总的团队管理之道,具体要求如下。

(1)分组,每组5~6人,各小组的任务执行由组长负责。

(2)各小组分别讨论张总的团队管理之道,形成结论性的发言。

(3)各小组分别发言,阐述张总的团队管理之道。

(4)某一小组阐述完张总的团队管理之道后,其他小组及教师进行点评,并分别赋分,评价标准如表12.7所示。

表12.7 项目实施评价标准

评 价 内 容	评 价 标 准	赋 分
1. 团队价值观		20
2. 销售员招聘		20
3. 销售区域划分		20
4. 绩效考核方案		20
5. 争取上司支持		10
6. 对老员工处理		10
合　　计		100

项目拓展

一个优秀的销售团队

"我们是一个团队",仅仅泛泛而谈是远远不够的,一个优秀的团队必须有它具体而确切的内涵。

1. 一个有理想的团队

一个优秀的团队必须是有理想的团队。有理想的企业并不多,即使那些发展到足够规模的企业,也并不都是有理想的。只有有理想的企业,才能获得真正的成功;而只有一个有理想的团队,才能建设好一个有理想的企业。

2. 一个有道德的团队

一个优秀的团队必须是有道德的团队。一个人走在大街上不乱扔果皮纸屑是有道德,见义勇为也是有道德。一个企业、一个团队的道德也包括这两个层次:从小的方面讲,我们提倡诚信;从大的方面讲,我们提倡我们的企业不能只想着赚钱,而应该发自内心地想为这个社会做点什么。道德决定了我们正确的价值标准。

3. 一个注重充分沟通的团队

一个优秀的团队必须是注重充分沟通的团队。我们应该提倡无论是上下级之间还是同事之间都应该以开诚布公的心态进行充分而有效的沟通,无论是对工作的意见和建议,还是个人的想法和看法。只有充分沟通,才能心往一块儿想,劲儿往一处使。在上下级之间,如果只有命令,没有交流,必然导致领导者的独裁和团队成员积极性的丧失;在同事之间,如果彼此孤立隔阂,也只能导致人际关系的僵硬冷漠。

4. 一个紧密配合的团队

一个优秀的团队必须是紧密配合的团队。人的一只手叉开五指伸出去,不会有什么力量,而五指攥成拳头,则会变得很强大。一个成功企业的背后,一定有一个成功的团队。

5. 一个工作积极主动的团队

一个优秀的团队必须是对工作积极主动的团队。一个事事都等别人帮助、等别人指派、等别人为自己提供条件的人,永远只能跟在别人后面;而事事积极主动,去努力、去争取的人,则往往能够比别人获得更大的成功。团队中的每一个成员是如此,一个团队也是如此。懒散拖沓的人只能一事无成,懒散拖沓的团队也无法成就任何理想和事业。

6. 一个善于思考的团队

一个优秀的团队必须是善于思考的团队。销售无时不面临来自各方面的挑战,要求我们既不能"COPY"别人,也不能"COPY"自己,必须不断创新。而创新的第一要律,就是善于思考。

7. 一个善于学习的团队

一个优秀的团队必须是善于学习的团队。在社会中,在别人都在进步的时候,一个企业保持现状就是落后。在一个企业中,在所有团队成员都在进步的时候,谁没有进步,谁就在退步。不进步的企业会受到社会和市场的淘汰,不进步的成员也会被一个成功的团队所淘汰。所以,我们在自己的团队中,要提倡不断学习,建设学习型团队。

8. 一个管理者以身作则、勇于负责的团队

在一个团队中，各级领导者和管理者都起着至关重要的作用，所以要求团队的各级领导在达到以上几条要求时，还应该具备以下两个非常重要的自觉意识：以身作则；勇于负责。

项目练习

一、名词解释

销售团队　　目标激励　　销售人员薪酬　　绩效标准　　360度考核法

二、单项选择题

1. 企业销售收入的主要创造者是（　　）。
   A．支持性销售人员　　　　　　　　B．维护性销售人员
   C．创造性销售人员　　　　　　　　D．开发性销售人员
2. 最简单的确定销售团队规模的方法是（　　）。
   A．分解法　　　　　　　　　　　　B．工作量法
   C．销售能力法　　　　　　　　　　D．边际利润法
3. 在设计销售团队时，管理者必须首先关注市场，考虑满足市场需求，服务消费者。这体现了销售组织构建的（　　）。
   A．顾客导向的原则　　　　　　　　B．精简与高效的原则
   C．管理幅度合理的原则　　　　　　D．稳定而有弹性的原则
4. （　　）是录入新员工最常用的一种方法。
   A．特色招聘　　B．员工举荐　　C．校园招聘　　D．外包招聘
5. （　　）是指面试的内容、方式、程序、评分标准及结果的分析、评价等要按照统一标准和要求进行。
   A．初步面试　　B．流水式面试　　C．集体面试　　D．结构面试
6. 在面试过程中，（　　）是对应聘者关键胜任能力的判断进行确认。
   A．导入阶段　　B．核心阶段　　C．确认阶段　　D．结束阶段
7. 企业培训要有针对性，要根据企业的实际需要进行培训，一切从岗位的要求出发，这体现了销售培训（　　）的特点。
   A．学以致用　　　　　　　　　　　B．注意个体差异
   C．注意成人学习　　　　　　　　　D．注重激励原则
8. （　　）是指设计一个故事情节让学员演练，使其有机会从他人的角度看事情，以体会不同的感受，并从中修正自己的态度及行为。
   A．户外训练　　B．模拟　　C．角色扮演　　D．视听技术法
9. （　　）是我们销售活动中的一个最重要的主体，因为它具有多样性，所以我们应

投其所好。

  A．销售技能 B．产品知识 C．企业知识 D．客户

10．（ ）是与一定期间的销售工作成果和数量直接有关的薪酬形式。

  A．纯粹薪金制度   B．纯粹佣金制度

  C．薪金加佣金制度   D．薪金加奖金制度

11．比较适合于实力较强的企业或者具有明显垄断优势的企业的薪酬目标是（ ）。

  A．高薪金与低奖励目标组合模式 B．高薪金与高奖励目标组合模式

  C．低薪金与高奖励目标组合模式 D．低薪金与低奖励目标组合模式

12．（ ）是指对做出优异成绩的销售人员给予晋级、奖金、奖品和额外薪酬等实际利益的激励。

  A．物质激励 B．精神激励 C．目标激励 D．环境激励

13．（ ）是指对做出优异成绩的销售人员给予表扬、颁发奖状、奖旗、授予称号等。

  A．物质激励 B．精神激励 C．目标激励 D．环境激励

14．激励的关键是要与被激励者的（ ）相符，否则再好的激励也是没有作用的。

  A．期望   B．生理

  C．心理   D．生理与心理特点

15．销售人员工作（ ），希望迅速掌握销售技能，取得成绩和得到认可。

  A．1年以内 B．1～3年 C．3～5年 D．5年以上

16．对（ ）的激励方式可以选择提高薪金待遇，进行有效沟通。

  A．新录用员工 B．老资格员工 C．追求机会者 D．追求发展者

17．销售人员量化的业绩指标一般要占到整体考核的（ ）以上。

  A．50% B．60% C．70% D．80%

18．员工的生活习惯、行为举行、个人癖好等内容都不宜作为考核内容出现，更不可涉及销售人员的隐私，这属于（ ）。

  A．实事求是原则   B．重点突出原则

  C．工作相关原则   D．重视时效原则

19．对于销售人员服务能力的考核结果取决于顾客当月和全年投诉率，投诉率不应高于（ ）。

  A．5% B．10% C．15% D．20%

三、多项选择题

1．构建销售团队应考虑的因素一般有（ ）。

  A．环境 B．战略 C．技术 D．组织结构

2．销售工作的类型有（ ）。

  A．支持性销售 B．维护性销售 C．创造性销售 D．开发性销售

3．销售组织的类型有（ ）。

  A．区域型组织 B．产品型组织 C．客户型组织 D．复合型组织

4. 招聘销售人员的原则有（   ）。
   A．公开原则　　　　B．竞争原则　　　　C．全面原则　　　　D．能级原则
5. （   ）是销售人员应具备的基本技能。
   A．沟通技能　　　　B．分析技能　　　　C．组织技能　　　　D．时间安排技能
6. 一个理想的销售人员薪酬制度应体现（   ）。
   A．公平性原则　　　B．激励性原则　　　C．计划性原则　　　D．稳定性原则
7. 当前企业的销售薪酬目标模式大体为（   ）。
   A．高薪金与低奖励目标组合模式　　　　B．高薪金与高奖励目标组合模式
   C．低薪金与高奖励目标组合模式　　　　D．低薪金与低奖励目标组合模式
8. 企业给予的额外奖励分为经济奖励和非经济奖励两种。下列选项中属于经济奖励的是（   ）。
   A．间接福利　　　　B．假期加薪　　　　C．保险制度　　　　D．颁发奖章
9. 企业对销售人员可采用（   ）的方式来提高他们的工作积极性。
   A．物质激励　　　　B．精神激励　　　　C．目标激励　　　　D．环境激励
10. 销售人员的期望主要有（   ）和提供帮助。
    A．物质回报　　　　B．工作愉快　　　　C．不断进步　　　　D．适当减压
11. 对销售人员的激励应把握的原则有（   ）。
    A．因人而异　　　　　　　　　　　　　B．奖惩适度
    C．公平公正　　　　　　　　　　　　　D．奖励正确的事情
12. 对销售人员的绩效所进行的具体考核一般包括（   ）。
    A．日活动情况考核　　　　　　　　　　B．月度业绩考核
    C．服务能力考核　　　　　　　　　　　D．工作能力考核
13. 主观性绩效标准主要有（   ）。
    A．销售技巧标准　　B．区域管理标准　　C．个人特点　　　　D．销售量
14. 工作能力考核内容主要有（   ）。
    A．沟通能力　　　　B．创新能力　　　　C．信息能力　　　　D．特殊能力

四、简答题

1. 销售团队设计的原则有哪些？
2. 确定销售团队规模的方法有哪些？
3. 销售人员招聘应遵循什么程序？
4. 销售人员培训应遵循哪些原则？
5. 销售培训流程包括哪些步骤？
6. 销售人员薪酬设计应考虑哪些因素？
7. 销售人员薪酬设计的程序包括哪些步骤？
8. 销售人员薪酬制度的类型大体有哪几种，各有什么特点？
9. 对销售人员激励的常见问题有哪些？
10. 对销售人员激励的主要方式有哪些？

11．如何开展对明星销售人员的激励？
12．对销售人员进行绩效考核的目的是什么？
13．销售人员绩效考核应坚持的原则有哪些？

五、论述题

1．试论述销售团队的结构类型。
2．试论述销售人员的招聘原则。
3．试论述如何进行销售培训效果的评估。
4．试论述在竞争激烈的市场环境下，企业应建立怎样的薪酬制度来达到销售人员与企业的双赢。
5．问题销售人员的主要问题是什么，如何对其有针对性地开展激励？
6．销售人员绩效考核应注意哪些问题？

六、实务题

1．你打算明天拜访一些最具有销售潜力的16名客户，其相关信息如表12.8所示。因为你的收入为直接佣金形式，因此你在明天有机会得到更多的收入。

在确定交通时间和拜访时间的时候，你可以为交通留15分钟的时间，而每个拜访需要30分钟。你可以早上8:00或晚一些时候离开家，如果你要吃午饭，必须是在15分钟的整数倍时间里，即15分钟、30分钟或60分钟。同时注意，客户在中午11:30~13:30是不会接待销售人员的。为了保证有足够的销售时间，你必须在下午4:30之前见到最后一位客户，因为你的客户在下午5:00以后不接待销售人员，你在下午5:00后回家。

表12.8　客户销售潜力表

客　户	销售潜力（元）	客　户	销售潜力（元）
A	4 000	I	1 000
B	3 000	J	1 000
C	6 000	K	10 000
D	2 000	L	12 000
E	2 000	M	8 000
F	8 000	N	9 000
G	4 000	O	8 000
H	6 000	P	10 000

你应该对一天的拜访路线进行一个规划，制作一个销售地图。顾客的区域分布情况如图12.2所示。

请设计你的拜访路线，比比谁的销售业绩最好。

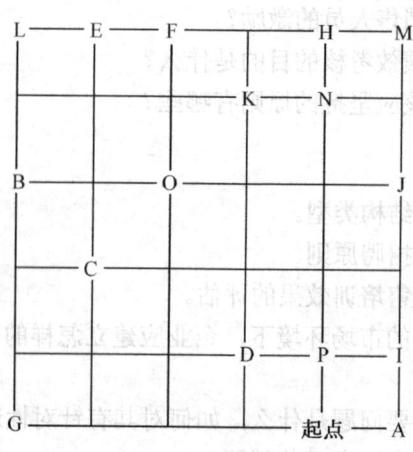

图 12.2 销售区域客户分布图

2. M 公司是一家以生产绿色食品为主的中型民营企业。和其他公司一样，M 公司对销售人员也采用了基本工资加业务提成的薪酬模式，其基本工资根据销售人员的学历设计了若干等级。

（1）刚出校门的学习市场营销专业的大专学历销售人员，基本月薪 800 元。

（2）有相关工作经验的非市场营销专业的大专学历销售人员，基本月薪 700 元。

（3）有一定工作经验的中专销售人员，基本月薪 500 元。

此外，销售人员的业务提成为业务量的 2%。

公司整体业绩还不错，老板和员工关系也很好，但令人费解的是跳槽现象却时有发生，其中有刚招进来的新人，也有公司的销售骨干，很多本来销售业绩做得很好的销售人员说走就走了。公司人员的频繁流动使得销售业绩不断下滑，很多销售计划也因人员的流动而搁浅或被迫中断，公司人力资源部不得不经常奔波于人才市场和学校招聘会之间。

问题：M 公司的薪酬制度合理吗，为什么？请分析销售人员频频跳槽的原因。

3. X 公司是一家主要从事 IT 产品和系统集成的硬件供货商，成立 8 年来销售业绩一直节节攀升，人员规模也迅速扩大到了数百人。然而公司的销售队伍在去年出现了动荡，一股不满的情绪开始蔓延，销售人员消极怠工，优秀销售员的业绩开始下滑，这迫使公司高层下决心聘请外部顾问，为公司做了一次不大不小的外科手术，而这把手术刀就是制订销售人员的薪酬激励方案。

经过调查，顾问发现这家公司的销售部门按销售区域划分，同一个区域的业务员既可以卖大型设备，也可以卖小型设备。后来，公司对销售部进行组织结构调整，将一个销售团队按两类不同的产品线一分为二，建立了大型项目和小型设备两个销售团队，他们有各自的主攻方向和潜在客户群。但是，组织结构虽然调整了，两部门的工资奖金方案没有跟着调整，仍然沿用以前的销售返点模式，即按销售额的一定百分比提成返还给业务员。这种做法，看似不偏不向，非常透明，但没能起到应有的激励作用，却造成两部门之间的矛盾，于是出现了上面讲到的现象。这种分配机制产生的不合理现象如下。

（1）对于大型通信设备的销售，产品成本很难界定，无法清晰合理地确定返点数。同时，很多时候由于竞争激烈，为了争取客户的长期合作，大型设备销售往往低于成本价销售，根本无利润可以返点。

（2）销售返点一般一季度一考核，而大型设备销售周期长，有时长达一两年，客户经常拖欠付款，这就使得考核周期很难界定。周期过短，公司看不见利润，无从回报销售人员；周期过长，考核前期销售人员工作松散，经常找不到订单。

（3）大型设备成交额很大，业务员的销售提成远远高于小型设备的销售，这导致小型设备的业务员心理不平衡，感到自己无法得到更高的收入，公司对自己不够重视，于是工作态度开始变得消极。

（4）大型项目一般是团队合作，由公司总经理、副总经理亲自领导，需要公司其他部门紧密配合，如何将利润分给所有参与项目的人，分配原则是什么，这些问题都是销售返点模式难以回答的。

通过对以上问题的分析，顾问为这个公司设计了一套量身定做的工资奖金方案。首先，对两个销售团队重新进行职责定位，分别撰写部门职责和岗位职责，明确工作分工，保证其他部门的配合和支持。同时，对基本工资进行了不同幅度的调整。然后，将两个团队工资分配体系彻底分开，即为两个团队分别设计一套完整的自成一体的工资奖金方案：小型设备销售采取以成本利润为基础的返点模式，而大型项目采取的是以目标绩效为基础的年薪制；小型设备采取个人激励，而大型设备采取团队激励；小型设备考核周期为季度考核，大型设备是以项目为周期的考核。最后，根据两类设备的特点，为销售人员设计不同的能力要求。

问题：你认为×公司的激励制度存在的主要问题是什么？这样的改革能解决问题吗，为什么？

4. 某企业销售人员的业绩考核表如表 12.9 所示。请根据表 12.9 中的数据资料分别计算销售人员甲、乙、丙 3 人的达成率、绩效水平、绩效合计、综合效率，并把相应的数据填写在表格中，然后进行简要的分析。

表 12.9　某企业销售人员业绩考核表

考评因素	销售人员	甲	乙	丙
销售额	① 权数	6	6	6
	② 目标（万元）	70	80	90
	③ 完成（万元）	66	78	79
销售额	④ 达成率（%）			
	⑤ 绩效水平（权数×达成率）			
订单平均批量	① 权数	2	2	2
	② 目标（万元）	100	200	300
	③ 完成（万元）	90	160	280
	④ 达成率（%）			
	⑤ 绩效水平（权数×达成率）			

续表

考评因素 \ 销售人员		甲	乙	丙
每周平均访问次数	① 权数	2	2	2
	② 目标（万元）	30	40	50
	③ 完成（万元）	26	38	47
	④ 达成率（%）			
	⑤ 绩效水平（权数×达成率）			
绩效合计				
综合效率（绩效合计/总权数）(%)				

在线测试及答案

4. 某企业销售人员的业绩考核如表 12.9 所示。现根据考评的 5 个项目对销售部的 3 名销售人员甲、乙、丙 3 人的业绩进行考核、评价，设计考评表，并利用相应的数据填入考核表中，完成此表。请要回答问题。

表 12.9 某企业销售人员业绩考核表

考评因素 \ 销售人员		甲	乙	丙
销售额	① 权数	6	6	6
	② 目标（万元）	70	80	90
	③ 完成（万元）	50	72	
	④ 达成率（%）			
	⑤ 绩效水平（权数×达成率）			
访问次数	① 目标（次）	160	240	200
	② 完成（次）			250
	⑤ 绩效水平（权数×达成率）			

项目 4 客户管理——客户制胜

项目描述

客户是企业的重要资源,销售管理的一个重要理念就是有效管理客户,维系与价值客户的关系,提高客户满意度,培养客户忠诚度。如何有效地管理客户关系,是销售经理面临的重要课题。

项目分析

多年来,客户流失率居高不下,始终困扰着销售经理和销售人员,不解决客户的流失问题,就无法保证销售业绩的进一步提升。"漏斗理论"提示,要有效管理客户关系,加强对客户的服务,妥善处理客户投诉,培养客户忠诚度,千方百计地保持与价值客户的关系,保证销售业绩的不断提升。

项目目标

知识目标:客户是企业的重要资源,掌握客户价值、客户满意、客户忠诚的含义,真正理解客户制胜的道理。

技能目标:能够运用"漏斗理论"有效管理客户关系,开展客户服务,处理客户投诉,从而有效提高客户满意度,培养客户忠诚度。

情感目标:客户是资源,是企业的利润之源,销售人员的任务就是拉近与客户的关系,提升客户价值。

项目结构

项目 4 客户管理——客户制胜
- 任务 13 客户关系管理
- 任务 14 加强客户服务
- 任务 15 处理客户投诉
- 任务 16 提高客户满意度
- 任务 17 培养客户忠诚度

任务13 客户关系管理

【任务导入】

王永庆小时候家里贫穷，15岁小学毕业就辍学了，被父亲送到一个小镇米店当学徒。

当时这家米店生意平平，老板经常叹息：生意越来越难做。王永庆听了也担心，自己才来没多久，如果生意不好米店关门，可能自己也会没工可做。所以，他开始观察其他米店的情况。他发现所有的米店经营基本一样，米店之间在进行同质化竞争。王永庆向老板提出：每天给需要的客户送米到家。这样一来，年纪大的客户都到王永庆老板的米店里来买米了，米店的生意一下子好了起来。

但好景不长，其他米店纷纷效仿。一天，老板找到王永庆，问能否再想些办法。王永庆说他会有办法的。王永庆开始利用送米的时间了解客户家里有几口人、是否要办喜事等，晚上回来在小本子上记录每天送过米的客户家里情况。

有一天他背了一袋米，"咚咚"地敲一家顾客的门，主人出来满脸疑惑地问："永庆，我们家今天没有让你送米，你怎么送来了？"王永庆回答："东家，你家的米缸里快没米了，今天我特地给你们送一袋过来。"这位顾客打开自家的米缸一看，果然快没米了，对王永庆当场就表示赞赏，以后的米就指定让王永庆送了。原来，王永庆每次送米时都对客户家里的人口数量、每天吃多少进行记录，这样他就掌握了客户的需求信息，服务就有针对性。

王永庆觉得这样做还不够。他又了解到，一般的家里每个月到月底米缸里总会有剩米，这样新米总放在上面，时间长了下面的陈米容易生米虫。于是每次王永庆送米到客户家里时先在地上铺一块白布，将米缸里的剩米倒在白布上，然后拿出一块布将米缸擦干净，再将新米倒入米缸，将剩米放在上面，最后，盖上盖子。这个办法解决了客户长期以来的问题，客户既能吃到新米，又不用担心剩米生虫子。这样，王永庆为老板赢得了许多客户。

后来，王永庆开起了自己的米店。

这个故事虽然过去了几十年，但对我们仍有很大的启发。我们能做到像王永庆那样吃苦耐劳、细心服务吗？

【任务学习】

13.1 认识客户关系管理

客户关系管理（customer relationship management，CRM），是指企业为分析客户、选

择客户、获得客户、维系客户、提高客户忠诚度和终生价值，提升企业赢利能力和竞争优势而开展的一种营销策略。

客户关系管理的内涵主要体现在以下几个方面。

1. 客户关系管理的目的

客户关系管理的目的是促使企业从以一定的成本取得新客户转变为想方设法留住现有客户，从取得市场份额转变为取得客户份额，从发展一种短期的交易转变为开发客户的终生价值，从而提升企业的赢利能力和竞争优势。

2. 客户关系管理的前提

客户关系管理的前提是满足客户需求。提升企业的赢利能力和竞争优势，就必须保证企业的销售，而企业的销售取决于客户的购买，企业稳定的销售来自稳定的客户群。企业稳定客户的前提是满足客户需求，提高客户的满意度。研究表明，"客户满意度如果有 5% 的提高，企业的利润将加倍"，"一个非常满意的客户的购买意愿将 6 倍于一个满意的客户"，"2/3 的客户离开其供应商是因为客户关怀不够"。

3. 客户关系管理的条件

客户关系管理的条件是有效运用企业的资源、政策、结构和流程。客户关系管理的核心思想是将企业的客户（包括最终客户、分销商和合作伙伴）作为最重要的资源，通过完善的客户服务和深入的客户分析来满足客户的需要，保证实现客户的终身价值。为此，需要企业构建以客户为中心的客户关系管理组织，如图 13.1 所示。

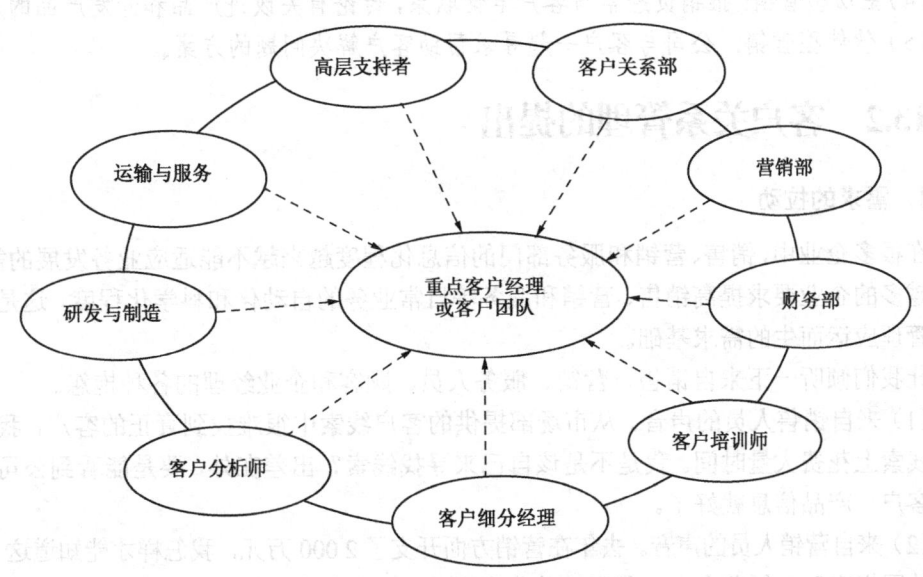

图 13.1 客户关系管理组织

4. 客户关系管理的方法

客户关系管理的方法是密切与客户沟通，深入了解客户需求，提供优质产品，完善客户服务，提高响应速度。

5. 客户关系管理的内容

客户关系管理的主要内容是分析客户、选择客户、获得客户、维系客户关系、提高客户忠诚度。客户关系管理，也是一种旨在改善企业和客户之间关系的管理机制。客户关系管理实施于企业的销售、服务与技术支持等与客户相关的部门，通过向企业的市场营销和相关技术人员提供全面、个性化的客户资料，强化跟踪服务与信息服务的能力，建立和维护企业与客户及生意伙伴之间一对一的关系，从而使企业能够提供更快捷和周到的服务，提高客户满意度，吸引和保持更多的客户，增加销售额。

拓展阅读13.1

菲利普·科特勒：关系营销的5种不同水平

（1）基本型营销：推销员只是简单地出售产品。

（2）反应型营销：推销员出售产品并鼓励客户，如有什么问题、建议或不满意，打电话给公司。

（3）可靠型营销：推销员在售后不久即打电话给客户，了解产品是否与客户期望相吻合，并征集客户的建议。

（4）主动型营销：推销员经常与客户电话联系，讨论有关改进产品和开发产品的建议。

（5）伙伴型营销：公司与客户一起寻求帮助客户解决问题的方案。

13.2 客户关系管理的提出

1. 需求的拉动

在很多企业中，销售、营销和服务部门的信息化程度越来越不能适应业务发展的需要，越来越多的企业要求提高销售、营销和服务等日常业务的自动化和科学化程度。这是客户关系管理应运而生的需求基础。

让我们倾听一下来自销售、营销、服务人员、顾客和企业经理的各种抱怨。

（1）来自销售人员的声音。从市场部提供的客户线索中很难找到真正的客户，我常在这些线索上花费大量时间。我是不是该自己来寻找线索？出差在外，要是能看到公司网站上的客户、产品信息就好了。

（2）来自营销人员的声音。去年在营销方面开支了2 000万元，我怎样才能知道这2 000万元的回报率？在展览会上，我们一共收集了4 700张名片，怎么利用它们才好？在展览会上，我向1 000多人发放了公司资料，这些人对我们的产品看法怎样？其中有多少人已经与销售人员接触了？我应该和那些真正的潜在购买者多多接触，但我怎么能知道谁是真正的潜在购买者？我怎么才能知道其他部门的同事和客户的联系情况，以防止重复给客户

发放相同的资料？有越来越多的人访问过公司的站点了，但我怎么才能知道这些人是谁？我们的产品系列很多，他们究竟想买什么？

（3）来自服务人员的声音。很多客户提出的产品故障都是自己的误操作引起的，很多情况下都可以自己解决，但回答这种类型客户的电话占去了我很多时间，工作枯燥而无聊；怎么其他部门的同事都认为我们售后服务部门只是花钱而挣不来钱呢？

（4）来自顾客的声音。我从企业的两个销售人员那里得到了同一产品的不同报价，哪个才是可靠的？我以前买的东西现在出了问题，这些问题还没有解决，怎么又来上门推销了？一个月前，我通过企业的网站发了一封 E-mail，要求销售人员和我联系一下，怎么到现在还没人理我？我已经提出不希望再给我发送宣传邮件了，怎么情况并没有改变？我报名参加企业网站上刊登出的一场研讨会，但一直没有收到确认信息。研讨会这几天就要开了，我是去还是不去？为什么我的维修请求提出一个月了，还是没有人上门服务？

（5）来自经理的声音。有个客户半小时以后就要来谈最后的签单事宜，但跟单的人最近辞职了，而我作为销售经理，对与这个客户联系的来龙去脉还一无所知，真急人。有3个销售员都和这家客户联系过，我作为销售经理，怎么知道他们都给客户承诺过什么。现在手上有个大单子，我作为销售经理，该委派哪个销售人员才放心呢？这次的产品维修技术要求很高，我是一个新经理，该委派哪一个维修人员呢？

上面的问题可归纳为两类：其一，企业的销售、营销和客户服务部门难以获得所需的客户互动信息；其二，来自销售、客户服务、市场、制造、库存等部门的信息分散在企业内各部门，这些零散的信息使得无法对客户有全面的了解，各部门难以在统一的信息处理基础上面对客户。因此需要各部门对面向客户的各项信息和活动进行集成，组建一个以客户为中心的企业，实现对面向客户的活动的全面管理，这也就是客户关系管理。

通过企业的客户关系管理系统，企业的客户可通过电话、传真、网络等访问企业，进行业务往来；任何与客户打交道的员工都能全面地了解客户的信息，根据客户需求进行交易，了解如何对客户进行纵向和横向销售，记录自己获得的客户信息；企业能够对市场活动进行规划、评估，对整个活动进行360度的透视；企业能够对各种销售活动进行追踪；销售人员可不受地域限制，随时访问企业的业务处理系统，获得客户信息；企业能够从不同角度提供成本、利润、生产率、风险率等信息，并对客户、产品、职能部门、地理区域等进行多维分析。

2. 技术的推动

计算机、通信技术和网络应用的飞速发展，使得加强客户关系管理的想法不再停留在梦想阶段。办公自动化程度、员工计算机应用能力、企业信息化水平、企业管理水平的提高都有利于客户关系管理的实现。现在，信息化、网络化的理念在我国很多企业已经深入人心，很多企业都具有相当好的信息化基础。

电子商务在全球范围内的开展如火如荼，正在改变着企业做生意的方式。通过互联网，可开展营销活动，向客户销售产品，提供售后服务，收集客户信息。重要的是，这一切的成本都是那么低。

客户信息是客户关系管理的基础。数据仓库、商业智能、知识发现等技术的发展，使得收集、整理、加工和利用客户信息的质量大大提高。在这方面，我们可看一个经典的案例。一个大型的仓储式超市对客户购买清单信息的分析表明，刮胡刀和尿布经常同时出现在客户的购买清单上。原来，很多男士在为自己购买刮胡刀的时候，还要为自己的孩子购买尿布。而在这个超市的货架上，这两种商品离得很远，因此，这个超市重新分布货架，使得购买刮胡刀的男士很容易看到尿布。

显而易见，网络和电话的结合，使得企业能够以一个统一的平台面对客户。

13.3　客户关系管理的原则

1. 动态管理原则

客户关系管理系统建立后，如果置之不理，就失去了它的意义。因为客户的情况是不断发生变化的，所以客户的资料也要不断地加以更新和调整。剔除过时的或已经变化了的资料，及时补充新的资料，对客户的变化进行跟踪，使客户管理保持动态性。

2. 突出重点原则

有关不同类型的客户资料很多，我们要透过这些资料找出重点客户的重点资料。重点客户不仅要包括现有的客户，而且还应包括未来客户或潜在客户。这些资料可为企业选择新客户、开拓新市场提供必要的帮助。

3. 灵活运用原则

收集并管理客户资料的目的，是在销售管理过程中加以运用。所以，在建立客户档案及客户数据库之后，不能将之束之高阁，要以灵活的方式及时、全面地提供给销售人员及其他有关人员，为其决策提供依据，提高客户管理的效率。

4. 专人负责原则

许多客户资料都是保密的，不宜流出企业，尤其不能落入竞争者之手，只能供企业内部使用。所以，客户关系管理应规定明确的管理办法，客户管理系统应由专人负责，严格审查客户资料的利用和借阅。

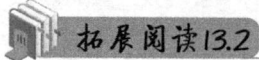
拓展阅读13.2

销售漏斗

"销售漏斗"是一个形象的概念。漏斗的顶部是有购买需求的客户；漏斗的上部是将本企业产品（服务）列入候选清单的潜在客户；漏斗的中部是将本企业产品（服务）列入优选清单的潜在客户；漏斗的下部是基本上已经确定购买本企业的产品（服务），只是有些手续还没有落实的潜在客户；漏斗的底部就是我们所期望的成交的客户。从潜在客户到签约，每推进一步，客户名单就会减少一些，看起来是个漏斗的形状，如图13.2所示。

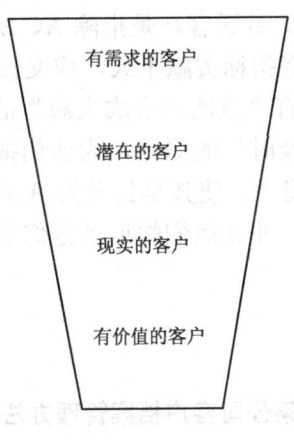

图 13.2　销售漏斗图

13.4　实施客户关系管理

1. 建立客户档案

企业为了加强客户服务，掌握客户的动态以利促销，应对客户加以建档管理。通过建立客户档案，可以开展针对性的促销，激发客户的重复购买行为，以提高客户的购买次数；可以测定客户对企业的态度，如对产品的意见，品牌的偏好，借以调整销售政策和改善服务水准；可以创造交叉销售，提高客户的购买量；可以消除买卖双方的鸿沟，促使双方关系更为密切。

企业的客户众多，加之客户的性质不一，所以应按企业的实际需要针对客户进行分类管理。ABC 客户分类管理法就是一种比较实用的方法。

ABC 客户分类管理法以客户成交额或利润贡献等重要指标为基准，把客户分为关键客户（A 类客户）、主要客户（B 类客户）和普通客户（C 类客户）3 个类别。在清楚地了解了客户层级的分布之后，即可依据客户价值来策划配套的客户关怀项目，针对不同客户群的需求特征、期望值、信誉度等制定不同的销售策略，配置不同的市场销售、服务和管理资源。例如，对关键客户定期拜访与问候，确保关键客户的满意程度，借以刺激有潜力的客户升级至上一层，使企业在维持成本不变的情况下，创造更多的价值和效益。

（1）关键客户（A 类客户）。关键客户是客户金字塔中最上层的金牌客户，是在过去特定时间内成交额最多的前 5%的客户。这类客户是企业的优质核心客户群，由于他们经营稳健、做事规矩、信誉度好，对企业的贡献最大，能给企业带来长期稳定的收入，值得企业花费更多的时间和精力来提高该类客户群的满意度。

（2）主要客户（B 类客户）。主要客户是指客户金字塔中，在特定时间内成交额最多的前 20%客户中，扣除关键客户后的 15%的客户。这类客户一般来说是企业的大客户，但不属于优质客户。由于他们对企业经济指标完成的好坏构成直接影响，企业应倾注相当的时间和精力关注这类客户的生产经营状况，并有针对性地提供服务。

（3）普通客户（C 类客户）。普通客户是指除 A、B 两类客户外，剩下的那 80% 的客户。此类客户对企业完成经济指标贡献不大，成交额占企业总销售额的 20% 左右。但由于 C 类客户数量众多，具有"点滴汇合成大海"的增长潜力，企业应控制在这方面的服务投入，按照"方便、及时"的原则，为他们提供大众化的基础性服务，或者将重点放在发掘有潜力的客户身上，使其早日升为 B 类客户甚至 A 类客户。企业销售人员应保持与这类客户的联系，并让他们知道当他们需要帮助的时候，企业会伸出援助之手。

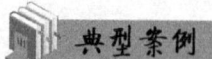典型案例

某公司客户档案管理办法

客户是企业的财富，做好客户档案资料的收集整理与管理工作，将更加有助于分析、了解客户，有助于沟通客情，稳固合作，为此制定本管理办法。

1. 销售部门所有员工有责任不断收集、完善客户资料卡信息，并予以填制、修正。

2. 建立客户销售业绩档案，对所有客户（包括准客户）建立并填制客户综合销售力分析表。

3. 完善并保存公司与客户签署的所有经销合同与文件。

4. 每个客户一份档案，不得出现缺页或丢失。

5. 客户档案资料作为公司最高机密的一部分，公司所有员工有责任和义务严格遵守公司保密制度，确保其安全。

附：公司客户档案管理表格：

（1）附表一　客户归类汇总表；
（2）附表二　客户拜访计划表；
（3）附表三　客户拜访档案记录；
（4）附表四　客户资料卡；
（5）附表五　客户业绩统计及信用评估表；
（6）附表六　客户综合销售力分析表；
（7）附表七　客户综合销售力对比分析表；
（8）附表八　客户投诉管理卡；
（9）附表九　业务工作日志。

表 13.1 附表一 客户归类汇总表

序号	公司名称	联系人	职务	联系方式	公司地址	所属行业	客户类型	客户等级

表 13.2 附表二 客户拜访计划表

序次 客户	第1次		第2次		第3次		第4次		第5次		第6次		第7次		第8次		第9次		第10次		第11次		第12次	
	计划	实施	计划	实施	计划	实施	计划	实施	计划	实施	计划	实施	计划	实施	计划	实施	计划	实施	计划	实施	计划	实施	计划	实施

表 13.3 附表三 客户拜访档案记录

客户名称：

拜访序次	拜访目标	面谈者	商谈内容及问题	商谈结果	存留异议	解决预案	面谈结束时间	下次计划时间

表 13.4　附表四　客户资料卡

名称			电话		传真	
地址			邮编		E-mail	
决策领导	姓名		出生年月		家庭住址	
	性别		籍贯		电话	
	职务		性格		嗜好	
主要管理人员	姓名	年龄	学历	部门	职务	嗜好	与决策层的关系	备注
经营范围								
主要竞争对手	公司名称	地址	性质	负责人	经营范围

续表

财务	开户行				财务状况			
	资产负债率				资产收益率			
与本公司交易情况	时间	提货量	价格	金额	任务进度	回款	相对合同价格浮动
备注							

表 13.5 附表五 客户业绩统计及信用评估表

客户名称：

销售序号	合同号	合同存异与变更情况	信用评估	提货量	提货日期	货物价款	货款回收	回收日期	信用评估	累计销售	累计回款	当期信用评估	上年同期信用
合计													

表 13.6 附表六 客户综合销售力分析表

要素	评估 月份	1月			2月			3月			4月			5月			6月			7月			8月			9月			10月			11月			12月		
		3	2	1	3	2	1	3	2	1	3	2	1	3	2	1	3	2	1	3	2	1	3	2	1	3	2	1	3	2	1	3	2	1	3	2	1
公司	1 公司体制																																				
	2 销售管理																																				
	3 人事制度																																				
	4 员工培训																																				
业务员	5 数量																																				
	6 业务素质																																				
	7 人均销售额																																				
客户	8 数量																																				
	9 水平																																				
	10 客情																																				
	11 平均用量																																				
促销	12 方式技巧																																				
	13 广告宣传																																				
公共关系	14 企业形象																																				
	15 政府																																				
	16 媒体																																				
售后服务	17 库存管理																																				
	18 配货能力																																				
	19 投诉处理																																				
	20 技术服务																																				
与本公司关系	21 上年计划完成																																				
	22 本年计划完成																																				
	23 市场占有率																																				
	24 销售潜力																																				
	25 信用度																																				
合 计																																					

表 13.7 附表七 客户综合销售力对比分析表

公司 评估 要素		公司				公司				公司				公司				公司				公司				公司			
		4	3	2	1	4	3	2	1	4	3	2	1	4	3	2	1	4	3	2	1	4	3	2	1	4	3	2	1
公司	1 公司体制																												
	2 销售管理																												
	3 人事制度																												
	4 员工培训																												
业务员	5 数量																												
	6 业务素质																												
	7 人均销售额																												
客户	8 数量																												
	9 水平																												
	10 客情																												
	11 平均用量																												
促销	12 方式技巧																												
	13 广告宣传																												
公共关系	14 企业形象																												
	15 政府																												
	16 媒体																												
售后服务	17 库存管理																												
	18 配货能力																												
	19 投诉处理																												
	20 技术服务																												
与本公司关系	21 上年计划完成																												
	22 本年计划完成																												
	23 市场占有率																												
	24 销售潜力																												
	25 信用度																												
合 计																													

表 13.8 附表八 客户投诉管理卡

客户名称						
投诉时间		投诉主题		投诉人		接诉人
回复时间		处理人		回复人		
投诉内容						
投诉分析						
处理办法						
处理结果						
客户反应						
备 注						

表 13.9 附表九 业务工作日志

业务员：　　　　　　　　　　　　　　　　　　　　　　　　日期：　　年　月　日

	客户	拜访或交通时间	拜访对象	访谈内容	会谈结果	备注
客户拜访记录		时 分至 时 分				
		时 分至 时 分				
		时 分至 时 分				
		时 分至 时 分				
		时 分至 时 分				
		时 分至 时 分				
		时 分至 时 分				
	市场分析			产品分析		

	客户	合同号	合同产品	数量	合同金额	缴款金额	备注
销售回款记录							

	时间	协调部门	事件	完成情况	备注
公司内部事务					
主管评价					

出纳：　　　　会计：　　　　主管副总：　　　　部门主管：　　　　制表人：

2. 进行客户分析

进行客户关系的管理，不仅要对客户资料进行采集，而且要对客户资料进行多方面的分析，包括客户构成分析、客户与本企业的交易业绩分析、不同产品的销售构成分析、不同产品销售毛利率分析等。

（1）客户构成分析。

① 将自己负责的客户按不同的方式进行划分，如可以分为批发店、零售店、连锁店、专卖店、代理店、特约店等。

② 小计各分类客户的销售额。

③ 合计各分类客户的总销售额。

④ 计算各客户销售额在分类销售额中所占的比例以及在总销售额中所占的比例。

⑤ 运用 ABC 分析法将客户分为 3 类：A 类客户，企业的重要客户，其销售额占企业总销售额的 80%；B 类客户，企业的潜力客户，其销售额占企业总销售额的 15%左右；C 类客户，企业的小客户，其销售额占企业总销售额的 5%左右。

客户构成分析内容如表 13.10 所示。

表 13.10 客户构成分析表

客户类型	销售额		客户销售额占分类销售额比例	小计	合计	分类客户销售额占总销售额比例
批发店	1					
	2					
	3					
零售店	1					
	2					
	3					
	4					
连锁店	1					
	2					
	3					
专卖店	1					
	2					
	3					
代理店	1					
	2					
	3					

（2）客户与本企业的交易业绩分析。

① 掌握各客户的月交易额或年交易额。

② 统计各客户与本企业的月交易额或年交易额。

③ 计算与各客户的交易额占本企业总销售额的比例。

④ 检查该比例是否达到了本企业所期望的水平。

客户与本企业的交易业绩分析内容如表 13.11 所示。

表 13.11 客户与本企业的交易业绩分析表

客户名称	年（月）累计交易额	企业的客户销售目标	客户交易额占企业总销售额的比例	企业总销售额

通过分析，可以使企业发现最具价值以及最具增长潜力的客户。

（3）不同产品的销售构成分析。

① 将自己对客户销售的各种产品按销售额由高到低排列。

② 合计所有产品的累计销售额。

③ 计算各种产品销售额占累计销售额的比例。

④ 检查是否完成了企业所期望的产品销售任务。

⑤ 分析不同客户产品销售的倾向及存在的问题，检查销售重点是否正确，将畅销产品努力推销给潜力客户，并确定以后产品销售的重点。

不同产品销售构成分析内容如表 13.12 所示。

表 13.12 不同产品销售构成分析表

客户＼产品销售额	a	b	c	d	e	合计	销售比例	销售排序	销售目标
1									
2									
3									
4									
5									
6									
合计									
销售比例									
销售排序									
销售目标									

(4) 不同产品销售毛利率分析。
① 将自己所负责的对客户销售的产品按毛利额大小排序。
② 计算各种产品的销售毛利率。

通过对产品销售毛利率的分析，既可以发现企业销售的重点产品，也可以发现客户对企业利润贡献的大小。

不同客户之间的差异主要在于两点：一是他们对公司的商业价值不同，二是他们对产品的需求不同。因此，对这些客户进行有效的差异分析，可以帮助企业更好地配置资源，使对产品或服务的改进更有成效，以便牢牢抓住最有价值的客户，取得最大的收益。

3. 筛选客户

对客户的管理是一种动态的管理，因为企业所面对的客户是不断变化的。一个有价值的客户可以在很短的时间内变得没有价值，而一个没有价值的客户也可能转变为企业利润的主要来源。筛选客户是将重点客户（大客户）保留，而淘汰那些无利润贡献、无发展潜力的客户。在进行客户筛选时，销售人员一般可从以下 5 个方面衡量客户，作为筛选的依据。

(1) 购买额，即客户全年的购买额。
(2) 收益性，即客户毛利贡献额的大小。
(3) 安全性，即销售货款是否足额回收。
(4) 未来性，分析和确定客户未来的发展前途。
(5) 合作性，考察客户的合作态度。

针对以上标准对客户打分，满分为 100 分。赋予每个标准以不同的权重，如购买额占 40 分，收益性占 10 分，安全性占 30 分，未来性占 10 分，合作性占 10 分。对客户进行如此筛选之后，就会发现一些客户犹如仓库里的呆滞品或残次品，要给予特别处理，甚至丢弃；而另一些客户将成为企业利润的主要来源。

客户筛选内容如表 13.13 所示。

表 13.13 客户筛选表

标准及权重	赋分	客户 a	客户 b	客户 c	客户 d	客户 e
购买额	40 分					
收益性	10 分					
安全性	30 分					
未来性	10 分					
合作性	10 分					
合 计						

4. 保持客户关系

(1) 建立并充分利用客户数据库。企业必须重视客户数据库的建立和管理工作，注意利用数据库来分析现有客户的简要情况，找出人口数据和人口特征与购买模式之间的联系，为客户提供符合他们特定需要的定制产品和相应的服务，并通过各种现代通信手段与客户保持密切联系，从而建立持久的合作关系。

（2）通过客户关怀提高客户满意度。客户需要关怀，客户关怀活动应包含在从购买前、购买中到购买后客户体验的全部过程之中。购买前的客户关怀活动，主要是指在提供有关信息的过程中的沟通与交流；购买中的客户关怀活动，主要是指给客户以热情的接待、善意的建议、及时的服务等；购买后的客户关怀活动，集中于高效的服务跟进和圆满地完成产品的维护和修理等相关步骤。客户关怀的目的是提高客户的满意度和忠诚度，使客户重复购买企业的产品或服务，并向其周围的人多进行对产品或服务有利的宣传，形成口碑效应。

（3）利用客户抱怨，分析客户流失原因。公司失去客户的原因很多，如客户搬迁、自然流失、因他人建议而改变主意等，但最重要的原因往往是企业置他们的要求于不顾而愤然离去。为了提高客户保持率必须及时了解和分析客户的投诉或抱怨。

13.5 建立客户关系管理系统

客户关系管理需要将客户数据库、客户服务、销售自动化以及其他信息技术紧密结合在一起，建立一个企业与客户的沟通平台。客户关系管理系统是一个基于电子商务的面对客户的服务系统，可为企业的销售和服务提供自动化的解决方案。

客户关系管理系统最基本的功能是满足市场、销售和服务部门的需求。对应于这3个部门，客户关系管理系统中设置了相应的子系统。

1. 客户市场管理子系统

客户市场管理子系统能够提供完整的客户活动、事件、潜在客户和数据库管理，从而使寻找潜在客户工作的效率更高，方法更加合理。

该子系统具体包括以下几个功能。

（1）电话营销和电话销售。它的主要功能包括：电话本，并把其与客户、联系人和业务建立关联；把电话号码分配到销售员；记录电话细节，并安排回电；电话营销内容草稿；电话录音，同时给出书写器，用户可进行记录；电话统计和报告；自动拨号。

（2）营销管理。它的主要功能包括：在进行营销活动（广告、邮件、研讨会、网站、展览会等）时，能获得预先定制的信息支持；把营销活动与业务、客户、联系人建立关联；提供类似公告板的功能，可张贴、查找、更新营销资料，从而实现营销文件、分析报告等的共享；跟踪特定事件；安排新事件，如研讨会、会议等，并加入合同、客户和销售代表等信息；信函书写，批量邮件，并与合同、客户、联系人、业务等建立关联；邮件合并；生成标签和信封。

（3）潜在客户管理。它的主要功能包括：业务线索的记录、升级和分配；销售机会的升级和分配；潜在客户的跟踪。

2. 客户销售管理子系统

客户销售管理子系统可以快速获取和管理日常销售信息，能够为提高销售人员的工作提供流畅、直观的工作导向，同时可保证每位客户与每个销售机会的销售小组成员之间能进行完全的沟通。此外，销售经理也能有效地协调和监督整个销售过程，包括机会、预测和渠道等，从而保证销售取得最大的成功。

该子系统具体包括以下几个功能。

（1）客户资料管理。它的主要功能包括：客户基本信息；与此客户相关的基本活动和活动历史；联系人的选择；订单的输入和跟踪；建议书和销售合同的生成。

（2）联系人管理。它的主要功能包括：联系人的记录、存储和检索；跟踪同客户的联系，如时间、类型、简单描述、任务等，并可以把相关的文件作为附件；客户内部机构的设置概况。

（3）销售管理。它的主要功能包括：组织和浏览销售信息，如客户、业务描述、联系人、时间、销售阶段、业务额、可能结束时间等；产生各销售业务的阶段报告，并给出业务所处阶段、还需要的时间、成功的可能性、历史销售状况评价等信息；对销售业务给出战术、策略上的支持；对地域（省市、邮编、地区、行业、相关客户、联系人等）进行维护；把销售员归入某一地域并授权；地域的重新设置；根据利润、领域、优先级、时间、状态等标准，用户可定制关于将要进行的活动、业务、客户、联系人、约会等方面的报告；提供类似 BBS 的功能，用户可把销售秘诀传到系统上，还可以进行某一方面销售技能的查询；销售费用管理；销售佣金管理。

3. 客户服务支持与服务管理子系统

客户服务支持与服务管理子系统能够将客户支持人员与现场销售和市场紧密地集成在一起，可以综合所有关键客户信息，并管理日常的客户服务活动和任务。从而在解决客户问题时，可以快速、高效地存取重要的客户管理信息。

该子系统包括以下几个功能。

（1）客户服务信息管理。它的主要功能包括：收集与客户服务相关的资料；现场服务派遣；客户数据管理；客户产品生命周期管理；支持人员档案和地域管理等。此外，通过与 ERP 系统的集成可为后勤、部件管理、采购、质量管理、成本跟踪、发票和会计管理等提供所必需的数据。

（2）合同管理。它的主要功能包括：通过帮助用户创建和管理客户服务合同，从而确保客户能够获得与之花费相当的服务水平和质量；跟踪保修单和合同的续订日期，通过事件功能表安排维护行动；服务档案管理模块可使用户能够对客户的问题及解决方案进行日志式的记录，包括联系人管理、动态客户档案、任务管理以及基于规则解决关键问题的方案，从而提高客户检索问题答案或解决方案的响应速度和质量。

（3）服务统计分析与决策支持。它的主要功能包括：对客户服务资料进行分析和处理，使企业既能根据客户的特点提供服务，又能对客户的盈利性进行评估，从而使客户的满意度和企业盈利都得到提高。

另外，客户服务支持与服务管理子系统还可以与计算机电话集成（Computer Telecommunication Zntegration，CTI）软件相结合，为客户提供更快速、更便捷的支持与服务。

市场、销售和服务是3个独立的部门，对客户关系管理有着不同的需求。但是有一点是共同的，就是以客户为中心的动作机制，因此需要将市场、销售和服务3个部门紧密地结合在一起，以便使客户关系管理为企业发挥更大的作用。客户关系管理进一步强调了各部门之间的协调，主要解决了企业在前端业务动作过程中的一些问题，以便及时传递信息和优化渠道，达到在恰当的时机拥有恰当的客户，并向客户提供恰当的产品或服务的目的。

不难看出，一套客户关系管理系统的功能构成不应当是独立存在的，它必然与企业后端的供应链管理（supply chain management，SCM）紧密相关，从而保证客户关系管理系统中的每一张订单都能够在保证利润的前提下，有效、及时地得到确认并确保执行。每一笔销售交易的达成都有赖于企业管理的支撑平台，即企业资源计划系统（enterprise resource planning system，ERPS），其中包括分销与运输管理、生产与服务计划、信用与风险控制以及成本与利润分析等功能。

【任务小结】

客户关系管理（customer relationship management，CRM），是指通过培养企业的最终客户、分销商和合作伙伴对企业及其产品更积极的偏爱和喜好，留住他们并以此提升企业业绩的一种营销策略。客户关系管理的目的在于，促使企业从以一定的成本取得新客户转变为想方设法地留住现有客户，从取得市场份额转变为取得客户份额，从发展一种短期的交易转变为开发客户的终生价值。

客户关系管理的内容，包括分析客户、选择客户、获得客户、维系客户关系、提高客户忠诚度等。实施客户关系管理，要求企业遵循动态管理、突出重点、灵活运用、专人负责等原则。客户关系管理系统的实施，在一定程度上改变了企业对市场和客户的看法。企业不但要重视新客户的开发，更要注重对原有客户的保持和其潜力的发掘。

企业应按照不同的方式划分客户类型，对不同类型的客户采取不同的管理方式。企业应对采集的客户资料进行多方位的分析，包括客户构成分析、客户与本企业的交易业绩分析、不同产品销售构成分析以及不同产品毛利率分析等。

任务14 加强客户服务

【任务导入】

超越客户满意

Citibank（花旗银行）有一项服务政策——如果你是花旗银行的客户，你可以在任何时间、任何地点拨打银行的免费电话进行咨询。

有一天，一位姓谭的先生要从伦敦返回北京，结果发现他的飞机误点了 4 小时，不能如期返回北京。这时已是半夜，无奈之下，他拨通了北京花旗银行的免费电话。电话员非常亲切地问了早安，并问谭先生有什么需要帮忙的。

谭先生说："我被耽搁在伦敦希思机场。"

电话员接着问："您是否需要延期您的信用卡期限？"

谭先生回答说："不，是我无法按时回到北京的家中，而又不愿让我的妻子在半夜接到我的电话，为我担忧。"

电话员问："那么先生，您希望我能帮什么忙呢？"

谭先生说："如果您能在北京的早上 8 点给我的妻子打个电话（那时我正在飞机上），告诉她我的航班延误了，让她不必按原定的时间去机场接我。"

这时，电话员笑着回答："谭先生，您稍等，我帮您查一下您的信息……哦，我们有您家里的电话，010-××××××××和您妻子的名字吴××。请您放心，我们一定与您的妻子及时联系，祝您一路平安！"

谭先生放心地放下了电话。北京早上 8 点，谭先生的妻子被电话铃叫醒了，她奇怪地问对方："花旗银行？早上 8 点打电话找我？"

对方轻快地说："吴女士，您别着急，事情是这样的……"

在讲完事情的缘由后，吴女士欣慰地笑了，她说："哦，太谢谢你们了，我会和机场确认航班到达时间的。"

当谭先生走下飞机，见到等在外面面带微笑的太太时，你认为他们会是什么感受呢？

【任务学习】

14.1 认识客户服务

客户服务是指企业在合适的时间和地点，以适当的价格和方式向客户提供产品和服务，使客户的需求得到满足、价值得到提升的活动过程。企业为了能够与客户形成稳固的互动关系，使每一位客户从开始享受服务到最终满意，在这整个过程中，企业所能做的一切工作都称为客户服务工作。客户服务应根据客户本人的喜好使他们满意，同时让客户感受到企业的重视，他们会把这种好感铭刻于心，最终成为企业的忠诚客户。

客户服务已成为现代企业竞争的主题，日益受到企业的重视。下面介绍客户服务在销售管理中的重要作用。

1. 全面满足客户需求

从本质上说，客户购买产品并不是为了产品本身，而是为了产品所能带来的效用，即产品的使用价值。人们购买钢笔并不是为了买这个物质实体，而是为了得到它的效用，即能用它来书写。因此，与其说客户购买的是商品，不如说客户购买的是产品所能给他带来的效用，而服务就是产品效用的重要组成部分。由于生活水平的不断提高，人们对服务的要求也越来越高。服务能为客户提供更多的便利，为他们节约时间，提高效率。而且，随着科学技术的不断进步，产品的技术含量越来越高，人们对产品的使用技术越来越难以把握，需要企业提供安装、调试、培训指导等多方面的服务。服务能全面满足客户的需求，这是以客户为导向的企业必须重视服务的原因之一。

2. 扩大产品销售

企业和销售人员可以通过提供各种服务来加强买卖双方的关系,更好地实现销售目标。企业和销售人员提供优质的全方位服务,可以使客户获得更多的便利,满足客户的需求。这不但可以吸引客户,而且还有利于树立企业良好的市场形象,使客户增强购买本企业产品的信心,从而扩大产品的销售。另外,销售人员在销售中为客户提供各种及时信息,可使客户增长消费知识,了解市场信息和产品信息,掌握产品的使用方法,方便客户购买产品。

3. 提高企业竞争能力

服务与产品一起构成企业竞争力的重要因素,同时,服务的相对地位还在不断上升。这是因为,在许多产品市场上,卖方市场已逐渐被买方市场所取代,客户在产品交易中居于主导地位,客户的需求成为企业一切生产经营活动的中心。同时,竞争的需求使企业不断以各种方式,包括相互之间的学习和模仿来寻求产品的完善,结果使各企业产品之间的差异越来越小,优势也越来越弱。在产品各方面属性相似的情况下,客户对服务的重视程度会不断提高,因而,服务成为企业竞争的焦点。

4. 提高企业的经济效益和社会效益

企业的一切生产经营活动都是为了满足客户的需求,从而获得盈利。客户是企业生存和发展的基础,企业的利润完全来自客户。企业门庭若市,客户盈门,经济效益一定好;反之,企业"门前冷落车马稀",就不可能有好的效益。所以,要做到更好地满足客户需求,就必须吸引客户购买自己的产品。完善的客户服务是企业吸引客户的重要保证。

14.2 客户服务的内容

企业在向客户提供服务之前,应该清楚,每个服务阶段客户的需求是什么,提供哪些服务客户才会感到满意。企业一般从售前、售中和售后这3个时序阶段为客户提供服务。

1. 售前服务

售前服务就是要在客户购买产品之前和他们进行沟通和交流,增进客户对企业产品的了解,并使之产生兴趣。良好的开端是销售成功的一半。一般而言,售前服务的内容通常包括以下5个方面。

(1)广告宣传。广告已成为现代经济生活的一个重要组成部分,人们几乎每时每刻都可以从不同的媒介上看到不同的广告。广告不但丰富了人们的文化生活,更重要的是已成为人们消费和购买的重要指导方式。广告实际上是一种售前服务工作,它是引导消费、传递信息、促进销售不可缺少的手段。广告既能为客户提供信息和知识方面的服务,扩大企业或产品的影响,又可以诱发客户的购买欲望。所以,企业应高度重视产品的广告传播,除了在电视、电台和报刊等大众媒介上进行传播,还应根据不同的情况,采取少花钱也能

办事的各种宣传手段，如产品示范、商品展览、橱窗陈列、露天广告牌等。

（2）为客户提供各种方便。企业要赢得客户，吸引客户来购买自己的商品，就必须尽可能地为客户提供各种方便，使他们能称心如意地购买到所需要的商品。例如，企业为客户提供技术培训、免费咨询指导，商店为客户设立服务台、试衣室、休息室、储蓄所，为客户免费供应开水，提供携带物品暂存服务等，可给客户带来舒适的心理感受，从而增强了企业和商品对客户的吸引力。

（3）做好社会性的公关服务活动。企业的社会性公关服务方式很多，如协办一些大型的体育比赛或文艺晚会，赞助中小学、幼儿园的教学建设，创办福利事业等，这些都可以提高企业的知名度和美誉度，树立良好的企业形象。同时，企业还可以通过举办新闻发布会、记者招待会、产品展销会等扩大企业的社会影响。

（4）精心设计店铺。企业店铺的环境卫生、招牌设计、铺面风格、通道设计、内部装饰、灯光色彩、营业设备、商品摆设等都会给客户以强烈的影响，会引起客户不同的情绪感受，并由此激发或抑制他们的购买欲望。同时，店铺是企业的一个对外窗口，良好的店铺环境，代表了企业的形象。

（5）开办各种培训，为客户提供技术咨询和指导。技术性强的产品，其使用方法不易被客户掌握，不能让客户熟悉和了解产品一定会影响产品的销售。所以，企业要为客户提供技术培训、咨询与指导服务，激发客户的购买欲望，促进产品的销售。

2. 售中服务

方便而周到的售中服务，不仅可以吸引更多的客户，促进成交，而且还能增强企业与客户的关系，增加客户的信任感，提高企业的竞争能力。常见的售中服务包括以下内容。

（1）向客户传授产品知识，当好客户的顾问。销售人员在向客户销售产品的同时，必须向客户介绍有关产品的性能、质量、用途、品种、规格等方面的知识，当好客户的购买顾问。一方面，这是客户进行购买决策的客观要求，客户在进行购买决策时需要掌握必要的产品知识，以作为产品比较和选择的依据。另一方面，销售人员向客户介绍产品知识的同时，也有利于销售气氛的融洽，形成和谐的人际关系。

（2）帮助客户挑选，当好客户的参谋。客户在购买产品时，其心态不仅受自身因素如客户需求、社会地位、文化程度、购买习惯、消费经验等的影响，还会受到外部刺激因素的影响，如产品的价格、质量、用途、广告、购物环境等。所以，销售人员不仅要热情接待客户，更重要的是，应从客户的角度考虑客户的真实需求，帮助客户排除干扰，树立购买信心。

（3）尽最大努力满足客户的需求。在销售过程中，客户会提出各种各样的要求，其中大多数是比较合理的。销售人员应尽最大努力满足客户的合理要求，让客户满意，从而促使交易的达成。

（4）操作表演应吸引客户参与。在销售过程中的操作表演，能真实地体现产品的质量、性能和特点，引起客户的购买兴趣。同时，操作表演也能提高销售人员的说服力，增强客户的信任感。需要注意的是，操作表演一定要注意吸引客户参与，在销售人员的指导下让客户动手操作，这样更能增加客户对产品的直观感觉，增强购买的信心。

3. 售后服务

企业向客户提供售后服务的目的，是解决客户由于使用企业产品所带来的一系列问题和麻烦，要保证客户方便、放心地使用产品，降低使用产品的成本或风险，增加使用产品的效益，使客户成为回头客，提高客户对企业的忠诚度。售后服务的主要内容如下。

（1）免费送货上门和安装。对购买体积大、不易搬运的产品，或一次性购买大量产品的客户，或有特殊困难的客户，企业要提供送货上门服务。最好是免费送货，不仅为客户提供了便利，也为客户节约了购买成本，有利于提高客户对企业的忠诚度。对技术含量高、安装复杂的产品，企业要为客户提供上门安装与调试服务，保证售出的产品质量，以便让客户放心使用。

（2）开通客户免费服务热线电话。客户在使用产品时难免会出现一些问题，为了尽快帮助客户解决问题，企业应开通客户免费服务热线电话，使客户不用出门就可以享受周到的服务。

（3）做好电话回访和人员回访。凡购买企业产品的客户，要让客户填写"联系通知单"，写清姓名、地址及通信方式，以便服务人员进行跟踪服务。企业可以打电话的方式或派专人上门服务的方式对客户进行回访，及时了解客户使用产品的情况，解答客户提出的问题。

（4）建立客户档案。建立客户档案的目的，是为了与客户保持长期的联系。通过这种方式，一方面可以跟踪客户所购买产品的使用情况，了解客户的喜好，在企业开发出新产品后，及时向可能感兴趣的客户推广；另一方面销售人员可利用客户档案所提供的信息上门回访或电话回访，与客户保持联系，提高客户的购买频率。

典型案例

某公司销售部服务质量考核表

某公司销售部服务质量考核表如表14.1所示。

表14.1　某公司销售部服务质量考核表

姓名：　　　　　　　　　　　　　　　　　　　　　　　　　　　　　单位：分

考核项目	考核标准	优秀 （10～9）	良好 （8.9～7）	一般 （6.9～5）	较差 （4.9～0）	总评
工作守时与考勤	能保持良好的考勤记录，在考核期限内无迟到、早退或缺勤现象					
仪容仪表	服装整洁、规范，仪表端庄，精神饱满，举止优雅，注意个人卫生，经常保持适当的修饰					
礼节礼貌	注意礼节礼貌，经常保持微笑，见到客人能主动问候并能使用礼貌用语和标准服务用语进行服务					

续表

考核项目	考核标准	优秀 （10～9）	良好 （8.9～7）	一般 （6.9～5）	较差 （4.9～0）	总评
工作质量效率业绩	工作高度负责，工作质量佳，极少出现差错；工作业绩好，能超额完成工作指标，时效性强，能超期望值完成各项工作					
工作能力	有较强的计划、组织能力，对主管布置的工作能够合理安排；有较强的协调能力，处理各种问题能够既坚持原则但又不失灵活；工作态度稳定，工作表现成熟；在工作过程中创新意识强，并能够解决实际问题					
业务知识	知识面广，可胜任多种工作；对本职工作有充分认识，极少需要指导					
服务态度	对客户主动热情，礼貌亲切，耐心周到，细致入微；为客人着想，乐于助人，服务准确及时					
团队意识	整体观念强，工作尽职尽责，能够严格执行各项规章制度，维护销售部利益，对违反制度的行为能够坚决制止					
合作态度	团结协作意识强，积极主动配合他人工作；以大局为重，不计较个人得失；能接受他人的正确意见，注意整体利益；具有与他人主动沟通的意识，能为工作事宜主动与他人沟通					
培训学习	能够按时、按次参加销售部组织的培训和会议；能够认真掌握内容，并能按要求运用到工作中					

14.3 认识服务质量

服务质量是衡量企业出售产品或提供服务时，对客户服务程度和服务水平的考核标准。它是一个主观的范畴，取决于客户对服务水平的预期与其实际感知的服务水平的对比。既然服务质量是客户感知的反映，所以服务质量由服务的技术质量、职能质量、形象质量和真实瞬间构成。

1. 技术质量

技术质量是指服务过程的产出，即客户从服务过程中所得到的东西。例如，宾馆为旅客休息提供的房间和床位，饭店为客户提供的菜肴和饮料，航空公司为旅客提供的飞机、舱位等。对于技术质量，客户容易感知，也便于评价。

2. 职能质量

职能质量是指在服务推广的过程中，服务人员履行职责时的行为、态度、穿着、仪表等给客户带来的利益和享受。职能质量完全取决于客户的主观感受，难以进行客观的评价。技术质量与职能质量构成了服务质量的基本内容。

3. 形象质量

形象质量是指客户对企业在社会公众心目中形成的总体印象的评价。企业形象可通过视觉识别系统、理念识别系统和行为识别系统多层次地体现。客户可以从企业的资源、组织结构、市场运作、企业行为方式等多个侧面认识企业形象。企业形象质量是客户感知服务质量的过滤器。如果企业具有良好的形象质量，即使有些许失误也会得到客户的谅解，但如果失误频繁发生，则会损害企业形象。倘若企业形象不佳，则企业任何细微的失误都会给客户造成很坏的印象。

4. 真实瞬间

真实瞬间是服务过程中客户与企业进行服务接触的过程。这个过程是一个特定的时间和地点，是企业向客户展示自己服务质量的时机，是服务质量构成的特殊因素。真实瞬间是服务质量展示的有限时机，一旦时机过去，服务交易结束，企业就无法改变客户对服务质量的感知；如果在这一瞬间服务质量出了问题，也无法补救。所以，企业服务的生产和传送过程应计划周密，执行有序，防止棘手的"真实瞬间"的出现。一旦"真实瞬间"失控，服务质量就会退回到一种原始状态，服务的职能质量则受害更深。

当然，服务质量具体体现在许多方面，如产品的数量、质量、花色品种是否适销对路；产品销售的方式和服务设施现代化的程度；销售过程中服务态度的好坏；售后提供维修和服务的方便程度。

14.4 影响服务质量的因素

服务质量通常有4个来源，即设计、生产、交易及与客户的关系，这些方面的管理都影响着客户对服务所感知的质量。

1. 服务的设计影响着服务的技术质量

服务的设计是职能质量的一个来源。例如，客户或潜在的客户可能参与设计过程，这可以改进技术质量，对职能质量也有影响。客户认为企业对他们非常重视，能够尽力解决他们的问题，这是职能质量的作用。

2. 服务的生产影响着服务的技术质量

就服务而言，生产是质量的重要来源。服务生产的技术质量是全部生产过程的结果，参与这个过程的客户可以观察到大部分过程。于是，买卖双方的相互作用就产生了。当然，

服务的生产过程决定着服务技术质量,客户可能只是偶然地接触生产过程,但客户对生产、生产资源、生产设备、生产过程的相互作用的认识方式对职能质量必然产生一定的影响。

3. 服务的交易过程和方式影响着服务的职能质量

在许多情况下很难区分服务的交易和生产,因为交易或多或少是全部生产过程的一部分。对于产品制造企业来说,交易可以形成一个独立的职能,当然交易的结果是买者得到了产品。这样,客户通过产品的交易感受到了产品的技术质量。除此之外,还有与交易过程有关的因素,即交易的方式。

4. 买卖双方的关系影响着服务的职能质量

买卖双方的关系在制造行业和服务行业都是质量形成的原因,这种关系对质量的影响主要与职能过程有关。服务人员在与客户的关系中越是具有客户意识和服务导向,买卖关系对质量的影响就越有利。

企业必须研究和理解企业各种职能对质量的影响,质量的来源涉及方方面面,生产只是其中之一。在设计、生产、交易以及计划和管理组织中参与买卖交易的员工,对技术和职能两方面都应重视,不能顾此失彼。

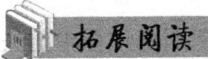
拓展阅读

实现客户价值的 4 种模式

1. 可乐模式

可口可乐与百事可乐同为碳酸饮料,它们基于对消费趋势的不断理解与把握,不断地探索适合消费方式的经营手段,同时企业还赋予产品更多的文化内涵以充实客户价值,这是它们成功的基础。它们成功的关键在于通过对产业链和价值链的分析,聚焦于其中最为关键的部分,如控制灌装厂,通过与快餐企业合作控制专有的渠道等,抵制了竞争对手的扩张。

2. 快餐模式

肯德基和麦当劳同为"快餐",它们的成功基础同样是对客户价值的理解与把握。它们成功的关键在于把大厨从厨房中解放出来,回避了餐饮行业过度依赖厨师手艺吸引客户的经营模式,通过工业化生产,保证了产品品质的稳定;此外,它们对选址能力的把握,使它们在相互竞争中没有相互攻击,也没有大打出手,而是相互合作,共同做大这个市场。

3. 沃尔玛模式

如果认为沃尔玛是靠价格战成为行业领袖的,那就错了,实际上沃尔玛成功的基础是对客户价值的尊重,即通过良好的经营环境和氛围增强客户忠诚度。它成功的关键是通过信息技术的运用,打造出色的后勤物流配送能力,大大提高了运营效率,降低库存成本。

4. 戴尔模式

戴尔成功的基础仍然是对客户价值的理解、尊重与把握,它成功的关键在于它经营着一张虚拟网,即整合各种技术,如软件、互联网、信用卡安全网络、供应链信息、物流信息技术等,为客户提供了更大的商业价值,企业的运营成本也因此大大降低。

14.5 评价服务质量的标准

按照 ISO 对标准化对象的划分,服务标准是相对于产品标准和过程标准而言的一大类标准。一般认为,评价服务质量的标准主要涉及以下 5 个方面。

1. 感知性

感知性指提供服务的有形部分,如各种设施、设备、服务人员的仪表等。客户正是借助这些有形的可见的部分来把握服务的实质。有形部分提供了有关服务质量的线索,同时也直接影响客户对服务质量的感知。

2. 可靠性

可靠性指服务供应者准确无误地完成所承诺的服务。可靠性要求避免服务过程中的失误,客户认可的可靠性是最重要的质量指标,它同核心服务密切相关。许多以优质服务著称的企业,正是通过强化可靠性来建立声誉的。

3. 适应性

适应性主要指反应能力,即随时准备为客户提供快捷、有效的服务,包括调整产品和改正对客户不便的能力,对客户的各项要求能否予以及时满足,表明了企业的服务导向,即是否把客户利益放在第一位。

4. 保证性

保证性主要指服务人员的友好态度与胜任能力。服务人员较高的知识技能和良好的服务态度,能增强客户对服务质量的可信度和安全感。在服务产品不断推陈出新的今天,客户与知识渊博且友好和善的服务人员打交道,无疑会产生信任感。

5. 移情性

移情性指企业和服务人员能设身处地地为客户着想,努力满足客户的要求。移情性要求服务人员具有一种投入的精神,想客户之所想,急客户之所需,了解客户的实际需求,甚至特殊需求,千方百计地予以满足,给予客户充分的关心和相应的体贴,使服务过程充满人情味,这就是移情性的体现。

14.6 服务质量差距分析

在服务提供过程中,由于影响服务质量的因素很多,很容易形成服务质量差距。经过长期市场营销实践，美国服务问题专家建立了一个服务质量差距分析模型，如图14.1所示。

分析和设计服务质量时，这个基本框架说明了必须考虑哪些步骤，然后查出问题的根源。要素之间有5种差异，也就是所谓的质量差距。质量差距是由质量管理前后不一致造成的，最主要的差距是期望的服务质量和可感知的服务质量之间的差距（差距5）。

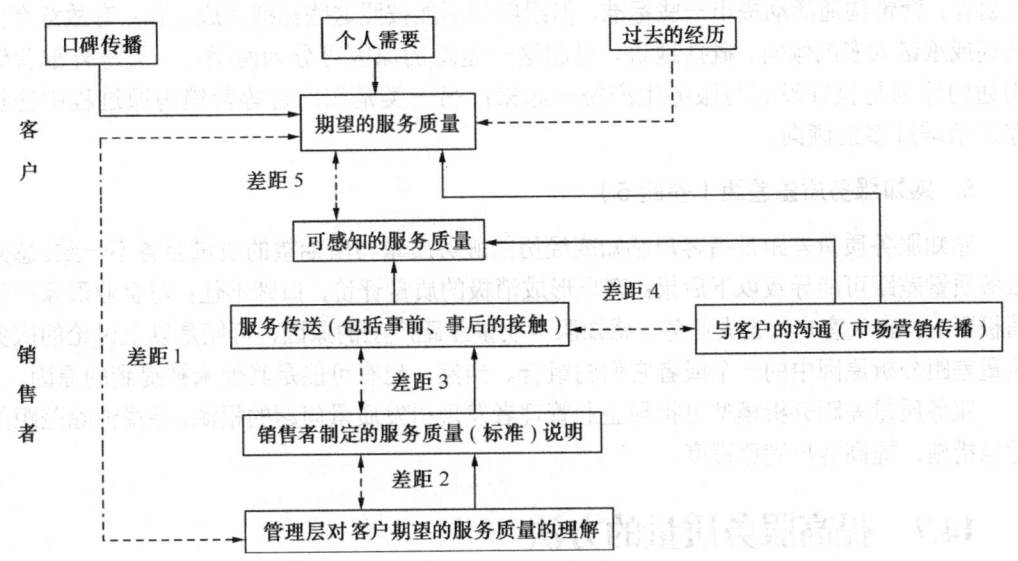

图14.1 服务质量差距分析模型

1. 管理者认识差距（差距1）

管理者认识差距是指企业管理者对客户期望质量的感觉不明确。产生的原因可能是企业对市场研究和需求分析的信息不准确；对客户期望的解释信息不准确；没有进行有效的客户需求分析；从企业与客户联系的层次向企业管理者传递的信息失真或丧失；企业臃肿的组织层次阻碍或改变了在客户联系中所产生的信息。

2. 质量标准差距（差距2）

质量标准差距是指企业提供的服务质量标准与管理者对客户质量期望的认知不一致。产生的原因可能是计划失误或计划过程不够充分；计划管理混乱，组织无明确目标；服务质量的计划得不到最高管理层的支持。在今天的服务竞争中，客户感知的服务质量是成功的关键因素，因此在服务管理上把质量排在前列是非常必要的。

3. 服务交易差距（差距3）

服务交易差距是指在服务的生产和交易过程中，员工的行为不符合质量标准。产生的原因可能是标准太复杂或太苛刻，员工根本无法达标；员工对标准有不同意见，形成抵触情绪；标准与现有的企业文化发生冲突，无法执行；服务生产管理混乱，标准的执行与监督不力；内部营销不充分或根本不开展内部营销，标准不能得到员工的理解与支持；技术和系统没有按照标准为工作提供便利。

4. 营销沟通差距（差距4）

营销沟通差距是指在营销沟通过程中，企业所做出的承诺与实际提供的服务不一致。产生的原因可能是营销沟通计划与服务生产没有统一；传统的市场营销和服务生产之间缺乏协作；营销沟通活动提出一些标准，但组织却不能按照这些标准完成工作；有故意夸大其词或承诺太多的倾向。概括地讲，引起这一差距的原因可分为两类：一类是外部营销沟通的计划与执行没有与服务生产统一起来；另一类是在广告等营销沟通过程中往往存在承诺过多的倾向。

5. 感知服务质量差距（差距5）

感知服务质量差距是指客户感知或经历的服务质量与所期望的质量服务不一致。感知服务质量差距可能导致以下后果：客户形成消极的质量评价，口碑不佳；对企业形象产生消极影响；丧失客户，丧失业务。感知服务质量差距产生的原因，可能是以上讨论的服务质量差距分析原因中的一个或者它们的组合。当然，也有可能是其他未被提到的原因。

服务质量差距分析模型可指导企业管理者发现引发质量问题的根源，寻找消除差距的适当措施，提高客户满意程度。

14.7 提高服务质量的方法

企业改善服务质量，必须首先明确企业对服务质量的规定，必须清楚执行贯穿于整个服务传递系统的设计和运作过程的始终，不能只是依赖事后的检查和控制。其次，客户对服务质量的评价是一种感知的过程，他们往往习惯于通过服务传递系统中服务人员的表现以及与客户之间的互动关系来进行评价。因此在改善服务质量时，人的因素至关重要，企业必须重视对员工的培养和训练。

有关提高企业服务质量的方法很多，常用的方法有两种：一种是标准跟进，另一种是蓝图技巧。

1. 标准跟进

企业提高服务质量的一种简便和快捷的途径就是向竞争者学习，标准跟进就是鼓励企业向竞争者学习的一种方法。具体地说，标准跟进是指企业将自己的产品、服务和市场营销的过程与市场上的竞争对手相比较，尤其是与最好的竞争对手的标准相比较，在比较和检验的过程中寻找自身的差距，从而提高自身的水平。例如，施乐公司就是最早采用标准跟进方法的企业之一。在该公司面临严重的竞争压力和财务危机的情况下，由于采取了标准跟进法，很快就扭转了被动的局面，不仅重新获得了较高的市场份额，而且降低了生产成本，提高了产品质量。

企业在运用标准跟进方法时，可从经营、战略、业务管理等几个方面着手。

（1）在企业经营方面，企业应集中精力降低竞争成本，从提高竞争差异化的角度来制

项目 4
客户管理——客户制胜

订自己的经营战略。

（2）在企业战略方面，企业应将自身的战略同竞争者已成功的战略进行比较，寻找彼此的关系。例如，竞争者将目标市场定在哪里？竞争者采取的是成本领先战略、差异化战略还是技术领先战略？竞争者是如何在产品研制、生产、市场开发各方面分配资源的？通过系列的比较和研究，企业会发现被企业忽略的成功的战略因素，从而制定符合市场条件和自身资源水平的战略。

（3）在业务管理方面，企业可对照竞争对手的做法，重新评估支持性职能部门对整个企业的作用，如后勤部门等。学习竞争对手的经验，使得企业支持性职能部门与其他部门的步调保持一致，这无疑是提高服务质量的重要保证。

2. 蓝图技巧

企业要想提供较高水平的服务质量，同时提高客户的满意度，还必须明确影响客户对服务认识的各种因素。蓝图技巧为企业有效地分析和理解这些因素提供了方便。蓝图技巧是指通过分解组织系统和机构，界定客户和服务人员的接触点，并从这些接触点出发来改进企业服务质量的一种方法，它包括从前台服务到后勤服务的整个过程。

应用蓝图技巧的主要步骤如下。

（1）将服务所包括的各项内容以流程图的方式画出来，使得服务过程能够清晰、客观地展现出来。

（2）将其中容易导致服务失败的环节找出来。

（3）确定服务执行的标准和规范，并使这些标准和规范能够体现企业服务的特点。

（4）找出客户能够看得见的判断服务水平的证据，将每一个证据都当成企业与客户的服务接触点。

企业在应用蓝图技巧的过程中，正确选择服务接触点，并对其进行有效的管理具有十分重要的意义。因为在每一个服务接触点上，客户对服务质量感知的好坏将直接影响客户对服务质量的整体评价。例如，客户到一家餐馆就餐，至少涉及以下接触点：客户在服务员引导下就座；客户点菜；等候上菜；客户需要茶水、纸巾等用品；客户用餐；客户结账。如果其中任何一个环节出问题，都可能使客户认为餐馆的服务质量较差。

【任务小结】

客户服务是指企业在合适的时间和地点，以适当的价格和方式向客户提供产品和服务，使客户的需求得到满足、价值得到提升的活动过程。企业为了能够与客户形成稳固的互动关系，使每一位客户从开始享受服务到最终满意，在这整个过程中，企业所能做的一切工作都叫客户服务工作。

服务质量是衡量企业出售产品或提供服务时，对客户服务程度和服务水平的考核标准，包括技术质量、职能质量、形象质量和真实瞬间。服务质量通常有 4 个来源，即设计、生产、交易及与客户的关系。这些方面的管理都影响着客户对服务所感知的质量。服务质量的评价标准包括：感知性、可靠性、适应性、保证性、移情性。

服务质量的差距主要包括：管理者认识差距；质量标准差距；服务交易差距；营销沟

通差距；感知服务质量差距。其中最主要的差距是感知服务质量差距。企业改善服务质量，必须首先明确企业对服务质量的规定，必须清楚执行贯穿于整个服务传递系统的设计和运作过程的始终，不能只是依赖事后的检查和控制。其次，客户对服务质量的评价是一种感知的过程，他们往往习惯于通过服务传递系统中服务人员的表现以及与客户之间的互动关系来进行评价。因此在改善服务质量时，人的因素至关重要，企业必须重视对员工的培养和训练。提高企业服务质量常用的方法有两种：一种是标准跟进，另一种是蓝图技巧。

任务15 处理客户投诉

【任务导入】

品质没有折扣

这是一个真实的故事，发生在第二次世界大战期间，美国空军和降落伞制造商之间。当时，降落伞的安全度不够完美，经过厂商努力的改善，生产的降落伞良品率达到了99.9%。但是，美国空军却对此制造公司说 No，他们要求降落伞必须达到100%的良品率。于是，降落伞制造商的总经理便专程去空军飞行大队商讨此事，看是否能够降低这个标准。因为厂商认为，能够达到这个程度已接近完美了，没必要再改。当然，美国空军一口回绝，因为品质没有折扣。

后来，军方要求改变检查品质的方法，那就是从厂商交货的降落伞中，随机选出一个，让厂商负责人装备上身，并亲自从飞行的机身上跳下。这个方法实施后，不良品率立刻变成了零。

品质没有折扣，一个问题产品所带来的绝不是一个客户的抱怨问题，而是从此失去客户对我们的信赖。

【任务学习】

15.1 认识客户投诉

对于销售人员来讲，很少有人没有经历过客户的投诉。对于销售经理来说，接受客户投诉已经成为一项日常工作。那么，如何有效地处理客户投诉就成了一个亟待解决的问题。客户投诉对企业有什么意义呢？

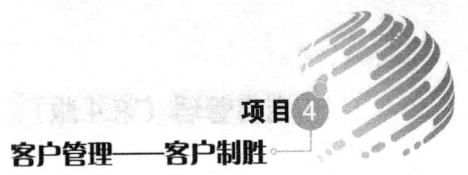

项目 4 客户管理——客户制胜

1. 有效维护企业形象

美国白宫全国消费者调查统计发现，不投诉的客户只有9%会回来，投诉而没有得到解决的客户有19%会回来。投诉而没有得到解决但还会回来，这是什么原因呢？客户有受尊重的需求，投诉尽管没有得到解决，但他受到了企业的重视。例如，客户对供应产品的质量不满意，提出改进质量的要求，销售人员虚心接受，并感谢客户提出的宝贵意见。实际上这位客户的问题没有得到解决，但是他可能还会再来，因为他受到了重视。所以，投诉没有得到解决的人与不投诉的人相比，其回来的比率会高出10%。

投诉并得到解决的客户有54%会回来，继续购买企业产品，有46%不会再回来；而投诉并迅速得到解决的客户有82%愿意继续购买企业产品，只有18%的客户不会再回来。这就说明，企业需要客户投诉。客户投诉的意义在于，有效地处理客户的投诉可把投诉所带来的不良影响降到最低点，从而维护了企业的形象。

2. 挽回客户对企业的信任

企业的产品有问题，会受到客户投诉，但如果能够很好地进行处理，就可以挽回客户对企业的信任。

3. 及时发现问题并留住客户

有一些客户投诉，实际上并不是抱怨产品或者服务的缺点，而只是向企业讲述对产品和服务的一种期望或者提出他们真正的需求。这样的投诉，会给企业提供一个发展的机遇。例如，美国的"戴尔"公司在笔记本电脑市场竞争如此激烈的情况下，依然能做得非常出色，正是因为它提供了一个更好的营销手段——产品定制。

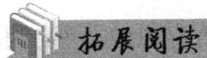

投诉的客户是企业真正的朋友

美国对全国消费者进行了一项调查。

（1）"即便不满意，但还会在你那儿购买商品的客户有多少？"结果显示：

A. 不投诉的客户占9%，其中91%的客户不会再回来；

B. 投诉而没有得到解决的客户占19%，其中81%的客户不会再回来；

C. 投诉并使问题得到解决的客户占54%，其中46%的客户不会再回来；

D. 投诉并使问题迅速得到解决的客户占82%，其中18%的客户不会再回来。

可见，投诉表明客户对企业的信任，如果投诉的问题得到解决，客户的忠诚度会明显上升。即使问题没有得到解决，可他受到了重视，客户有受尊重的需求，他的不满得到了宣泄后，有可能再回来。如果投诉能得到迅速而合理的解决，投诉的客户80%以上会成为公司的忠诚顾客。

（2）"对服务不满意，你会选择投诉吗？"结果显示：

A. 4%的不满意客户会向企业投诉；

B. 96%的不满意客户不会向企业投诉。

可见，只有极少数人在服务不满意时选择投诉，绝大多数人并不选择投诉，但是会将他的不满意告诉16~20人，那么在这96%的人背后会有10倍的人对企业不满意。

另据美国市场营销协会调查数据显示："对于每一位抱怨的客户，在他们所抱怨的问题中，20%~30%可能是企业从来没听说过的。每二三十个抱怨中，至少有6个可能是非常严重的；这二三十个不满意的消费者，平均会向18个朋友和熟悉的人说出他们的抱怨。这意味着，我们听到的每一个抱怨，至少会被360人听到，有的时候甚至更糟"。

正所谓"好事不出门，坏事传千里"，客户对产品及服务不满意时，不仅仅是自己不购买你的产品，还会影响32个以上消费者不购买你的产品。可想而知，正确处理客户投诉，重视与投诉客户的沟通，是企业在市场中立于不败之地、持续发展的根本。

调查显示：企业争取一个新客户即潜在客户的成本是维持一个老客户即现实客户的5~6倍；争取一个新客户比维护一个老客户要多付出6~10倍的工作量。

有人还做过统计：一家企业如果将其客户流失率降低5%，其利润就可能增加25%~85%。根据20/80原则，一家企业利润的80%是老客户贡献的，新客户对利润的贡献只有20%。可见，客户流就是现金流，就是利润流，留住了客户就等于留住了金钱，留住了企业生存和发展的利润。

15.2 处理客户投诉的目的

客户投诉处理的最终目的是使客户获得满足，与此同时也要考虑获取收益。因此客户投诉处理要达到以下4个目的。

1. 消除客户不满，恢复企业和产品的信誉

从保护、重视客户的立场来看，对于客户投诉的处理是事关企业生死存亡的大事。因此，处理客户投诉时最基本的目的就是要消除客户的不满，恢复企业和产品的信誉。企业理所当然地应该真诚、及时地对客户投诉进行处理。

2. 确立企业的质量保证体制

如何利用客户投诉来改进工作，是一家企业应该具有的重要能力。通过处理客户投诉，改进企业产品质量和服务水平，从而为客户提供更为满意的产品和服务。

3. 收集客户信息

客户投诉是客户对产品和服务最真实检查的结果，也是最为可靠的市场调查结果。因此，企业要将客户的投诉收集起来，然后对它们进行充分的分析，妥善地保存好处理结果并在生产和试验方法的改进方面加以利用。

4. 挖掘客户的潜在需求

挖掘客户的潜在需求也是处理客户投诉不可忽略的一大作用。投诉是客户不满足的一个信号。但是，在现实工作中，一般都把注意力集中到追究商品缺陷的发生责任或对投诉的处理上，从而忽略了客户的真正需求。由于客户投诉是与市场紧密相关的，所以在研发新商品时如果适当考虑客户投诉的提示作用,那么新商品的开发成本就会比较低,销量也会比较好。

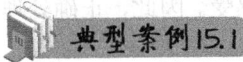

如果你是 W 公司老板,怎么处理这一投诉

W 公司是当地一家知名的洗衣连锁品牌,经过几年的努力,以便利的位置、优秀的服务、先进的管理,培养了一批优质的客户。一天,W 公司老板收到了一封投诉邮件。客户投诉说,W 公司的 C 洗衣店弄丢了他送洗的 4 件衬衣,使他不得不重新购买了 4 件新的衬衣。可过了一个月以后,C 店通知我说丢失的衬衣找到了,让我过去取回衬衣,并结清洗衣费 60 元。

客户投诉目的非常明确,要求 W 公司赔偿 4 件新衬衣的购买费用,并免除送洗 4 件衬衣的清洗费用,并给出令人满意的解释。否则,他将利用网络媒体对此事件予以曝光……

15.3 分析客户投诉的内容

因为企业销售的各个环节均有可能出现问题,所以客户投诉的内容可能涉及产品和服务提供的各个方面。这些可能出现的问题可以归纳为以下几点。

1. 产品质量

客户对产品质量问题的投诉,包括产品的质量缺陷、规格不符、技术规格超出允许的误差和产品故障等。

2. 合同条款

客户对购销合同问题的投诉,包括产品的数量、等级、规格、交货时间、交货地点、结算方式、交易条件等方面与原购销合同的规定不相符。

3. 货物运输

客户对货物运输问题的投诉,包括货物在运输途中发生损坏、变质和丢失,以及因包装或装卸不当而造成损失等。

4. 服务

客户对服务的投诉,包括对企业各类人员的服务质量、服务态度、服务方式、服务技巧等提出的批评和抱怨。

15.4 处理客户投诉的原则

1. 先处理情感,后处理事件

美国有一家汽车修理厂,他们有一条服务宗旨很有意思,叫做"先修理人,后修理车"。

什么叫"先修理人，后修理车"呢？一个人的车坏了，他的心情会非常不好，我们应该先关注客户的心情，然后再关注汽车的维修，"先修理人，后修理车"讲的就是这个道理。可是这个道理很多企业都忽略了，往往是只修理车，而不顾及人的感受。因此，正确处理客户投诉，首要的一个原则就是"先处理情感，后处理事件"。

2. 耐心倾听客户抱怨，分析客户抱怨的原因

一个客户在商场购物，对于所购买的产品基本满意，然而他发现了一个小问题，提出要退换。售货员不太礼貌地拒绝了他，这时他开始抱怨，投诉到商场经理那里。事实上，在他的抱怨中，更多的是售货员的服务态度问题，而不是产品质量问题。只有认真听取客户的抱怨，才能发现其实质性的原因。客户投诉多数是发泄性的，情绪都不稳定，一旦发生争执，只会火上浇油，适得其反。真正处理客户投诉的原则是开始时应耐心地倾听客户的抱怨，避免与其发生争辩，先听他讲完。

3. 及时处理问题，想方设法平息客户的抱怨

由于客户的投诉多数属于发泄性质，只要得到卖方的同情和理解，消除了怨气，心理平衡后事情就容易解决了。因此，作为一名销售人员，在面对客户投诉时，一定要设法搞清楚客户的怨气从何而来，以便对症下药，有效地平息客户的抱怨，并及时解决问题。拖延时间，只会使客户的抱怨变得越来越强烈，使客户感到自己没有受到足够的重视。例如，客户抱怨产品质量不好，企业通过调查研究，发现主要原因在于客户的使用不当。这时应及时通知客户维修产品，告诉客户正确的使用方法，而不能简单地认为与企业无关，不予理睬。虽然企业没有责任，这样也会失去客户。如果经过调查，发现产品确实存在问题，那么应该给予赔偿，并尽快告诉客户处理的结果。

4. 站在客户的立场，理解客户

漠视客户的痛苦是处理客户投诉的大忌。客户非常忌讳客户服务人员不能站在客户的立场上思考问题。服务人员必须站在客户的立场上，将心比心、诚心诚意地表示理解和同情，承认过失。因此，对所有的客户投诉的处理，无论是已经被证实的还是没有被证实的，都不应先分清责任，而是先表示道歉，这才是最重要的。

5. 迅速采取行动

体谅客户的痛苦而不采取行动只是一个空礼盒。例如，与其说"对不起，这是我们的过失"，不如说"我能理解给您带来的麻烦与不便，您看我们能为您做些什么呢？"客户投诉的处理必须付诸行动，不能单纯地只表示同情和理解，要迅速地给出解决的方案。

15.5 处理客户投诉的流程

处理客户投诉的流程如图 15.1 所示，下面介绍每一步骤的具体内容。

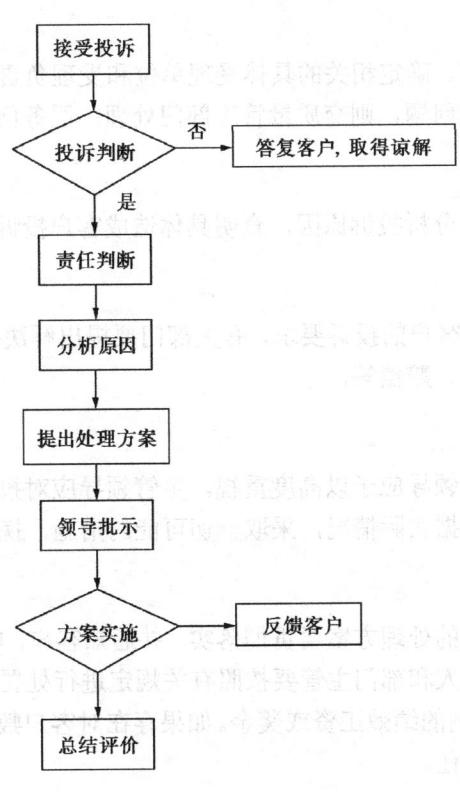

图 15.1　客户投诉处理流程

1. 接受投诉

利用客户投诉记录表详细记录客户投诉的全部内容，如投诉人、投诉时间、投诉对象、投诉要求等，如表 15.1 所示。

表 15.1　客户投诉记录表

投 诉 人	投 诉 时 间	投 诉 对 象	投 诉 理 由	投 诉 要 求

2. 投诉判断

了解客户投诉的内容后，要判断客户投诉的理由是否充分，投诉要求是否合理。如果投诉不能成立，应采取婉转的方式答复客户，取得客户的谅解，消除误会。

3. 责任判断

根据客户投诉的内容,确定相关的具体受理单位和受理负责人。例如,运输问题,交运输管理部门处理;质量问题,则交质量管理部门处理;服务问题,交服务部门处理。

4. 分析原因

有关责任部门要认真分析投诉原因,查明具体造成客户投诉的责任人。

5. 提出处理方案

根据实际情况,参考客户的投诉要求,有关部门要提出解决投诉问题的具体方案,如退货、换货、维修、折价、赔偿等。

6. 领导批示

对于客户投诉,企业领导应予以高度重视。主管领导应对投诉的处理方案一一过目,及时做出批示。企业应根据实际情况,采取一切可能的措施,挽回已经出现的损失。

7. 方案实施

企业对已经做出决定的处理方案要贯彻落实,并通知客户,收集客户的反馈意见。对造成客户投诉的直接责任人和部门主管要按照有关规定进行处罚。依照投诉所造成损失的大小,扣罚责任人一定比例的绩效工资或奖金。如果存在对客户敷衍或不认真对待的问题,还要对责任人追究行政责任。

8. 总结评价

最后,对投诉处理过程要及时进行总结与综合评价,吸取经验教训,提出改进对策,写出客户投诉分析报告,以不断完善企业的经营管理和业务操作水平,提高客户服务质量和服务水平,降低投诉率。

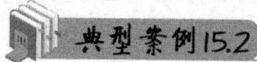
典型案例15.2

如果你是这位女士还会投诉吗

上海迪士尼乐园,有一位女士带着6岁的儿子来玩孩子期待已久的太空穿梭机。母子俩排了半个多小时的队,马上就轮到自己上机了,这时却被迪士尼乐园的服务人员告知:由于孩子年龄太小,不允许做这个游戏。此时,母子俩一下愣在了那里。

实际上,迪士尼在队伍的开始和中间都设有醒目的标志:10岁以下儿童,不能参加太空穿梭游戏。但遗憾的是,母子俩由于兴奋而没有看到标志。当失望的母子俩正准备离去时,迪士尼乐园的服务人员亲切地上前询问了小孩的姓名并让他们稍等。

过了一会儿,服务人员拿着一张刚刚印制的精美卡片走了过来(卡片上印着小孩的姓名),郑重地将卡片交给孩子,并对孩子说:"迪士尼欢迎你到年龄时再来玩太空穿梭游戏,到时只需要拿着这张卡片就不用再排队了——因为你已经排过了。"接过卡片,母子俩愉快地离去了。

15.6 处理客户投诉的策略

企业处理客户投诉的方法有很多，应面对不同情形采取有效的应对策略。下面介绍几种常用的处理客户投诉的策略。

1. 认真倾听

倾听是解决问题的前提。在倾听客户投诉的时候，不但要听他表达的内容还要注意他的语调与音量，这有助于你了解客户语言背后的内在情绪。同时，要通过解释与澄清确保你真正了解客户的问题。

例如，你听了客户反映的情况后，应根据你的理解向客户解释一遍："王先生，你看一下我理解得是否对。您是说您一周前买了我们的传真机，但发现有时会无法接收传真。我们的工程师已上门看过，测试结果没有问题。今天，这种现象再次发生，您很不满意，要求我们给您更换产品，是吗？"或者说："我理解了您的意思吗？"

认真倾听客户，向客户解释他所表达的意思并请教客户我们的理解是否正确，既可向客户表明我们对他的尊重以及我们解决问题的诚意，也给客户提供了一个机会，重申他没有表达清晰的地方。

2. 认同客户的感受

客户在投诉时会表现出烦恼、失望、气馁、愤怒等各种情感。我们不应当把这些表现当做对个人的不满。特别是当客户发怒时，我们心里可能会想："凭什么对我发火？我又没惹你！"要知道，愤怒的情感通常都会潜意识地通过一个载体发泄出来。因此对于愤怒，客户仅是把你当成了倾诉的对象。客户的情绪是完全有理由的，理应得到重视和迅速、合理的解决。

所以，要让客户知道你非常理解他的心情，关心他的问题："王先生，对不起让您感到不愉快了，我非常理解您此时的感受。"无论客户是否永远是对的，至少在客户的世界里，他的情绪与要求是真实的，我们只有与客户的世界同步，才有可能真正了解他的问题，找到最合适的方式与他交流，从而为成功地处理投诉奠定基础。我们有时候在说道歉时感觉很不舒服，因为这似乎是在承认自己有错。然而说声"对不起"、"很抱歉"并不一定表明我们或公司犯了错误，而是表明我们对客户不愉快经历的遗憾与同情。

不用担心客户会因得到我们的认可而越发强硬，表示认同的话会将客户的思绪引向关注问题的解决。

3. 提供解决方案

针对客户投诉，每个企业都应准备相应的各种预案或者解决方案。我们在提供解决方案时要注意以下几点。

（1）为客户提供选择。通常，一个问题的解决方案不是唯一的，给客户提供选择会让客户感觉受到了尊重。同时，客户选择的解决方案在实施的时候也会得到来自客户方的更多认可和配合。

（2）诚实地向客户承诺。能够及时地解决客户的问题当然最好，但有些问题可能比较复杂或特殊，我们不能确定该如何为客户解决。如果不能确定，不要向客户做任何承诺，而是诚实地告诉客户情况有点特别，我们会尽力帮助客户寻找解决的方法，但需要一点时间。然后约定给客户回话的时间，注意一定要确保准时给客户回话。即使到时你仍不能帮客户解决问题，也要准时打电话向客户说明问题的进展情况，表明自己所做的努力，并再次约定给客户答复的时间。与向客户承诺你做不到的事相比，诚实会更容易得到客户的尊重。

（3）适当给予客户一些补偿。为了弥补企业工作中的一些失误给客户带来的不便，可以在解决客户问题之外给一些额外补偿，但要注意一定要先解决问题。一遇到投诉就用小恩小惠去息事宁人，这不但不能减少问题的发生，反而会造成错误的期望。

4. 合理解决索赔

如果客户提出了索赔要求，而且也符合企业关于赔偿的有关规定，就应为客户解决赔偿问题，但要提出一个公平、合理的解决办法。

在解决客户索赔时，销售人员必须获得下列信息：客户索赔的金额和索赔的频率、客户账户的数量和客户的重要程度、企业所采取的行动对其他客户可能的影响程度等。

在获取了以上信息之后，企业可选择的解决方案有以下几种。

（1）产品完全免费退换。
（2）产品完全退换，由客户支付劳动力和运输费用。
（3）产品完全退换，由客户和企业共同承担相关费用。
（4）产品完全退换，支付客户折扣价格。
（5）企业负责维修，客户承担维修费用。
（6）产品返厂，再进行处理。
（7）客户向第三方索赔。

15.7 处理客户投诉应注意的问题

在应对客户投诉时，难免会有一部分客户性格偏激，容易激动失控，处理不好较易引发情绪冲突，甚至导致公司的公关危机。所以，在处理客户投诉时，一定要依据心理学的一般规律，避免事态扩大。

1. 请客户低位坐下

处理客户投诉时要尽量让对方坐下谈话，让对方放低重心，避免和对方站着沟通。心理学研究表明，人的情绪高低与身体重心高度成正比，重心越高，越容易情绪高涨。因此，站着沟通往往比坐着沟通更容易产生冲突，而座位越低则发脾气的可能性越小。所以，人们常说"拍案而起"。

在处理客户投诉时，若对方情绪非常激动，则摆事实讲道理都是没有用的，对方根本就听不进去。此时，第一件事就是应该让对方坐下，等对方情绪平静后再进行沟通。甚至，可以在接待投诉的地方专门安放几组特别矮的沙发，而且只要一坐就会陷下去，起来时还会觉得费力。那么客户身体一收缩，重心下移，自然不太容易发火。

2. 反馈式倾听

反馈式倾听，即在倾听对方的倾诉时要主动配合并且注意给予反馈。根据沟通心理学的规律，应让自己的表情、语言、动作与对方说话内容保持高度一致。反馈式的倾听会让客户产生被重视的感觉，大大提高对方的满意度，容易稳定情绪。

表情和语言不断反馈的原则：眼睛要忽大忽小，嘴巴要哼哈不停，身体要前后摇摆，表情或惊讶或严肃专注或点头微笑，并伴随着相应的语言，如"竟然有这样的事！""请再重复一下刚才说的是什么？"等。与此同时，还可以认真记录对方讲述的内容，显得非常正式、认真，让对方更加感觉到自己被理解和重视。

当然，这些行为仅仅表示"我在认真听"，并不表示同意对方的观点。面对客户，很多人都会面无表情地倾听，这是最忌讳的行为。这会让对方觉得一肚子委屈得不到重视，火气也越来越大。

3. 重复对方的话

在沟通过程中，可以将客户的谈话内容及思想加以整理后，再用自己的语言反馈给对方。例如，"为了使我理解准确，我和您再确认一下。您刚才的意思有以下两点，第一点是……第二点是……您认为我理解得对吗？还有什么，您接着说。"如此重复，可以让其感到备受重视。对方也一定会反过来专心听你重复的话，寻找错误或遗漏之处，如此转移注意力，自然更利于降火。

重复对方的话的频率与客户情绪高低成正比，对方情绪越高，就应该增加重述的频率，从而努力让对方平静下来。

4. 转换场地

如果请客户低位落座、反馈倾听、重复谈话都没能让客户的情绪平静下来，则可以考虑请对方换一个场所谈话。例如，"这里房间小，凳子也很不舒服，请您到另一间办公室吧。那里沙发坐着舒服，我再给你泡杯茶"等。到了新的场地之后，客户会不由自主地分散精力辨析新场地，高亢的情绪通常能快速缓和。

5. 认真处理

无论客户情绪如何，其最终目的仍然是解决问题。让他感到问题已在处理中，自然会逐渐平静下来。即便你无法采取客户所渴望的行动，但若能做到以下几点，客户仍会感到满意。

（1）准备好表格，让对方填写。通常，填写表格相当于签字画押，十分正式。这样会让客户觉得处理的程序非常规范，自己的投诉也得到了重视。

（2）拿出自己随身携带的小本子，在对方说话时进行记录。当对方快讲完时承诺一定会认真处理，同时将小册子放进口袋。这些行动都在告诉客户已经达到了投诉之目的，帮助其稳定情绪，为大事化小、小事化了提供谈判环境。很多人在听完客户投诉后，只是简单地用语言回复："您放心，我们一定会尽快帮您解决问题的。"实践证明，这句话反而会让客户更担心。

【任务小结】

对于销售人员来讲,很少有人没有经历过客户的投诉。对于销售经理来说,接受客户投诉已经成为一项日常工作。那么,如何有效地处理客户投诉就成了一个亟待解决的问题。有效处理客户投诉,可以维护企业形象,可以挽回客户对企业的信任,可以及时发现问题并留住客户。因此,有效处理客户投诉能有效地提高客户的忠诚度。客户投诉的主要内容有产品质量问题、合同条款问题、运输问题、服务问题等。销售经理要理清客户投诉的问题,在处理客户投诉中坚持原则,按规定的程序工作,采取适当的策略,高效率地处理客户投诉。

处理客户投诉应坚持的原则:先处理情感,后处理事件;耐心倾听客户抱怨,分析客户抱怨的原因;及时处理问题,想方设法平息客户的抱怨;站在客户的立场,理解客户;迅速采取行动。处理客户投诉的工作程序:接受投诉;投诉判断;责任判断;分析原因;提出处理方案;领导批示;方案实施;总结评价。处理客户投诉的基本策略:认真倾听;认同客户的感受;提供解决方案;合理解决索赔。同时,在处理客户投诉时,要注意建立制度、追究责任、研究预案以及善后问题的处理等。

任务16 提高客户满意度

【任务导入】

一次回访,一次满意

一个替人割草打工的男孩打电话给陈太太,问:"您需不需要割草?"

陈太太回答说:"不需要了,我已经有了割草工。"

男孩又说:"我会帮您拔掉花丛中的杂草。"

陈太太回答:"我的割草工也做了。"

男孩又说:"我会帮您把草与走道的四周割齐。"

陈太太说:"我请的那人也已做了,谢谢你,我不需要新的割草工人。"

男孩便挂了电话,此时男孩的室友问他:"你不就是陈太太的割草工吗?为什么还要打这个电话?"

男孩说:"我只是想知道我做得有多好!"

企业的获利之道就是使客户满意,客户的满意是企业成长的最大保障。如果我们都能像割草工那样对待客户,如果我们的客户的感觉都能像陈太太那样……

项目 4
客户管理——客户制胜

【任务学习】

16.1 认识客户满意

客户满意（customer satisfaction，CS），是指一个人通过对一个产品的可感知效果与他的期望值相比较后，所形成的愉悦或失望的感觉状态。

可以看出，客户满意是可感知效果和期望值之间差异的函数。如果可感知效果低于期望，客户就会不满意；如果可感知效果与期望相当，客户就满意；如果可感知效果超过期望，客户就会高度满意、高兴或欣喜。

一般而言，客户满意是客户对企业和员工提供的产品和服务的直接性综合评价，是客户对企业、产品、服务和员工的认可。因此，从企业的角度来说，客户服务的目标并不仅仅止于使客户满意，使客户感到满意只是销售管理的第一步。美国维特科化学品公司总裁威廉姆·泰勒认为："我们的兴趣不仅仅在于让客户获得满意感，我们要挖掘那些被客户认为能增进我们之间关系的有价值的东西。"在企业与客户建立长期伙伴关系的过程中，企业通过向客户提供超过其期望的"客户价值"，使客户在每一次的购买过程和购后体验中都能获得满意。每一次的满意都会增强客户对企业的信任，从而使企业能够获得长期的盈利与发展。

对于企业来说，如果客户对企业的产品和服务感到满意，他会将他们的感受传播给其他客户，扩大产品的知名度，提高企业的形象，为企业的长远发展不断地注入新的动力。但现实的问题是，企业往往将客户满意等同于信任，甚至等同于"客户忠诚"。事实上，客户满意只是客户信任的前提，客户信任才是结果。客户满意是对某一产品、某项服务的肯定评价，即使客户对某企业满意也只是基于他们所接受的产品和服务令他满意。如果某一次的产品和服务不完善，他对该企业也就不满意了。也就是说，满意是一个感性评价指标，客户信任是客户对该品牌产品以及拥有该品牌企业的信任感，他们可以理性地面对品牌企业的成功与不利。美国贝恩公司的调查显示，在声称对产品和企业满意甚至十分满意的客户中，有 65%～85%的客户会转向其他产品，只有 30%～40%的客户会再次购买相同的产品或相同产品的同一型号。

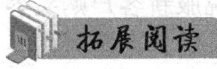
拓展阅读

客户满意的由来

"客户满意"产生于 20 世纪 80 年代初期。当时的美国市场竞争环境日趋恶劣，美国电话电报公司（AT&T）为了使自己处于有利的竞争优势，开始尝试性地了解客户对目前企业所提供服务的满意情况，并以此作为服务质量改进的依据，取得了一定的效果。与此同时，日本本田汽车公司也开始应用客户满意作为了解情况的一种手段，并且更加完善了这种经营战略。在 20 世纪 80 年代中期，美国政府建立了"马尔科姆·鲍德里奇全国质量奖"（Malcolm Baldrige National Quality Award），以鼓励企业开展"客户满意"活动。这一奖项的设立大大推动了"客户满意"的发展。

16.2 客户满意是企业的追求

企业的获利之道就是使客户满意，客户的满意是企业成长的最大保障。所以，客户满意是企业的追求。

1. 客户满意是企业营销的出发点和落脚点

任何企业在提供产品或服务时，都希望其提供的产品或服务能得到客户的认可，并让其乐于接受。这就需要企业了解客户需要什么样的产品和服务，或者对产品和服务有什么样的要求——再精美的产品，客户不需要，也不会得到客户的认可。企业只有掌握了这个出发点，才能为客户提供满意的产品或服务。同时，客户满意的程度决定了企业赚钱的程度，决定了企业发展的思路。按常规算法，一家企业若保住5%的稳定客户，那么该企业的利润至少会增加25%。因此，企业的落脚点也应是使客户满意，只有掌握了"客户满意"这个原动力，企业才能得到长足的发展。

2. 客户满意使企业获得更高的长期赢利能力

在采取各种措施做到令客户满意的同时，企业也可获得许多具有竞争力的导致企业长期赢利的优势。

（1）减少企业的浪费。在企业保证客户满意度的过程中，企业会越来越了解客户，常常会准确地预测客户的需求和愿望。这样，企业就不用花更多的时间和精力去进行市场调研，新产品的研制和生产也会少走弯路，可以在很大程度上减少企业的浪费，压缩成本。

（2）价格优势。满意的客户往往愿意为令自己满意的理由而额外付出。联邦快递由于它的昼夜服务使得它的价格即使比竞争者高也会为客户所接受。当然客户的额外付出并不是无限度的，付出多少取决于满意度之外的一些因素，如全面的竞争环境，客户的价格敏感度，购买类型和公司地位等。

（3）更高的客户回头率。满意的客户比不满意的客户有更高的品牌忠诚度，更可能再次购买该产品或者购买企业的其他产品。与上述的价格优势结合起来，重复购买率高将导致更多的收入，最终使企业获得更多的利润。

（4）交易成本低。每个销售人员都知道，成交一次重复购买比说服新客户购买容易得多。越高的客户忠诚度意味着销售的花费越低，对于重复购买，销售人员只需要向客户推荐应该买哪种产品，多少钱，而不是费时费力地向客户推荐为什么要买本企业的产品。

（5）沟通成本低。满意的客户乐于将自己的感受告诉别人，如朋友、亲戚，甚至其他的客户。研究表明，这种口头宣传的广告比其他沟通方式更加有效，并且几乎不需要成本。

3. 客户满意使企业在竞争中得到更好的保护

首先，满意的客户不但忠诚，而且这种忠诚能够长期保持，他们不大可能转向其他产品或为了更低的价格抛弃原来的供应商。即使在企业出现困难时，这些客户也会在一定程度上对企业保持忠诚，这给企业提供了缓冲困难的时间，最大限度地降低对企业的影响。

其次，满意的客户不会立即选择新产品。IBM 进入小型计算机的市场较晚，在苹果公司开发 APPLE II 的 5 年后才推出第一台自己的个人电脑。然而在这段时间里，IBM 原来的客户（主要是大公司的采购者）都在耐心等待。最终，IBM 成为这一行业的领导者，当然其中有 IBM 的努力和苹果公司等其他计算机公司本身存在的问题等各方面原因，但不可否认，客户忠诚也是其中重要的原因之一。

还有，满意的客户不会很快转向低价格产品。正如满意的客户愿意额外付出一样，他们同样不大可能仅仅由于价格低的诱惑而转向其他的供应商。不过，当价格相差很大时，客户也不会永远保持对高价格产品的忠诚。

4. 客户满意使企业足以应付客户需求的变化

客户的需求随着时代的发展在不断变化。如何抓住这一变化并去满足不断产生的新需求，是许多企业在发展中遇到的问题。客户满意最大化对解决这一问题具有现实意义。因为，以令客户满意为目的的企业，由于平时所做的工作能够预测客户需求的变化，而且满意的客户一般也会给企业改变做法的时间。瑞士航空公司一直以来都具有较高的客户满意度，但在适应客户的新需求，如介绍售票情况、制订常客计划、加大头等舱座位等方面都落后于竞争对手，但客户仍选择乘坐它的航班，同时在这些方面还提供了大量的反馈信息。

16.3 影响客户满意度的因素

客户满意度的形成一般是多种因素综合在一起的，有产品的，有服务的，有文化的，甚至有员工的。所以，在考察影响客户满意度的因素时，需要进行细致的分析。

1. 产品购买满意度

产品购买对客户满意度的影响，是指企业在市场表现层面上对客户满意度的影响。影响客户购买满意度的因素包括购买现场的布置、购买现场的信息提供以及现场销售人员的表现等。

2. 产品使用满意度

产品使用对客户满意度的影响，是指企业产品贡献层面对客户满意度的影响。影响客户产品使用满意度的因素包括在产品使用中客户可感知的产品性能和质量以及客户周围人员对产品性能和质量的评价。

3. 服务满意度

服务对客户满意度具有重要的影响，这一点是不言而喻的。影响客户服务满意度的因素，首先来自企业的服务设计，如提供服务的信用度、有形度、反应度、保证度和移情度；其次来自企业的服务提供和交易过程，如销售人员的专业技能水平、服务态度、服务设施等。以沃尔沃汽车公司向客户提供服务的有形展示为例，沃尔沃汽车公司在销售卡车时提供了一个整体解决方案，其中包含一个物流管理软件，它可以为客户提供演示、试用、企业有时也可以把它送给客户。这种服务增加了服务的有形度，化无形服务为有形服务，提高了客户的满意度。

4. 员工满意度

员工满意度与客户满意度有很大关系。研究表明，员工满意度提高 5%，客户满意度就会提高 1.3%，同时企业销售业绩也会提高 0.5%，这表明重视员工满意度可以给企业带来收益。那么，影响员工满意度的因素也就间接影响了客户的满意度，它们是薪酬和奖励、保险和保障、工作时间和环境、晋升机会、管理参与度、人际关系和个人发展等。

16.4 分析客户满意度

对客户满意度进行分析，一般可以从效用和心理形成过程两个角度来进行。

1. 客户满意度的价值——成本分析

客户满意度从经济学角度分析时，可以表示为客户购买而获得的总价值与所付出的总成本之比。客户购买的总价值是指客户在消费的过程中得到的一组利益，包括产品价值、服务价值、人员价值、形象价值；客户购买的总成本是指客户为了获取一组利益而不得不付出的货币成本、时间成本、精神成本和体力成本的组合。对这些总价值和总成本的权衡，决定了客户对服务效用的满足程度。总之，客户是以自己的标准来衡量事物的价值的，如果想留住客户，令客户满意，企业就必须从客户的角度来评价所提供的价值收益和成本付出。

2. 客户满意度的购买——评价过程分析

在以客户为导向的营销过程中，理解和把握客户的购买心理、购买行为以及评价过程是企业研究客户满意度的重要前提。客户的整个购买过程是由购前阶段、购买阶段和购后评价阶段这 3 部分组成的，在每个阶段都存在着影响客户最终满意的一系列关键要素。

（1）购前阶段。购前阶段是指从客户意识到某种需要开始到购买之前的这一阶段，其主要活动内容是信息收集、风险判断和最后方案的选择。因此，在购前阶段，信息的充分性、决策的风险性是影响客户满意的主要因素。

① 信息的充分性。信息的充分性，是指客户从人际来源和非人际来源获取的信息是否足以使客户做出理性的购买决策。由于购买的经验信息大多从亲友或专家获得，因而客户更依赖信息的人际来源。例如，口头宣传被认为是消费中较为可靠的一种消息来源。客户在信息不充分的条件下，进行方案选择的余地会大大缩小，而且即使在购买阶段得到了优于预期的服务，客户仍会产生不满足的感觉。

② 决策的风险性。决策的风险性，是指客户做出决策造成自己不希望得到的，或是产生不愉快感的后果的可能性。不同的企业在客户决策的风险性方面具有不同的特点。如果客户认为购买将要承担更多风险时，他们不会轻易转换品牌，因为品牌忠诚度是客户减少购买风险、节约购买支出的一种手段。

项目 4 客户管理——客户制胜

（2）购买阶段。购买阶段是指客户实际购买的阶段，购买过程体现为客户与销售人员和设备相互作用的过程。在购买阶段，现场管理的有序性、流程的高效率和沟通的有效性是影响客户满意的主要因素。

① 现场管理的有序性。现场管理的有序性，是指销售人员对经营现场的有形展示的布置、对客户参与的管理、对客户和客户相互影响的管理。有序的经营现场可给客户留下经过管理的印象，是客户判断的重要依据。

② 流程的高效率。流程的高效率，是指销售人员及时向客户提供所需服务的反应性及服务效率。高效率的服务流程可以缩短客户等候服务的时间，可以精减服务步骤，能够尽快给客户以决策答复，在服务的标准化、熟练度、客户化方面给客户留下了正面的印象，最终影响客户满意度。

③ 沟通的有效性。沟通是双向的，既包括销售人员主动向客户介绍参与的方法和传播的可信任特征，也包括客户向销售人员清晰地表达自己的要求。因此，要取得有效的沟通，企业不仅要通过销售人员的工作帮助客户进行有关知识的积累，取得客户的配合，合理提高客户对服务过程的控制力从而提高客户满意度，还要帮助客户能够明确提出自身的服务要求，避免客户对购买结果的不满。

（3）购后评价阶段。客户的评价不仅是在购买之后的阶段，在购买过程中，评价过程就已经开始。购后评价产生于客户做出购买决策的一刹那，并延续到整个购买过程。客户评价的结果是他们对前两个阶段满意感受的积累与明确化，但购买后阶段中的一些特有因素对这一评价结果也会产生影响。

① 投诉、抱怨渠道的畅通度。投诉、抱怨渠道的畅通度，是指企业是否意识到引导客户表达不满的需要，并设立有效的投诉、抱怨传递渠道及建立管理这些投诉、抱怨的组织。一方面，企业应建立相关组织，包括在现场设立投诉专柜，安排解释质疑的专家，使客户的不满呼声得以发泄，并对不良的服务质量进行补偿；另一方面，还应对客户的投诉做出实质性的答复和补偿，并将改进结果及时向客户反馈，只有这样才能真正达到渠道的通畅。

② 购买后的跟踪接触度。购买后的跟踪接触度，是指企业在提供服务后仍主动跟进客户的意见、建议、需求的及时性、频率和深度。企业的跟踪接触越及时，对客户的最终评价影响越大，太早太晚都会降低跟踪接触的效果。对客户购买后的跟踪接触应及时并保持一定的频率，这对企业挽留初次购买者，巩固已有客户群，了解客户需求的变化趋向都有帮助。

③ 对口头宣传的激励。口头宣传是指忠实客户能够主动向亲友、熟人介绍产品特色以及收益，这也是忠实客户的一个重要特征。企业采用物质上或精神上的方式对这些行为进行奖励无疑会强化客户的口头宣传，同时客户会对自己以往的购买决策进一步予以肯定，加强对企业的信任度，提高对企业的忠诚度。

从过程分析的角度来看，客户最终的满意度是客户在各购买阶段的满意度的综合，销售人员可针对各阶段的客户满意关键因素制定营销策略，从而提高整体的客户满意度。

典型案例 16.1

某物流公司 2017 年度客户满意度调查表

尊敬的客户朋友:

您好!非常感谢您于百忙之中参加我们的客户满意度调查!为了我们共同的利益,也为了我公司长远的发展,敬请您真实填写本表并及时返回。您的宝贵建议将有助于我们为您提供更优质的服务。谢谢!

第一部分　客户基本资料

公　司　名　称:_____　姓　　　　名:_____
部 门 及 职 务:_____　联 系 方 式:_____

第二部分　调　查　内　容

1. 您对我公司工作人员的服务态度是否满意:
   □非常满意　　□满意　　□一般　　□不满意

2. 您对我公司货物运输时效是否满意:
   □非常满意　　□满意　　□一般　　□不满意

3. 您对我公司货物运输安全是否满意:
   □非常满意　　□满意　　□一般　　□不满意

4. 您对我公司理赔方面是否满意:
   □非常满意　　□满意　　□一般　　□不满意

5. 您对我公司到货通知方面是否满意:
   □非常满意　　□满意　　□一般　　□不满意

6. 您对我们营业网点的工作环境是否满意:
   □非常满意　　□满意　　□一般　　□不满意

7. 您对我公司的运价是否满意:
   □非常满意　　□满意　　□一般　　□不满意

8. 您对我公司网点的便捷性是否满意:
   □非常满意　　□满意　　□一般　　□不满意

9. 您对我公司处理异常情况的做法是否满意:
   □非常满意　　□满意　　□一般　　□不满意

10. 您对我公司处理投诉情况的做法是否满意:
    □非常满意　　□满意　　□一般　　□不满意

11. 贵公司当前最急需我公司予以解决的问题是:
    □提高提/送货准时率　　　　□降低缺失或破损等服务事故
    □提高信息反馈准确率　　　　□增强特殊操作保障
    □其他

12. 您认为我公司急需改进的服务内容是:
    □提升营运质量　　□提升客服质量　　□提高员工专业技术水平

□提高工作效率　　　　□降低服务价格　　　　□改进服务态度
　　□增强员工安全意识和增加安全防护措施　　　□加强操作规范性
　　□增强人员稳定性　　　□加大宣传力度　　　　□增加资源设施配备
　　□其他

13. 未来是否愿意继续与我公司保持合作伙伴关系？
　　□愿意　　　　　　□考虑　　　　　　□不愿意

14. 能否告诉我您在选择物流供应商时，优先选择哪些要素，请按顺序排列：
　_____
　　A. 运价　　　　B. 速度　　　　C. 时效　　　　D. 规模　　　　E. 服务

15. 您印象最好的物流供应商是哪一家公司？它的优势体现在哪些方面？
　_____
　_____
　_____

16. 您对我公司的意见和建议：
　_____
　_____

　　　　您的签名：　　　　　　（再次感谢您于百忙之中亲自填写此表！）

16.5　测量客户满意度的指标

　　有效衡量客户服务满意度是提升服务质量的关键。多数企业都是通过客户满意度调查问卷、客户服务监督体系等方式，动态地了解企业的客户服务满意度。然而通过这些方式获得的数据的有效性又怎样呢？一项研究结果表明：4%的不满意客户会向你投诉；96%的不满意客户不会向你投诉，但是会将他的不满意告诉16～20个人。这项研究结果告诉我们，作为一个企业，要想有效地提升客户服务的满意度，首先需要能够准确地衡量客户服务的满意度。

　　全美最权威的客户服务研究机构美国论坛公司投入数百名调查研究人员，用近10年的时间对全美零售业、信用卡、银行、制造、保险、服务维修等14个行业的近万名客户服务人员和这些行业的客户进行了细致深入的调查研究，提出了一个可以有效衡量客户满意度的RATER指数。RATER分别代表reliability（信赖度）、assurance（专业度）、tangibles（有形度）、empathy（同理度）和 responsiveness（反应度）。客户对于企业的满意程度直接取决于RATER指数的高低。

　　（1）信赖度。信赖度是指一个企业是否能够始终如一地履行自己对客户所做出的承诺，当这个企业真正做到这一点的时候，就会拥有良好的口碑，赢得客户的信赖。

　　（2）专业度。专业度是指企业的服务人员所具备的专业知识、技能和职业素质，其中包括：提供优质服务的能力、对客户的礼貌和尊敬以及与客户有效沟通的技巧。

　　（3）有形度。有形度是指有形的服务设施、环境、服务人员的仪表以及服务对客户的帮助和关怀的有形表现。服务本身是一种无形的产品，但是整洁的服务环境、餐厅里为幼儿提供的专用座椅、麦当劳里带领小朋友载歌载舞的服务员等，都能使服务这一无形产品变得有形。

（4）同理度。同理度是指服务人员能够随时设身处地地为客户着想，真正地同情和理解客户的处境，了解客户的需求。

（5）反应度。反应度是指服务人员对于客户的需求给予及时回应并能迅速提供服务的愿望。当服务出现问题时，马上回应并迅速解决能够给服务质量带来积极的影响。作为客户，需要的是积极主动的服务态度。

对于服务质量这5个要素重要性的认知，客户的观点和企业的观点有所不同：客户认为这5个服务要素中信赖度和反应度是最重要的，这说明客户更希望企业或服务人员能够完全履行自己的承诺并及时地为其解决问题；企业则认为这5个服务要素中有形度是最重要的，这表明企业对于客户期望值的理解与客户的理解存在着差距。从这里，我们可以看出客户服务的满意度与客户对服务的期望值是紧密相连的。企业需要站在客户的角度不断地通过服务质量的5大要素来衡量自己所提供的服务。只有企业所提供的服务超出客户的期望值时，企业才能获得持久的竞争优势。

16.6　建立客户满意度测评指标体系

客户满意度测评指标体系是客户满意度测评的核心部分，在很大程度上决定了测评结果的有效性和可靠性。客户满意度测评指标中的客户期望、客户对产品质量和服务质量的感知、客户对价值的感知、客户满意度、客户抱怨和客户忠诚等变量均不可以直接测评，需要逐级展开，直到形成一系列可以直接测评的指标。这些逐级展开的测评指标构成了客户满意度测评指标体系。

1. 客户满意度测评指标体系的结构

客户满意度测评指标体系是一个多指标的结构。运用层次化结构设定测评指标，能够由表及里、深入清晰地表述客户满意度测评指标体系的内涵。一般可将测评指标体系划分为4个层次。每一层次的测评指标都是由上一层次的测评指标展开的，而上一层次的测评指标则是通过下一层次的测评指标的测评结果反映出来的。

（1）客户满意度指数。这是总的测评目标，为一级指标，即第一层次指标。

（2）客户期望、客户对产品质量和服务质量的感知、客户对价值的感知、客户满意度、客户抱怨和客户忠诚六大要素作为二级指标，即第二层次指标。

（3）根据不同的产品、服务、企业或行业的特点，可将六大要素展开为具体的三级指标，即第三层次指标。例如，将客户对服务质量的感知指标展开为客户对服务质量的总体评价、客户对服务质量满足需求程度的评价和客户对服务质量可靠性的评价三级指标。

（4）三级指标可以再展开为问卷上的问题，形成了测评指标体系的四级指标，即第四层次指标。

客户满意度测评指标体系如表16.1所示。

项目 4 客户管理——客户制胜

表 16.1 客户满意度测评指标体系

一级指标	二级指标	三级指标
顾客满意度指数	客户期望	对产品（或服务）质量的总体期望
		对产品（或服务）质量满足需求程度的期望
		对产品（或服务）质量稳定性的期望
	客户对产品质量的感知	客户对产品质量的总体评价
		客户对产品质量满足需求程度的评价
		客户对产品质量可靠性的评价
	客户对服务质量的感知	客户对服务质量的总体评价
		客户对服务质量满足需求程度的评价
		客户对服务质量可靠性的评价
	客户对价值的感知	给定价格时客户对质量级别的评价
		给定质量时客户对价格级别的评价
		客户对总成本的感知
		客户对总价值的感知
	客户满意度	总体满意度
		感知与期望的比较
	客户抱怨	客户抱怨情况
		客户投诉情况
	客户忠诚	重复购买的次数
		能承受的涨价幅度
		能抵制的竞争者的降价幅度

2. 客户满意度测评问卷的设计

客户满意度测评问卷是由客户满意度测评指标体系中的三级测评指标展开而形成的。在设计客户满意度测评问卷时不仅要符合问卷设计的原则和要求，还要考虑被测评的产品或服务的本质特征以及客户的消费心理和行为特征，将关键的四级测评指标转化为问卷上的问题。但要注意，问卷必须是被调查者容易回答的问题，而且不宜太长，20~30 个问题较为适合。

下面列举一些常见的典型问题。

（1）开发票是否准确迅速？

（2）供货时间是否准确？

（3）客户记录是否准确？

（4）销售人员的专业知识和技能如何？

（5）技术支持人员和后勤保障人员的服务意愿和技能如何？

（6）企业服务电话是否容易接通？

（7）客户等候服务时间长短？

(8) 营业时间和地点的安排是否方便客户？
(9) 销售人员以及开发票和送货的有关人员的举止仪表是否符合职业规范？
(10) 企业员工有无不礼貌的言行举止？
(11) 有关人员对企业服务项目的介绍是否准确及时？
(12) 有关人员对企业的销售政策是否及时传达？
(13) 企业是否满足了客户的特殊要求？
(14) 企业员工是否给客户以充分的关注？
(15) 销售人员或开票人员对经常光顾的客户熟悉吗？
(16) 客户有被企业有关人员欺骗的情况吗？
(17) 客户档案的有关资料有泄密的情况吗？
(18) 产品购买以后多长时间出现故障？
(19) 产品维修的频率是多少？
(20) 您多长时间光顾一次本企业？

3. 测评指标的量化

客户满意度测评的本质是一个定量分析的过程，即用数字反映客户对测量对象属性的态度，因此需要对测评指标进行量化。客户满意度测评了解的是客户对产品、服务或企业的看法、偏好和态度，通过直接询问或观察的方法了解客户态度比较困难。利用某些特殊的态度测量技术对其进行量化处理，将会使那些难于表达和衡量的"态度"既客观又方便地表示出来。这种态度测量技术所运用的基本工具，就是所谓的"量表"。"量表"的设计包括两个步骤：第一步是"赋值"，根据设定的规则，对不同的态度特性赋予不同的数值；第二步是"定位"，将这些数字排列或组成一个序列，根据受访者的不同态度，将其在这一序列上进行定位。

客户满意度测评一般使用"五级李克特量表"。"李克特量表"中的五级态度分别是很满意、满意、基本满意、不太满意和不满意，相应赋值为 5、4、3、2、1。利用"李克特量表"可以测评客户对某产品质量的满意程度，如表 16.2 所示。

表 16.2 客户对某产品质量满意度测评表

测评指标	很满意	满意	基本满意	不太满意	不满意
产品外观	□	□	□	□	□
质量稳定性	□	□	□	□	□
使用性能	□	□	□	□	□
安全性	□	□	□	□	□

通过调查了解，可以汇总计算出每个测评指标的客户满意度评价值，从而了解被受访者对测量对象各方面的态度；同时，也可以计算每位受访者对测量对象态度的总分，以了解不同被访者对受测对象的态度。

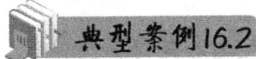

某 4S 店提高客户满意度实施方案

客户满意是服务的最终目的,是企业持续、稳定发展的基础,任何人必须给予高度重视。为提高客户满意度,某汽车 4S 店根据公司的要求,从以下几个方面着手,结合实际对整个销售流程进行细分,针对每一步骤做出具体要求,以提高客户满意度。

一、准备阶段

1. 人的准备

(1)销售部工作人员在工作期间要求衣着整洁,彬彬有礼,精神饱满;女员工化淡妆,头发要求扎起;男员工不得留胡须。销售顾问将名片、笔、计算器、销售手册等资料准备齐全。

(2)每日 8:15 由展厅经理开晨会,17:45 开夕会,检查仪容仪表、车辆卫生、销售手册等;当天值班销售顾问清点车辆,做好登记工作。

(3)销售顾问掌握产品知识,提高销售能力和服务能力,每周二、周四为培训日。

2. 物的准备

(1)市场部将互联网关于公司的报道、内网的报道、公司内部媒体的报道每周更新,将公司有关的市场活动及时传达;根据活动要求及时更新展厅的布置,丰富产品信息。

(2)在展厅里做好关于 GMAC 的宣传牌、交车流程图、试驾路线图、订车客户照片展示栏、销售部人员结构图等,以提升展厅品位与专业性,让客户记忆深刻,并保持展架上各种车型资料的齐全和整洁有序。

(3)由市场部协助为每款车型配备竞品对比资料,将公司产品的优势列举出来,加深客户印象,营造一个舒适温馨的购车环境。

(4)所有展车符合"5S"标准,车牌必须标出车型名称与分期明细,每月播放不同的背景音乐。

(5)所有办公室要干净整洁,前台不得放置个人用品,所有资料必须整齐有序地放置在抽屉里;办公场所不得喧哗与大声吵闹,非工作物品禁止带入公司,更不得出现在办公场所。

二、接待阶段

(1)销售顾问接待顾客时使用规范用语和服务礼仪;引导客户参观时与顾客保持适当距离,双手自然置于胸前;与顾客交谈时,站姿和坐姿均要端正大方,态度诚恳,不得东倚西靠等。

(2)正常上班时间所有销售人员位于展厅,随时接待客户。客户进门,首先问候"您好,欢迎光临,请问有什么需要帮助的吗",同时携带销售手册上前迎接,做自我介绍,一分钟内主动递上饮料或茶水。

（3）送客户至门口，感谢客户光临并目送其离开，接待客户的全过程始终保持微笑。客户离去后及时将展厅洽谈桌上的资料、饮料、烟灰缸清理干净，并将客户看过的车的座椅和门窗复位，车身擦拭干净。

（4）值班时间如无特殊事情，销售顾问不得擅自离开岗位。

三、需求分析与产品介绍阶段

（1）通过有效提问，对客户的需求进行分析并做出判断，运用熟练的销售技巧与沟通技巧与客户建立关系，在接待过程中能够回答客户的疑问。

（2）熟悉本品牌产品知识，掌握所有的技术参数和4种以上竞争品牌的重要产品数据。对于新上市的车型，务必在一周内掌握所有技术数据及各项参数，严格考试，不达标者禁止在展厅接待客户，直到达标。补考周期为一个星期。

（3）运用FBI（功能—利益—情景）的形式向客户进行产品讲解与性能介绍；运用"真实一刻"给客户惊喜，加深客户的印象，提高客户满意度。

（4）以客户为中心，想客户之所想，急客户之所需。

（5）基础知识合格后，在一星期内进行实车演练，亲自动手演示与操作，并现场分组考试，以求达到熟练操作。不合格者可在一周内补考。

四、试乘试驾

（1）了解试乘试驾的重要性，对于看车客户应科学、合理地引导客户进行试乘试驾；请客户提供驾驶证检查，无须复印，但是必须填写试乘试驾保证书；无驾驶证者一律不准试驾，只能试乘，否则追究办理人员的责任。

（2）每天保证试驾车辆整洁干净，性能完好，燃油充足。车辆内放置试驾路线图，上车时向客户介绍，帮助客户调节好座位；在试驾过程中向客户介绍车辆的优点及卖点，注意在车上抓紧时间与客户进行沟通，以达到客户的认同。

（3）试乘试驾流程按照通用执行手册严格执行。

五、议价成交阶段

（1）当客户表现出购买意向时，销售顾问必须进行引导，以达到签单的目的。

（2）销售顾问每天必须了解库存车辆情况，并向上级主管及时汇报告急车辆。在询问客户需求后，按照库存情况引导客户消费。

（3）严格价格超权限报价，不可轻易承诺。如有需要务必请示后报价，销售顾问要相互配合，所有报价禁止严重脱离市场行情，避免失去客户的信任感；整个议价过程让客户既愉快又感觉你帮了他很大的忙，满足客户的期望值才能获得良好的客户满意度。

（4）向客户推荐灵活多样的贷款方式，以及保险业务。

六、交车

（1）针对非现场提车的客户，必须与客户预约交车时间；同时，在交车前一天按照公司通用的交车流程做好准备工作（清理与检查车辆以及合同等书面文件）。

（2）展车停放在交车区，欢迎牌更新，鲜花、礼炮等准备到位，为客户举办特别的交车仪式；销售部人员见到客户致恭喜词，交车时介绍服务顾问给客户，邀请客服部面访专员对客户进行面访，并合影留念。

（3）跟客户承诺的交车时间如因特殊原因发生变动，应及时向客户做好解释工作，以求得客户的理解与认同。

（4）销售顾问在交车时应专心接待，不得因其他事情而影响客户提车时的心情；尊重客户，并向客户解释车辆的安全配置、按键操作、保养注意事项、索赔范围、售后服务等，以热情的接待给客户营造一个难忘的印象。

（5）客户离开后一小时，及时向客户打电话问候，再次恭喜其购买新车，提醒保养相关事项。

（6）确保客户一周后收到公司领导的问候和交车照片以及相关注意事项等（由客服部具体负责）。

七、跟踪服务

（1）客户分有望客户与基盘客户，对于有望客户销售顾问应及时跟踪，掌握客户的动态，以达到成交的目的。

（2）每个销售顾问整理基盘客户档案，以便于日后的跟踪与服务。基盘客户的跟踪采取节假日打电话或发短信问候等形式，良好的客户关系不仅能为销售顾问带来更多的销售机会，同时更能增加客户的满意度，提高客户对公司品牌的忠诚度。

以上方案与销售流程紧密结合并落实到位，是提高客户满意度的执行要点。从方案实施之日起，销售部客户满意度的目标为950分，总分低于950分的销售顾问将减少在展厅接待客户的时间。每月根据客户服务部的统计对于客户满意度低于950分的人员，取消其单车奖励。展厅经理负责落实方案的执行，严格监督检查及处罚的力度，不合格者坚决不予上岗。

16.7 提高客户满意度

提高客户满意度是企业销售管理与服务的重要目标。要提高客户满意度，首先要做好客户满意度的测评，并通过统计分析，找到导致客户不满意的关键因素和关键指标；其次是行动，找到提高客户满意度的策略和方法，制订并实施客户满意度提高的计划；最后是改进，对提高客户满意度计划的执行进行监控与改进。

1. 做好客户满意度的测评

测评客户满意度时，要注意做好以下工作。

(1) 细分客户，即按照一定的标准，对企业的客户进行细分。
(2) 确定衡量客户满意度的关键指标，指标的确定应通过内部员工访谈和外部客户调查后总结分析得出。
(3) 根据关键指标，设计客户满意度调查表和客户需求程度调查表。
(4) 采用多种调研方法，实施客户满意度调研和客户需求程度调研。
(5) 收集调查表，整理调查结果。
(6) 对调查结果进行描述性分析和量化统计分析。
(7) 总结调查结果，撰写评估报告。

2. 积极采取行动提高客户满意度

在对客户的满意度评估以后，接着要做的是采取积极的行动。
(1) 根据评估分析结果，找到问题的关键所在。
(2) 对需要改进的关键指标进行优先排序。
(3) 制订提高客户满意度的分步实施计划。
(4) 实施提高客户满意度计划。

3. 改进服务提高客户满意度

制订了提高客户满意度的计划后，要切实落实，做好具体的服务改进工作。
(1) 监督、控制客户满意度提升的实施。
(2) 找到影响计划实施的因素。
(3) 提出改进计划的建议。
(4) 进一步完善和实施计划。
(5) 为下一步客户满意度的评估做好准备。

【任务小结】

客户满意反映的是客户的一种心理状态，是客户对企业的某种产品和服务消费所产生的可感知效果与其期望值进行比较后，所形成的愉悦或失望的感觉状态。客户的满意度有3种情况：高度满意、基本满意、不满意。

客户满意度测评指标体系是客户满意度测评的核心部分，在很大程度上决定了测评结果的有效性和可靠性。客户满意度测评指标中的客户期望、客户对产品质量和服务质量的感知、客户对价值的感知、客户满意度、客户抱怨和客户忠诚等变量均不可以直接测评，需要逐级展开，直到形成一系列可以直接测评的指标。这些逐级展开的测评指标构成了客户满意度测评指标体系。

提高客户满意度是企业销售管理与服务的重要目标。要提高客户满意度，首先要做好客户满意度的测评，并通过统计分析，找到导致客户不满意的关键因素和关键指标；其次是行动，找到提高客户满意度的策略和方法，制订并实施客户满意度提高的计划；最后是改进，对提高客户满意度计划的执行进行监控与改进。

任务17 培养客户忠诚度

【任务导入】

巴菲特只选择伟大的公司

1951年,21岁的沃伦·巴菲特和苏珊·汤普森订婚后,马上意识到不久自己将要养活一大家子人,得赶紧去挣钱。白天,巴菲特为父亲的公司推销股票;晚上,在大学教股票投资课程。不过,巴菲特更喜欢的还是做生意。

当时,巴菲特和一个朋友合伙买下了一家"辛克莱"加油站。巴菲特要求员工"带着微笑"工作,间或还推出加油抽奖活动,想尽一切办法吸引顾客。每个周末,巴菲特还请姐夫过来帮忙,为顾客提供擦洗挡风玻璃等服务,然而生意做得还是不尽如人意。

巴菲特发现,司机们总是喜欢到街对面的"德士古"加油站加油。直到有一天和"德士古"加油站的老板聊天,他才明白了其中的原因。原来,老板说话风趣,很招司机喜欢,因而吸引了一大批老主顾。巴菲特在总结"辛克莱"加油站这一失败的经验时说,那个家伙可以永远经营下去,他有老主顾,而我们却无力改变那种状况。也就是在那时,我知道了企业长盛不衰的奥秘:顾客忠诚度。

没过多久,"辛克莱"加油站就关门了。在这次经营中巴菲特交了学费:直接损失了2 000美元。对当时的他而言,2 000美元可是一大笔钱啊,以至于巴菲特痛心地说:失去金钱是很痛苦的!

在交了学费之后,巴菲特深刻地领教了"顾客忠诚度"的威力。日后,巴菲特在选择"伟大的公司"的时候,始终把"顾客忠诚度"作为一个指标来考察。巴菲特之所以投资可口可乐、华盛顿邮报、吉列并永远持有,是因为:吉列拥有拿剃须刀刮胡子的忠诚成年男人,华盛顿邮报拥有忠诚的"上班一族",可口可乐拥有更为广大忠诚的消费群体。归根结底一句话:伟大的公司拥有一般公司无可比拟甚至无法复制的"顾客忠诚度"。

【任务学习】

17.1 认识客户忠诚

客户忠诚是指客户对某一企业、某一品牌的产品或服务的认同和依赖,它是客户满意不断强化的结果。一般地说,客户忠诚可以分为3个层次:认知忠诚、情感忠诚、行为忠诚。

1. 认知忠诚

认知忠诚是指客户对企业的产品或服务感到满意或是习惯。他们的购买行为受到习惯力量的驱使。一方面，他们没有时间和精力去选择其他企业的产品或服务；另一方面，转换企业可能会使他们付出转移成本。

2. 情感忠诚

情感忠诚是指客户对某一企业、某一品牌的产品或服务产生了偏好情绪，而这种偏好是建立在与其他竞争企业相比较的基础之上的。这种偏好的产生与企业形象、企业产品和服务体现的高质量以及客户的购买经验等因素相关，从而使客户与企业之间有了一种感情联系。这种忠诚是客户对企业的一种依赖，具有一定的持久性。

3. 行为忠诚

行为忠诚是指客户将企业提供的产品和服务作为一种不可或缺的需要和享受，表现为与企业长期关系的维持和对企业产品和服务的重复购买。行为忠诚是客户忠诚的最高阶段，客户对企业的产品或服务忠贞不二，并持有强烈的偏好与情感寄托。客户对企业的这种高度忠诚，成为企业利润的真正源泉。

老客户是对企业、产品或服务有信任感而多次重复购买企业产品或服务的一个群体。企业为了提高市场占有率和完成不断增长的销售目标，或多或少地都会把寻找新客户作为销售管理的重点，从而忽视了老客户的作用。

实际上，这是一个误区。丹尼尔·查米奇教授利用"漏桶"概念对企业的这种行为做了形象的比喻：在桶的底部有许多洞，这些洞分别指劣质的服务、未经过训练的员工、质量低劣、选择性差等，他把桶中流出的水比作客户。他指出，企业为了保住原有的营业额必须从桶顶不断注入"新客户"来补充流失的客户，这是一个没有尽头的过程。因此，越来越多的企业开始通过提高服务质量来维系老客户，因为堵住"漏桶"带来的不仅是"客户数量"，而且是"客户质量"的提高。

17.2 客户忠诚的价值

客户忠诚是揭示企业在满足客户需求，为客户创造价值方面的作为，所以获得和保持客户忠诚是成功企业立于不败之地的真正法宝。企业要想在经营效益上取得持续性的提高，唯一的途径就是仔细研究目标客户并向其提供满意的产品和服务，保证所提供的产品和服务与客户期望相吻合，并视其为一个长期持续的过程。这一点对于一家企业来说至关重要，因为只有这些客户对企业完全满意，他们才会一如既往地保持对企业的忠诚。客户忠诚对企业的价值主要体现在3个方面：市场效应、经济效应、发展效应。

1. 客户忠诚的市场效应

客户忠诚对企业的市场效应，表现为客户数量效应即客户份额的增长。忠诚客户会向熟人和朋友反复诉说自己接受满意服务的经历,向他们推荐所信任的企业,介绍更多的人成为该企业的客户;会努力说服那些不愿接受服务的人,及转变那些不接受公司产品的人的看法。根据他人推荐而接受服务的客户,其客户质量上往往更胜一筹,与那些冲着诱人广告、高声叫卖或价格减让而来的客户相比,他们对企业来说更为有利,与企业的关系维持的时间也更为长久。企业保留的忠诚客户越来越多,形成再次销售和多次销售,加之客户之间的口碑相传,即可导致企业收入的增加和市场份额的扩大。

假设有两家公司,一家公司的客户保持率为95%,另一家公司的客户保持率为90%,而两家公司每年的新客户增长率均为10%。那么,第一家公司的客户份额将比第二家公司每年净增加5%。这样一来,14年之后第一家公司的市场规模将翻一番,而第二家公司的市场规模将没有实质性的增长。在其他条件相同的情况下,如果客户保持率每年增加5%,则企业的客户存量每14年翻一番;倘若每年维持10%的增长优势,那么每7年即可实现成倍增长。

2. 客户忠诚的经济效应

客户忠诚的经济效应,表现为客户人均利润率的提高,这直接反映了忠诚客户对企业利润的贡献。在大多数行业里,客户的购买量会随着时间的延续而增加,企业赚取每一位客户的利润与客户保留的时间成正比。例如,在零售业中,时间一长,客户便对店中的全部商品会越来越熟悉,经常来买衬衣的客户后来注意到店里还卖皮鞋之类。贝恩公司的研究表明,如果客户流失率降低5%,企业利润就会增长25%~85%。

企业争取新客户与获得老客户的忠诚在经济效益上是截然不同的。为了把新客户请进门来,几乎每个企业都得先行投入资金。例如,针对新客户展开的广告宣传,向新客户推销所需的佣金,销售人员的管理费用等。有报道认为,吸引新客户的成本是保留老客户成本的5倍甚至更多,在汽车保险、人寿保险、信用卡等行业,获得一位新客户所花费的成本通常需要一两年才能得到补偿。

企业在服务客户时可获得基本利润,即价格高于成本的部分。显而易见,企业保留客户的时间越长,获取基本利润的时间也越长,企业为获得该客户的投资的回报也就越多。同时,在大多数行业里,老客户既熟悉企业的服务程序,也了解企业的所有产品,因此他们不像新客户那么在乎某一具体商品的价格,即他们的价格敏感度较低。加之有时候试销的折扣价只对新客户有效,所以老客户支付的价格实际上要比新客户高,企业因而也能获得较高的利润。

另外,企业为忠诚客户提供服务的成本较低。忠诚客户因其对于企业服务的了解、信任、参与程度较高等多种原因,大大降低了企业的服务成本。忠诚客户往往对企业提供的服务称心如意,而客户的满意又是企业员工勤奋敬业的动力之一。满意的员工留在企业的时间会更长一些,因此对客户的需求了解更多,并能为他们提供更好的服务,让客户感觉更为满意,从而使企业获得高度的客户忠诚。客户忠诚也可增强员工的自豪感和满意度,提高员工的保持率,这又减少了雇佣和培训员工的成本。如此形成良性循环,最终实现企业总成本降低,生产力提高。

3. 客户忠诚的发展效应

客户忠诚对企业如此重要，企业没有理由不通过加强产品和服务的营销，通过为客户提供更具价值的产品和服务来满足客户的需求，以提高客户的忠诚度。例如，企业向客户提供个性化的产品，向客户提供及时、准确的服务，同时加强员工培训提升员工服务能力等。企业为提高客户忠诚度所做的一切，也使企业的业绩得到了提高，使企业自身得到了不断地发展。

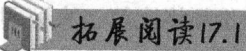
拓展阅读17.1

关于客户忠诚度的三个神话

神话一：忠诚客户的服务成本低

人们通常认为，客户在适应了某家公司之后，由于越来越熟悉这家公司的业务流程，所以他们不再需要更多关注。然而，研究发现忠诚客户的管理成本并不低。客户往往期望自己的忠诚得到回报。随着时间的推移，公司可能会发现这类客户对自己而言变得越来越无利可图。

神话二：忠诚客户愿意付出更高价格

人们还以为，由于不愿接受因变换供应商而付出的代价与不便，客户往往愿意出高价与原供应商合作。实际情况并非如此。一家高科技服务供应商的数据表明，与新客户相比，购买同一产品，老客户往往少付5%～7%的价钱。

神话三：忠诚客户往往能有效开拓公司市场

人们还固执地以为，如果某个客户坚持购买公司的产品，就有理由相信他满意公司的产品或服务，并且会把公司介绍给其朋友。研究表明，这种想法是错误的。客户的购买行为本身与其态度或行为上的忠诚并不一定密切相关。试图树立良好口碑的公司一定要透过采购行为看问题，深入探讨客户对该公司的看法。

所以，企业要仔细观察一下你的忠诚客户，判断一下他们的利润回报率究竟有多高。你可能发现，你要求推销员们瞄准的那种客户类型与经常购买公司产品的那种客户类型相去甚远。

17.3 影响客户忠诚的因素

影响客户忠诚的因素有主观和客观两个方面，具体可分解为6个因素：客户满意；客户价值；客户信任；客户关怀；购买成本；转移成本。

1. 客户满意

调查显示，90%～98%的不满意客户从不抱怨，他们仅仅是转到另外一家企业。不满

意肯定会转向他家，而满意却不一定保证忠诚。那么，客户忠诚度与客户满意度有多大关联性呢？研究表明：客户忠诚度的获得必须有一个最低的客户满意水平。在该满意水平之下，忠诚度基本为零；在该满意水平之上的相当大的一定范围内，忠诚度变化不大；而当满意度达到某一高度之后，忠诚度会大幅度提高。客户满意是导致重复购买最重要的因素。客户满意水平与客户忠诚度的关系如图17.1所示。

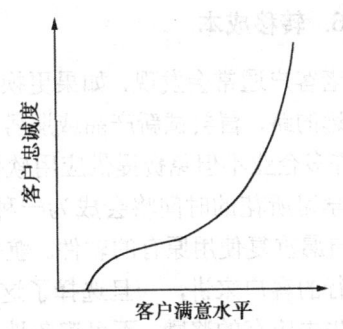

图17.1 客户满意水平与客户忠诚度的关系

2. 客户价值

客户在购买产品或服务时，总希望能以较小的成本获取较大的实际利益，以使自己获得最大限度地满足。客户从所选择的产品或服务中，如果能够获得优异的质量、优惠的价格和优质的服务，尤其是客户期望之外的利益，就会给客户留下深刻的印象，产生积极的效果。客户忠诚的根本动力是客户价值。

3. 客户信任

信任是忠诚的直接基础，要成功地建立高水平的长期客户忠诚必须把焦点放在客户信任上而不仅是客户满意上。电信行业普遍采取预交话费的办法，一旦客户通话费用超过预交话费，账务系统就会自动中断对客户的服务。这种办法有效地减少了欠费，但同时也产生了一些问题。最突出的问题就是一些老客户、大客户从来就没想过要有意欠费，现在突然被停机，十分反感，觉得这是对客户的不尊重、不信任。这些客户在一定的外因促使下就可能会离开。

4. 客户关怀

如果客户想到的你都能给予，客户没想到的但也需要的你也能提供，这必然使客户能时刻感到企业的关心，产生一种亲近感。例如，客户在外出差，突然发现手机电池没电了，但又没带充电器，一般情况下，客户只能埋怨自己丢三落四，不会对旅店表示不满。但此时此刻，如果旅店能提供租用电池或充电器服务，客户一定会感到旅店的服务确实做得好，能时刻为客户着想，这就产生了关怀感、亲近感。亲和友善的客户关系在企业提供产品的同时，能够满足客户感情上的需要。通过心理作用，这种客户关怀就能够提升产品价值和企业形象，加强客户的忠诚度。

5. 购买成本

客户的购买成本一般包括货币、时间、精神和体力等。客户在选购产品时，往往会从价值和成本两个方面进行比较分析，从中选择价值最高、成本最低的产品作为优先选购的对象。当所有提供的物品非常类似，价格也没有多少差别或根本没有差别时，客户常常很难有兴趣花费时间进行选择。很多日常用品的销售就属于这一类，客户通常不再考虑成本而只是惯性地保持着忠诚度。

6. 转移成本

老客户通常会发现，如果更换品牌或供货商，会受到转移成本和延迟利益的限制。如跑更远的路，冒尝试新产品或服务质量好坏的风险，失去眼看到手的奖励等。在软件行业中，许多企业不但免费提供应用软件，而且还帮助客户学习正确使用软件，因为他们相信，客户学习所花的时间将会成为一种转移成本，使客户在别的软件不能体现明显的优越性时，自愿重复使用原有的软件。航空公司对办理会员的客户有相当大的累计优惠，对于频繁旅行的客户来讲，一旦选择了这家公司，并有一定优惠积累的话，如果放弃这家公司，就会失去应有的奖励，不可避免地付出一定的代价。这样，频繁旅行的客户就加强了对这家航空公司的忠诚度。

一般来讲，企业建构转移壁垒，使客户在更换品牌或供货商时感到转移成本过高，或者原来获得的利益会因转移而流失，这样可以加强客户的忠诚度。

拓展阅读17.2

客户满意度与忠诚度的关系

1. 客户满意度

客户满意度是指客户对企业以及企业的产品和服务的满意程度。客户满意度也是客户对企业的一种感受状态，并且在这种感受状态下更容易激发交易行为的发生。一个常见的统计结果是一个满意的客户，要6倍于一个不满意的客户更愿意继续购买企业的产品或服务。

在竞争日趋激烈、客户导向逐渐明显的市场环境中，越来越多的公司开始追逐客户满意度的提升。但是，很多企业追逐的效果并不尽如人意。我们发现，企业如果只是追求客户满意度往往并不能解决最终的问题，因为很多时候，企业的客户满意度提高了，并不意味着企业的利润就能获得改善。只有为公司贡献"利润"的客户才是真正的价值客户。而且价值客户对企业的利润贡献亦有高低之分。因此，企业应该对稀缺的经营资源进行优化配置，集中力量提升高价值客户的满意度。与此同时，也应该关注潜在的高价值客户，渐进式地提高他们的满意度。

从全部客户满意到价值客户满意，再到高价值客户满意，最后到高价值客户关键因素满意，是企业提升"客户满意度价值回报"的流程。

2. 客户忠诚度

客户忠诚是从客户满意概念中引出的一个概念，是指客户满意后而产生的对某种产品品牌或公司的信赖、维护和希望重复购买的一种心理倾向。客户忠诚实际上是一种客户行为的持续性。客户忠诚度是指客户忠诚于企业的程度。客户忠诚表现为两种形式：一种是客户忠诚于企业的意愿；另一种是客户忠诚于企业的行为。通常，企业往往容易将这两种形式混淆，其实这两者具有本质的区别：前者对于企业来说本身并不直接产生价值，而后者则对企业来说非常具有价值。道理很简单，客户只有意愿，却没有行动，对于企业来说没有意义。企业要做的，一是推动客户从"意愿"向"行为"的转化；二是通过交叉销售和追加销售等途径进一步提升客户与企业的交易频度。

3. 客户满意度与忠诚度的关系

客户满意度不等于客户的忠诚度。客户满意度是一种心理方面的满足，是客户在购买后所表露出的态度；客户的忠诚是一种持续交易的行为，可以促进客户重复购买的发生。衡量客户忠诚的主要指标是客户保持度（企业和客户关系维系时间的长度）、客户占有率（客户将采购预算花费在本企业的比率）。有资料表明，仅仅有客户的满意还不够，当出现更好的产品供应商时，大客户可能会更换供应商。

满意度衡量的是客户的期望和感受，而忠诚度则能反映客户未来的购买行动和购买承诺。客户满意度调查反映了客户对过去购买经历的意见和想法，但只是反映过去的行为，不能作为未来行为的可靠预测。忠诚度调查却可以预测客户最想买什么产品，什么时候买，这些购买可以产生多少销售收入。

客户的满意度和他们的实际购买行为之间不一定有直接的联系。满意的客户不一定能保证他们始终会对企业保持忠实，产生重复购买的行为，这就是所谓的"客户满意陷阱"。在一本名为《客户满意一钱不值，客户忠诚至尊无价》的书中，作者提到："客户满意一钱不值，是因为满意的客户仍然会购买其他企业的产品。对交易过程的每个环节都十分满意的客户也会因为一个更好的价格更换供应商；而有时尽管客户对你的产品和服务不是绝对的满意，你却能一直锁定这个客户。"

例如，许多用户尽管对微软的产品有这样或那样的意见和不满，但是如果改换使用其他产品则要付出很大的成本，所以他们也会始终坚持使用微软的产品。调查发现，大约25%的手机用户为了保留他们的电话号码，会容忍当前签约供应商不完善的服务而不会转签别的电信供应商。但如果有一天，他们在转约的同时可以保留原来的号码，相信他们一定会马上行动的。

不可否认，客户满意度是导致客户重复购买最重要的因素。当满意度达到某一高度之后，会引起客户忠诚度的大幅度提高。客户忠诚度的获得必须有一个最低的客户满意度水平，在这个满意度水平之下，忠诚度将明显下降或者几乎为零。但是，客户满意度绝对不是客户忠诚的重要条件！

17.4 客户忠诚的标准

加强客户管理，提高客户忠诚度，首先必须清楚衡量客户忠诚度的标准，做好对症下药。客户忠诚度的衡量标准主要有以下几项。

（1）客户的重复购买率。客户对某种产品重复购买的次数越多，说明他对这一产品的忠诚度越高；反之，则越低。对于经营多种产品的企业来说，重复购买本企业品牌的不同产品，也是对企业忠诚度高的一种表现。

（2）客户对本企业产品、品牌的关心程度。一般情况下，客户对企业的产品和品牌给予关注的次数越多，表明其忠诚度越高。应该注意的是，关心程度和购买频率并不完全相同。例如，某一品牌的专卖店，客户可能经常光临，但是并不一定每一次都购买商品。

（3）客户需求满足率。客户需求满足率是指，在一定时期内客户购买某种产品或服务的数量占其对该类产品或服务全部需求的比例。这个比例越高，表明客户的忠诚度越高。

（4）客户对产品价格的敏感程度。客户对产品价格的敏感程度越低，表明其忠诚度越高。客户对产品价格的敏感程度可以通过侧面来了解，如公司在价格调整之后，客户购买量的变化或者其他购买行为的反映等。但是需要注意的是，忠诚客户对产品价格的不敏感，并不是说企业可以利用单独的调价行为来谋取额外的利益。

（5）客户对竞争产品的态度。人们对某一品牌态度的变化，大多数是通过与竞争产品的比较而产生的。客户对竞争者表现出越来越多的偏好，表明其对本企业的忠诚度在不断地下降。

（6）客户对商品的认同度。如果客户经常向他身边的亲属、同事、朋友等推荐企业的产品和服务，或者间接地评价表示认同，则说明其忠诚度高。

（7）客户购买时间的长短。客户在挑选企业产品的时候，如果所用的时间越短，说明其忠诚度越高；反之，说明其忠诚度越低。

（8）客户对产品质量事故的承受能力。如果客户对企业或某品牌的忠诚度越高，他们对于产品或服务所出现的质量事故也就越能给予宽容和理解。

（9）客户增加幅度与获取率。客户增加幅度是指新增加的客户数量与现有客户数量之比。客户获取率，是指最后实际成为客户的数量占所有争取过的客户的总数量之比。这项指标主要用于衡量实施客户忠诚计划后带来的间接效果。

（10）客户流失率。客户流失率的历史记录能告诉我们谁是对企业最有价值的客户。对那些威胁着要离开的客户进行挽留的投资是一种资源浪费，而对实际应该舍弃的客户进行改善服务质量的投资可能也是一种资源浪费。

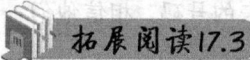

拓展阅读17.3

你的客户流失正常吗

基于对客户流失原因的分析，我们可以将客户流失分为4种类型：自然流失；恶意流失；竞争流失；过失流失。

1. 自然流失

客户的自然流失是一种正常范围内的损耗，如果客户追求的是较高质量的产品和服务，而我们却不能给客户提供优质的产品和服务，客户就不会对他们的上游供应者满意，更不会建立较高的忠诚度。因此，企业应实施全面质量营销，使产品质量、服务质量、客户满意和企业盈利等方面形成密切关系。

2. 恶意流失

所谓"恶意流失"是从客户的角度来说的，即一些客户为了满足自己的某些私利而选择离开你的企业。这种情况虽然不多，却时有发生。怎样避免呢？我们可以建立完善的客户信用管理机制,一方面在客户初次与企业合作时让其登记必要的信息,另一方面建立详细的客户信用档案,在开展业务时进行用户信誉评定。

3. 竞争流失

这种类型的客户流失是由于企业竞争对手的影响而造成的。企业在竞争中为防止竞争对手挖走自己的客户,战胜对手,吸引更多的客户,就必须向客户提供比竞争对手具有更多"顾客让渡价值"的产品,这样,才能提高客户满意度并加大双方深入合作的可能性。

为此,企业可以从两个方面改进自己的工作:一是通过改进产品、服务、人员和形象,提高产品的总价值;二是通过改善服务和销售网络系统,减少客户购买产品的时间、体力和精力的消耗,从而降低货币成本和非货币成本。

4. 过失流失

对企业而言,如果客户的流失是由于企业自身工作中的过失造成的,这种流失就是过失流失。这种类型的客户流失占客户流失总量的比例是最高的,带给企业的影响也是最大的,所以也是企业最需要重点考虑的。

17.5　培养忠诚客户

著名的管理大师杜拉克说过一句话:"企业的效益中心不在企业内部,企业唯一的效益中心就是客户。"如果企业能建立客户忠诚,提高客户的忠诚度,减少目前正在流失的客户,相信大多数企业都会取得更高的增长和更大的利润。那么,如何培养客户忠诚度呢?

1. 建立稳固的渠道

要保证客户方便、快捷地得到企业的产品或服务,渠道的稳固至关重要。在企业发展的不同时期,需要企业制定不同的渠道政策,保持渠道通畅,保证渠道共赢是永衡不变的黄金定律之一。

目前,有相当一部分企业,自视品牌影响力已经达到了一定高度,从而开始忽视渠道利益,对渠道采取压迫式的管理方式,导致渠道利益分配的不合理,影响了渠道的积极性,从而带给客户的是负面的、不便捷的体验,这将极大地影响客户的忠诚度。

2. 持续塑造公司良好形象

形象是企业的最好名片,这里并不是指只有世界 500 强或国内大型企业才能拥有良好的企业形象,中小型企业同样可以拥有良好形象。一个富有社会责任感、恪守社会道德准则、诚信经营、关爱员工的企业往往就能具有良好的企业形象。

3. 提高企业创新能力,满足客户不断更新的需求

企业必须建立精确的客户需求和竞争状况等方面的信息收集分析系统,因为客户的需求不是一成不变的,尤其是时尚消费品、快速消费品、电子消费品。理解客户群体的需求变化情况,提供相应的能带给他们新体验的新的产品或服务,是企业提高竞争力的需要。

同时，从提高忠诚度的角度考虑，具有持续创新力的企业和品牌，在客户的心中才是活力无限，值得长期依赖的对象。

4. 以独特的企业文化为背景，建立属于企业自身标准的产品和服务指标

在以独特的企业文化带给客户不同身心体验的同时，有条件的企业应尽量建立自己的产品质量标准体系和服务体系。一方面，这些体系和指标能够烘托和渲染企业的独特个性；另一方面，可让客户转换产品或服务的成本加高，即建立起相当有效的一道壁垒。例如，剃须刀中吉列的舒适标准等就是这种策略的具体应用。

5. 善于利用公关传媒手段引导和教育客户

公关在企业中始终是重要的营销手段，相比广告来说，公关活动不仅能建立品牌美誉度，也能提高知名度和忠诚度。例如，从事公益事业、慈善事业的活动能让企业的客户忠诚度大幅提高。

同时，忠诚的客户也是需要培养和教育的。企业可以通过公关活动和传媒来传递相关信息，达到培养和教育客户的目的。例如，一些免费的培训项目也是一种有效的公关互动活动。

6. 让忠诚客户看到自己的利益

企业品牌管理部门和企业决策者必须认真测算顾客的终生价值，为持续采购企业产品或服务的客户提供更多的优惠和回报。例如，采用会员制的企业，对 VIP 客户提供新品试用、免费升级、折旧换新等活动，让 VIP 客户感受到自己"与众不同"，让客户看到自己的利益，从而提升顾客的忠诚度。

7. 建立以客户为中心的理念

很多企业的客户服务中心，偏重于解决客户的投诉问题。而现实是，不满意的客户中只有 2%~10%的客户会采取投诉的方式来表达自己的不满，而 90%~98%的不满意客户从不采取投诉的方式，他们只以转换品牌或企业来表达自己的不满。

客户服务中心需要建立真正以客户为中心的工作理念，应用客户管理软件，利用客户满意度调查方法等，根据企业具体的可利用的资源情况，以不同的形式，如电话回访、信函调查等形式，主动找客户了解客户的满意度以及对公司产品或服务的评价，并及时了解他们对竞争者的评价。

向客户提供快捷、方便、周到、安心的服务，特别是有别于竞争对手的个性化服务是提升品牌竞争力的体现，能够有效地提高客户的忠诚度。

8. 以员工忠诚保证客户忠诚

企业员工尤其是销售服务人员直接与客户面对面接触，可在长期的交往过程中与客户建立起一种基于信任和情感的密切关系。所以，对企业来说稳定员工队伍、提高员工忠诚是留住客户的重要保障。培养和维系忠诚的客户要由忠诚的员工来实现，要留住客户，首先就要留住员工，员工的忠诚是赢得客户忠诚的重要保障。

项目 4
客户管理——客户制胜

【任务小结】

客户忠诚是指客户对某一企业、某一品牌的产品或服务的认同和依赖,它是客户满意不断强化的结果。一般地说,客户忠诚可以分为 3 个层次:认知忠诚;情感忠诚;行为忠诚。获得和保持客户忠诚是成功企业立于不败之地的真正法宝,因为客户忠诚会给企业带来非常实际的价值:市场效应;经济效应;发展效应。

影响客户忠诚的因素具体可分解为 6 个因素:客户满意;客户价值;客户信任;客户关怀;购买成本;转移成本。如何提高客户忠诚度,是销售经理必须关注的课题。提高客户忠诚度的基本策略:控制产品质量和价格;提高服务质量;提高客户满意度;超越客户期待;满足客户个性化需求;正确处理客户问题;让购买程序变得简单;服务内部客户。

项目实施

【项目实施 1】 模拟演练客户服务流程

良好的服务不仅能够有效地巩固现有客户,也能够赢得更多的新客户,获得客户的长期忠诚,从而促进企业销售额的不断增长。通过实训,使学生掌握服务质量评价的标准与提高服务质量的方法。

项目实施的步骤与要求如下。
(1) 分组,每组 5~6 人,各小组的任务执行由组长负责。
(2) 每个小组找出两个人,分别扮演客户与销售人员。
(3) 组内讨论现场服务的内容及设计现场服务的流程。
(4) 各小组抽签决定模拟现场服务的顺序。
(5) 各小组按顺序展示各自的现场服务。
(6) 教师与学生当场点评并给出该组成绩,评价标准如表 17.1 所示。

表 17.1 项目实施 1 评价标准

评价内容	评价标准	赋分
1. 服务内容	服务内容设计具有典型性	15
2. 销售人员	语言准确,着装恰当,举止符合利益要求	40
3. 模拟现场布置	现场布置合理	20
4. 模拟服务现场	能够体现客户服务的关键点	25
合 计		100

【项目实施 2】 设计某公司客户满意度调查问卷

客户满意度的提升和销售量市场份额的提高存在明显的正相关关系。企业应采取有效的改进措施提高用户的满意度,从而有效留住老客户,开发新客户,为企业创造更多的价值。通过实训,使学生掌握提高客户满意度的方法与策略。

项目实施步骤与要求如下。

(1) 分组,每组 5~6 人,各小组的任务执行由组长负责。

(2) 各小组讨论客户满意度的影响因素。

(3) 各小组根据各自公司的性质,设计客户满意度调查问卷,并将此项内容制成 PPT 文档,以便每个小组进行展示。

(4) 小组按照抽签决定展示顺序。

(5) 小组按顺序展示各自的调查问卷,讲解设计思想、设计原理和设计方法。

(6) 小组展示完毕后,教师及其他小组对此进行评价,给出成绩,评价标准如表 17.2 所示。

表 17.2 项目实施 2 评价标准

序号	评价内容		评价标准	赋分
	评价任务	任务要求		
(1)	调查表说明	简明扼要,使被调查者能全面了解此次调查的目的和作用,消除心理障碍,从而愿意配合调查		15
(2)	调查主题	主题明确,重点突出。问卷设计的问题要相对集中,并构成一个有机整体,从整体中能突出调查的重点		30
(3)	问题数量	数量适当。问题列得太多会使被调查者产生反感,不认真回答;问题列得太少,又不能达到全面调查的目的		20
(4)	问题质量	问题的设计简单明了,通俗易懂,易于被调查者填写		20
(5)	结果统计	问卷调查所获得的信息资料便于进行统计归纳、整理和分析,从而有利于调查目标的实现		15
	合计			100
简要评价:				

【项目实施 3】 制订某公司客户忠诚度实施计划

关注客户的终生价值,提高客户忠诚度,是每个企业的共同追求。那么,如何提高客户的忠诚度呢?通过实训,使学生掌握提高客户忠诚度的方法。

项目实施步骤与要求如下。

(1) 分组,每组 5~6 人,各小组的任务执行由组长负责。

(2) 各小组组内讨论客户忠诚度的影响因素。

(3) 各小组根据企业性质,为其设计提高客户忠诚度的计划,并将最终的提高客户忠诚度的计划提炼出要点，做成 PPT 文件，以便展示。

（4）小组抽签决定展示顺序。

（5）各小组按顺序展示各自的提高客户忠诚度的计划。

（6）教师与其他小组对其进行评价，给出小组成绩，评价标准如表 17.3 所示。

表 17.3 项目实施 3 评价标准

评价内容	评价标准	赋 分
1. 顾客忠诚度计划	准确分析影响顾客忠诚度的因素	15
	设置正确的客户忠诚度的标准	20
	提高客户忠诚度的计划，具有准确性和可行性	40
2. PPT 文件	制作精良	10
3. 小组表达	小组表达到位，配合默契	15
合 计		100

项目拓展

客户流失管理

一、客户流失现状

在营销手段日益成熟的今天，我们的客户仍然是一个很不稳定的群体，因为他们的市场利益驱动杠杆仍然偏向于人、情、理。如何提高客户的忠诚度是现代企业营销人员一直在研讨的问题。客户的流失，往往意味着一个市场的变更和调整，一不小心甚至会对局部（区域）市场带来致命的打击。如果你是公司的管理者，请务必在关键时刻擦亮眼睛，以免你的客户在不经意间流失，给公司的市场运作带来不利影响。显然，客户流失与地区的主管和经理有着很大的直接关系。

二、客户流失的原因

1. 员工跳槽导致客户流失

员工跳槽是客户流失的重要原因之一，尤其是企业的高级管理人员的离职，更容易导致客户群的流失。

此外，很多企业在客户管理方面做得不够细致，企业与客户之间的关系牢牢地掌握在销售人员手中，而企业自身对客户影响相对乏力。这样，一旦销售人员跳槽，老客户也将随之而去。

2. 企业缺乏创新

任何产品都有它的生命周期，随着市场的成熟及价格透明度的增高，产品带给客户的利润空间越来越小，若企业创新能力跟不上，客户自然会另攀高枝。

3. 客户难耐新诱惑

如今市场竞争激烈，为了能够在市场上获得有利的地位，竞争对手往往不惜以优厚的条件来吸引客户。俗话说得好，"重金之下，必有勇夫"，客户又怎么不被诱惑所驱使呢？

4. 产品质量不稳定

产品质量不稳定也是导致客户流失的一个重要原因。通常，产品质量的不稳定多出现在新产品上市或二次进货的时候。

5. 企业短期行为导致客户流失

即使企业与客户已经有了多年的合作关系，但是如果企业的短期行为令客户的利益受到损害，客户还是会离企业而去。

6. 市场波动导致客户流失

任何企业在发展中都会遭受波折，而企业的波动期一般都是客户流失的多发阶段。例如，企业高层的动荡、企业资金周转不灵以及出现意外灾害，都会导致市场波动，而任何一个客户都不愿意和一个动荡不安的企业长期合作。

7. 细节的疏忽导致客户流失

企业服务意识淡薄，企业内部管理不到位，对待客户有贵贱之分等，企业如果忽视了这些细节也会使客户流失。

三、应对措施

防范客户流失，让客户永远忠实于你，是企业最希望看到的，但事实上这种目标是无法实现的。随着市场竞争的日益激烈，客户对利益的追求也更加现实，客户会在利益的杠杆上来回摆动。虽然我们无法将客户永远留在身边，但我们还是可以通过一定的努力让客户"爱"我们多一点，久一点。

1. 深入分析客户流失的要点

客户"跳槽"，我们不能简单地认为客户不再购买我们的产品。不再购买本企业产品或服务的客户，我们称之为"完全跳槽客户"；那些在购买本企业产品或服务的同时也购买竞争对手产品或服务的客户，我们称之为"不完全跳槽客户"。

对待这两种客户，企业应认真地分析其"跳槽"的要点，深入了解客户跳槽的真实原因。只有这样，才能发现销售管理中的问题并采取补救措施，甚至还可以使已经跳槽的客户重新回来并与之建立起更为牢固的关系。

项目 4 客户管理——客户制胜

2. 增加客户经营价值

防范客户流失的工作既是一门艺术,又是一门科学,它需要企业不断地创造和增加优质的客户价值,这样才能最终获得、保持和增加客户。

企业是以赢利为目的的,追求利润是企业的最终目标,利润不可或缺,并且至关重要。那么,利润来源于哪里呢?企业的利润来源于企业创造的价值,即企业一定要认识到利润是价值创造的结果。所以只有增加客户的经营价值,企业的价值才会增加,企业利润也才会增长。

3. 为适当的客户创造优异价值

防止客户流失并非挽留每一位客户,而是要保留有价值的客户。同一件产品对于不同的客户有着不同的价值,价值因客户而异,相当多样化,很难予以界定。企业应认真进行市场和客户的细分,将优质客户留在自己的身边。

4. 创新是企业生存的永恒法则

企业要生存,就必须不断创新,以适应市场不断发展的趋势和需要。一个原地踏步的企业,其最终的结果只能是被市场淘汰,被客户遗弃。

5. 树立客户是上帝的意识

客户是上帝的根本之处就是让客户满意于企业的服务,只有让客户满意了,客户才会心甘情愿地掏钱。例如,企业应该重视对客户满意度的调查,采用多种方式经常与客户沟通和联系,倾听客户的心声。

6. 突出差异服务

客户对服务的需求可以分为 3 个层次:期望价值需求;附加价值需求;核心价值需求。核心价值需求和期望价值需求容易被竞争者所克隆,所以企业要想留住客户,就必须在附加价值需求方面有所突破。只有采取不同于竞争对手的差异服务才有可能赢得客户的满意,留住客户。

7. 加强与客户沟通

客户与企业的合作是建立在相互充分了解的基础之上的。企业加强与客户的沟通,可以增加彼此的了解和信任。企业应当及时将公司经营战略和策略方面的变化信息传递给客户,便于客户了解公司和客户工作的顺利开展。

8. 加强与客户的感情投资

员工跳槽之所以能够带走客户的很大一个原因,在于企业缺乏与客户的深入沟通与联系。企业应适时地采用多种方式与客户联系,对客户表示关心,询问客户对企业产品或服务的满意程度。

9. 加强市场监控

在很多情况下,猖獗的窜货往往是导致客户流失的罪魁祸首。在这方面,企业应通过加强市场管理和市场巡查,及时发现问题,及时采取措施,以便控制事态的蔓延,有效降低客户流失风险。

10. 实施客户服务补救,挽留客户

即使企业的产品质量和服务水平不断提高,产品缺陷和客户的不满仍会时有发生。当企业产品存在缺陷或者与客户发生矛盾时,企业应给予高度的重视,及时采取有力措施挽留客户。

项目练习

一、名词解释

客户关系管理　客户忠诚　客户忠诚度　客户服务　服务质量

二、单项选择题

1. 客户关系管理的核心思想是将客户作为企业最重要的(　　)。
   A. 销售对象　　　B. 管理对象　　　C. 利润来源　　　D. 资源
2. 企业把精力集中于能给企业带来更大收益的销售区域或者客户身上,这属于(　　)。
   A. 差异性策略　　B. 集中策略　　　C. 区分策略　　　D. 个性化策略
3. 运用ABC分析法将客户分为3类,(　　)是企业的重点客户。
   A. A类客户　　　B. B类客户　　　C. C类客户　　　D. A、B、C类
4. 对现有客户进行分析,并向客户提供个性化的市场信息,这是指客户关系管理中的(　　)功能。
   A. 市场管理　　　B. 销售管理　　　C. 销售支持　　　D. 销售服务
5. CDM是指(　　)。
   A. 客户服务管理　　　　　　　　　B. 客户数据管理
   C. 客户销售管理　　　　　　　　　D. 自动销售管理
6. 美国调查资料显示,在不满意的客户中只有(　　)的客户会选择投诉。
   A. 4%　　　　　B. 6%　　　　　C. 8%　　　　　D. 10%
7. (　　)是客户不满意的信号,若妥善处理可以重塑企业形象。
   A. 咨询　　　　B. 讨价还价　　　C. 投诉　　　　D. 退货
8. 在处理客户投诉时,客服人员首先要做的是(　　)。
   A. 道歉　　　　B. 聆听　　　　C. 追究责任　　　D. 采取行动
9. 客户对某一企业产生了偏好情绪甚至依赖情绪,这属于客户对企业(　　)。
   A. 缺乏忠诚　　B. 认知忠诚　　　C. 情感忠诚　　　D. 行为忠诚
10. 忠诚客户的口耳相传,可带给企业客户份额的增长,这就是客户忠诚的(　　)。
    A. 市场效应　　B. 经济效应　　　C. 发展效应　　　D. 增长效应

11. 吸引新客户的成本是保留老客户成本的5倍甚至更多，这就是客户忠诚的（　　）。
    A．市场效应　　B．经济效应　　C．发展效应　　D．增长效应
12. （　　）是客户忠诚的必要前提，员工的流失必然带来客户的流失。
    A．客户满意　　B．客户价值　　C．转移成本　　D．员工忠诚
13. 对于服务质量的测定，一般采取（　　）的方式进行。
    A．综合比较　　B．小组讨论　　C．评分量化　　D．目标评定
14. 感知服务质量与预期服务质量的差距越大，服务质量（　　）。
    A．越差　　　　B．越好　　　　C．一般　　　　D．与其不相关
15. 广告实际上是一种（　　）工作，它是引导消费、传递信息、促进销售不可缺少的手段。
    A．售前服务　　B．售中服务　　C．售后服务　　D．免费服务
16. 服务人员在履行职责时的行为属于服务的（　　）。
    A．技术质量　　B．职能质量　　C．形象质量　　D．真实瞬间
17. 影响产品购买满意度的因素，是指企业在（　　）上对客户满意度的影响。
    A．物质层面　　　　　　　　　B．精神层面
    C．产品贡献层面　　　　　　　D．市场表现层面
18. 在一定时期内，客户对某一产品或服务重复购买的次数越多，说明客户的满意度或忠诚度（　　）。
    A．越高　　　　B．越低　　　　C．一般　　　　D．不能确定
19. 问卷上的问题必须是被调查者容易回答的问题，而且问题不宜太多，（　　）个问题最为适合。
    A．10~20　　　B．20~30　　　C．30~40　　　D．40~50
20. 如果客户对企业竞争对手的产品没有好感，或者兴趣不大，说明其对本企业的忠诚度（　　）。
    A．很低　　　　B．很高　　　　C．一般　　　　D．不能确定

三、多项选择题

1. 客户关系管理的目的在于（　　）。
    A．开发客户　　　　　　　　　B．留住客户
    C．开发客户价值　　　　　　　D．提高客户份额
2. 客户关系管理应遵循的原则有（　　）。
    A．动态管理　　B．突出重点　　C．灵活运用　　D．专人负责
3. 客户关系管理系统的主要功能包括（　　）。
    A．市场管理　　　　　　　　　B．销售管理
    C．客户支持与服务　　　　　　D．经营战略
4. 客户投诉时，通常会要求（　　）。
    A．尊重　　　　B．理解　　　　C．补偿　　　　D．追究责任
5. 客户投诉的内容通常包括（　　）。

A．产品质量　　　B．合同条款　　　C．运输事项　　　D．销售服务
6．处理客户投诉的基本要素有（　　）等。
A．耐心　　　　　B．态度　　　　　C．行动　　　　　D．责任
7．丹尼尔·查米奇教授所指的"漏桶"的洞即客户流失的原因包括（　　）。
A．劣质的服务　　　　　　　　　　B．未经过训练的员工
C．质量低劣　　　　　　　　　　　D．选择性差
8．客户忠诚对企业的价值主要体现在3个方面，即（　　）。
A．市场效应　　　B．经济效应　　　C．发展效应　　　D．增长效应
9．影响客户忠诚的客观因素包括（　　）。
A．客户满意　　　B．客户价值　　　C．购买成本　　　D．转移成本
10．客户忠诚度的衡量标准包括（　　）。
A．客户需求的满足率　　　　　　　B．客户的重复购买率
C．客户获取率　　　　　　　　　　D．客户流失率
11．质量差距是由质量管理的前后不一致所造成的，最主要的差距是（　　）。
A．管理者认识差距　　　　　　　　B．质量标准差距
C．服务交易差距　　　　　　　　　D．期望服务和感知服务之间的差距
12．服务质量通常来源于（　　）。
A．设计　　　　　B．生产　　　　　C．交易　　　　　D．客户关系
13．服务质量是由服务的（　　）构成的。
A．技术质量　　　B．职能质量　　　C．形象质量　　　D．真实瞬间
14．提高企业服务质量的常用方法有（　　）。
A．标准跟进　　　B．横向提高　　　C．纵向提高　　　D．蓝图技巧
15．影响客户满意度的因素有（　　）。
A．影响产品购买满意度　　　　　　B．影响产品使用满意度
C．影响客户服务满意度　　　　　　D．影响员工满意度
16．建立客户满意度测评指标体系，必须遵循的原则有（　　）。
A．客户认定　　　B．可控制　　　　C．可测量　　　　D．竞争比较

四、简答题

1．客户关系管理的主要内容有哪些？
2．客户筛选的标准有哪些？
3．处理客户投诉的意义有哪些？
4．处理客户投诉应坚持什么原则？
5．处理客户投诉的工作程序是什么？
6．简述客户忠诚的经济效应。
7．影响客户忠诚的主客观因素有哪些？
8．从管理者的角度出发，服务质量必须符合的标准有哪些？
9．客户服务主要包括哪些内容？

10．服务质量评分量化的具体步骤有哪些？
11．对客户满意度或忠诚度的测量标准有哪些？
12．建立客户满意度测评指标体系的原则有哪些？

五、论述题

1．如何保持与客户的关系？
2．处理客户投诉的基本策略有哪些？
3．简述提高客户忠诚度的基本策略。
4．试论服务质量评价的工作程序。
5．提高客户满意度的途径有哪些？

六、实务题

针对下列 3 个情景中的客户投诉，判断客户投诉的类型，分析客户投诉产生的原因，将圆满解决客户投诉的方法填入表 17.4。

表 17.4　客户投诉类型、原因及解决方法

情　景	投 诉 类 型	投 诉 原 因	解 决 方 法
情景 1			
情景 2			
情景 3			
分析结论			

情景 1：张女士在某专卖店购买冰箱时，导购员向她推荐了一款冰箱。导购员说："这款冰箱采用了新技术，静音且省电。"可是用了一个星期之后，张女士感觉冰箱的制冷效果不太好，主要是制冷速度慢。于是，张女士找到商家要求换货。商家不同意，说："又想马儿好，又想马儿不吃草怎么可能呢。这就如同鱼和熊掌不能兼得一样，既然省电环保，当然不能速效制冷。"但是，张女士认为，导购员在她选购冰箱时存在故意突出冰箱优点，隐藏冰箱不足的误导。因为导购员当时除了向张女士大力宣传节能环保，并没有如实提醒她制冷效果较慢等不足之处。现在张女士知道了这一不足，认为这款冰箱不适合他们家使用，要求商家给她换一款制冷速度快、制冷效果好的冰箱。可是商家不同意，认为张女士既然选择了这款冰箱，而冰箱又不存在质量问题，就没有理由要求换货，双方争执不休。最后，张女士一气之下，提出"现在我不想换了，要求退货"，商家更不愿意退货了。于是，张女士向消费者协会和工商部门进行了投诉，并咨询了律师，表示如果商家不能满足其要求，她就准备向当地法院起诉。

情景 2：某孕妇到一家超市购物，当天因下雨地面潮湿，超市的地板砖很滑，她一

不小心闪了腰。不过还好没什么大问题，只是虚惊了一场。但是，该孕妇觉得如果地面还是那么湿滑，其他孕妇有可能被滑倒。于是，她向客户服务中心建议，超市能否在下雨天时在地板上撒一些防滑粉末等。可是，客服人员爱理不理地扔出一句话："我没有权力决定这件事情。"受到如此冷落之后，该孕妇一气之下，向客户经理进行了投诉：因为超市地板很滑，导致她闪了腰，现在肚子有点痛，要求超市赔偿或支付检查费，看看是否动了胎气。

情景 3：李先生是某酒店的常客，他每次入住后，酒店的公关经理都要前去问候。大家知道，李先生好面子，总爱当着他朋友的面批评酒店，以自显尊贵。果然，这次当公关经理登门拜访时，李先生和他的几位朋友正在聊天。李先生一见公关经理就说："我早就说过了，我不喜欢房间里放什么水果之类的东西，可这次又放上了。还有，我已经是第 12 次住你们酒店了，前台居然还不让我在房间里办理入住。我知道，你们现在生意好了，有没有我这个穷客人都无所谓了。"

在线测试及答案

参 考 文 献

[1] 菲利普·科特勒. 营销管理（新千年版）. 10版. 北京：中国人民大学出版社，2001.

[2] 查尔斯·M. 福特雷尔. 销售管理：团队、领导与方法. 6版. 北京：机械工业出版社，2004.

[3] Rosann L Spiro，William J Stanton，Greogory A Rich. 销售团队管理. 北京：机械工业出版社，2005.

[4] 拉尔夫·W. 杰克逊，罗伯特·D. 希里奇. 销售管理. 北京：中国人民大学出版社，2001.

[5] 托马斯·英格拉姆，雷蒙德·拉福格，雷蒙·阿维拉，等. 销售管理：分析与决策. 4版. 北京：电子工业出版社，2003.

[6] 李先国. 销售管理. 北京：中国人民大学出版社，2004.

[7] 欧阳小珍. 销售管理. 武汉：武汉大学出版社，2003.

[8] 郑宏，廉鹏飞. 营销人员薪酬与考核. 北京：企业管理出版社，2005.

[9] 中国商业技师协会，市场营销专业委员会. 市场营销基础与实务（全国市场营销人员资格培训考核教材）. 北京：中国商业出版社，2001.

[10] 劳动和社会保障部，中国就业培训技术指导中心. 营销师（国家职业资格培训教程）. 北京：中国环境科学出版社，2003.

[11] 劳动和社会保障部，中国就业培训技术指导中心. 推销员职业技能培训鉴定教材. 北京：中央广播电视大学出版社，2000.

[12] 韩光军. 销售人员培训与管理教程. 北京：经济管理出版社，2004.

[13] 张平淡，屈建伟，赵荣. 新销售指标管理. 北京：企业管理出版社，2003.

[14] 熊银解. 销售管理. 北京：高等教育出版社，2001.

[15] 黄沛. 销售管理. 武汉：武汉大学出版社，2000.

[16] 李扣庆. 销售管理. 北京：中国人民大学出版社，2001.

[17] 李诚. 人力资源管理的12堂课. 北京：中信出版社，2002.

[18] 漆浩. 推销员培训与管理. 北京：中华工商联合出版社，2004.

[19] 唐宁玉. 人事测评理论与方法. 大连：东北财经大学出版社，2002.

[20] 王一江. 现代企业中的人力资源管理. 上海：上海人民出版社，1999.

[21] 吴志明. 员工招聘与选拔实务手册. 北京：机械工业出版社，2002.

[22] 郭京生. 人员培训实务手册. 北京：机械工业出版社，2002.

[23] 郑晓明. 现代企业人力资源管理导论. 北京：机械工业出版社，2002.

[24] 威廉·J. 斯坦顿，罗珊·斯潘茹. 销售队伍管理. 10版. 北京：北京大学出版社，2002.

[25] 张启杰. 销售管理实务. 北京：中国电力出版社，2009.